바로 써먹는
최강의 반도체 투자

바로 써먹는
최강의 반도체 투자

1판 1쇄 인쇄 2022년 12월 16일
1판 1쇄 발행 2023년 1월 6일

지은이 이형수
펴낸이 김선우
펴낸곳 헤리티지북스

편집 유지현
표지 디자인 유어텍스트
본문 디자인 이찬미
일러스트 김성규

본부장 김익겸
편집팀 여임동 진다영
경영지원 박형규 허라희
홍보마케팅 임예성 맹지선 고은빛 이예진
광고 비즈니스 이희재 김설희
제작 올인피엔비

출판등록 2022년 9월 15일
등록번호 제2022-000244호
주소 서울시 마포구 와우산로23길 20, 3층(서교동, 상도빌딩)
이메일 heritagebooks.rights@gmail.com

ISBN 979-11-980636-9-4 (03320)

바로 써먹는

최강의 반도체 투자

이형수 지음

헤리티지북스

주식 투자의 정석은 성장 산업 내에서 독보적인 경쟁력을 보유한 일류 기업을 싸게 사는 것이다. 반도체는 경기순환형 산업으로 분류되지만 인공지능을 중심으로 폭발하고 있는 4차 산업혁명의 핵심 소재로서 또 한 번의 슈퍼사이클을 기대하고 있다. 이 책은 반도체 산업의 역사와 최근 이슈에 대한 정리뿐만 아니라, 반도체 생태계 내의 핵심 기업에 대한 분석과 미래 전망 등을 모두 담고 있다. 반도체에서 고수익의 투자 기회를 노리는 투자자라면 반드시 읽어야 할 책이다.

_박세익, 체슬리 투자자문 대표

이형수 저자의 혜안이 돋보이는 수작이다. 그는 오랜 시간 함께한 벗이자 내게 많은 투자 영감을 주는 훌륭한 전문가다. 테크 투자로 수익을 얻고 싶다면 이 책을 반드시 두 번 읽어라.

_오용준, 트리니티자산 전 대표

이 책에는 이형수 저자의 IT 전문 기자 경력 10년, 실전 투자와 컨설팅 경험 8년이 고스란히 녹아들어 있다. 그가 처음 내놓는 이 책은 IT 분야의 기술과 최신 동향까지 담아내 그야말로 반도체 투자의 모든 것을 알려준다. 그의 남다른 정성과 노력이 엿보인다. 자신이 투자하는 산업 분야를 제대로 이해한다면 실수를 줄일 수 있을 것이다. 투자자들, 더 나아가 관련 업종 종사자들, 졸업을 앞둔 대학생들에게도 추천한다.

_민동욱, 엠씨넥스 대표

1년에 책 몇 권 읽을 시간도 없을 정도로 바쁘지만, 이 책을 읽기 위해서 틈틈이 시간을 비웠다. 반도체는 미래 산업을 대표하는 '먹거리 상품'이다. 투자에 관심이 있다면 '맛집' 한 곳 정도는 알고 있어야 하지 않을까? 나만 알고 싶은 투자 비기로 가득한 책으로 매우 의미가 크다.

_최임화, 매일경제TV 앵커

IT 전문 기자와 투자 경험을 두루 겸비한 이형수 저자만의 인사이트로 반도체의 현주소와 나아갈 바를 알려준다. 반도체 투자의 새로운 지평을 여는 책! 꼭 한번 읽어보길 권한다.

_김정영, 한미반도체 CFO

손톱만 한 크기의 반도체가 세상을 움직인다. 특히 정보기술이 우리 일상 곳곳에 스며든 요즘, 반도체의 중요성이 날로 커지고 있다. 하지만 산업 특성상 어려운 용어, 복잡한 시장 상황 등의 이유로 일반인은 쉽게 다가서지 못하고 있다. 4차 산업혁명 시대에 보다 앞서 나가기 위해 우리는 반도체에 대해 반드시 알아야 한다. 'IT의 신' 이형수가 정리한 이 요점 노트를 읽다 보면 반도체가 한층 가깝게 느껴질 것이다.

_류종은, 한국일보 기자

주식투자를 할 때 숲과 나무를 동시에 볼 수 있다면 그 사람은 '신'이 아닐까? 이형수 저자는 오랜 필드 경험과 실전 투자를 통해 IT·반도체 부문에서 권위자가 되었다. 반도체 산업의 숲과 나무를 동시에 볼 수 있는 눈을 얻고 싶은 투자자라면 이 책을 필독해야 한다.

_정규성, 유안타증권 전무

이형수 저자를 처음 만나 이야기 나눴을 때가 떠오른다. IT에 관한 해박한 지식에 혀를 내두르기도 하고, 그의 머릿속에 가득한 IT 지식을 내 머리에 넣고 싶다는 생각을 하기도 했다. 그런 와중에 참 고맙게도 그가 책을 펴냈다. 드디어 'IT의 신'의 IT 지식을 정당하게 훔칠 수 있는 기회가 생긴 것이다. 이 책은 반도체의 기술적인 부분뿐만 아니라 정치, 경제, 역사까지 한 번에 조망할 수 있도록 구성되어 있다. 단순히 기술이나 주가 측면만을 강조하는 다른 책들과 차별성이 두드러진다. 보통 지식이 뛰어난 사람들의 글은 이해하기 어려운데, 그의 글은 간결하고 누구나 쉽게 읽어나갈 수 있다. 이러한 고급 지식을 온전히 받아들일 수 있는 이 책을 접하게 된 것은 나뿐만 아니라 독자 여러분에게도 큰 행운이 될 것이다.

_장우진, '전자공시생' 블로거·전 KB증권 애널리스트

반도체 투자자가 알고 싶고, 알아야 할 최신공정과 미래기술에 대한 거의 모든 것을 담은 책이라 감히 단언할 수 있다. 단연 독보적인 반도체 투자서다. 저자의 귀중한 지식과 수려한 문체, 구성이 돋보이는 이 책을 통해 나와 같은 깊은 감동을 느껴보길 바란다.

_정경민, IBK투자증권 차장

반도체가 일으키는
거대한 변화의 물결을 타라

17세기 유럽에서 최초의 현대적 증권거래소가 탄생한 이후, 전 세계 주식 시장은 매번 호황과 불황이라는 사이클을 그려왔다. 하지만 이런 부침 속에서 어떤 사람들은 부를 거머쥐었고 다른 사람들은 기회를 잡지 못했다. 역사는 반복된다. 전설적인 투자자들이 역사를 좋아하는 이유도 이 명제를 믿기 때문일 것이다. 이들은 과거의 실수를 복기하고 개선해 기회를 포착한다. 그러나 대다수의 사람들은 그저 눈앞의 현상만을 보고 같은 실수를 반복한다. 반도체 투자에 관한 책을 써야겠다고 생각한 것도 이런 이유에서다.

2022년 5월, 미국의 조 바이든 대통령은 취임 후 처음 가진 아시아 순방 첫 번째 방문지로 우리나라를 선택하고, 윤석열 대통령과 함께 삼성전자 평택캠퍼스의 3나노미터 첨단 팹을 방문했다. 통상 미국 대통령의 아시아 첫 순방지는 일본이었고, 방한 일정의 첫 번째 장소는 미군 부대였다. 바이든 대통령은 기존 통념을 깨고 방한 일정 내내 한미의 기술 동맹을 강조했다. 이런 행보는 본격적으로 심화되고 있는 미중 패권 전쟁에서 반도체 기술이 얼마나 중요한지 여실히 보여준다.

우리 반도체 산업은 경제를 떠받치는 대표 산업일 뿐 아니라 전체 수출 중 약 20%에 이르며, 국내 반도체 기업들은 세계적 위상을 차지하고 있다. 그러나 증권가의 그래프로만 보면 우리나라 반도체 산업은 암울하기 그지없다. 향후 시장 회복 가능성에 대해 긍정적인 견해를 내놓는 분석가들이 점점 자취를 감추고 있고, 시장은 한국 반도체 기술을 과소평가하는 경향을 보인다. 우리 반도체 산업의 저력을 믿고 투자하던 사람들도 이제는 의구심을 나타내고 있다.

이렇게 자본 시장에서 해당 섹터가 홀대받으면 이는 관련 서플라이 체인, 벤처 생태계까지 영향을 미친다. 반도체 주식이 제대로 평가받지 못하고 하향 곡선만 그린다면, 핵심기술이 있다고 해도 국내에서 창업을 시도하려는 사람은 없을 것이다. 이대로라면 핵심 인력들도 그 능력의 가치를 인정해주는 해외 기업으로 눈을 돌릴 수밖에 없다. 기술의 가치를 제대로 알아보지 못하고, 지키지도 못하면 얼마나 참혹한 결과를 맞게 되는지 역사가 말해준다.

1506년, 반정으로 연산군을 몰아내고 중종이 왕위에 올랐다. 그리고 그가 내린 결정 하나가 나비 효과로 이어져 우리에게 크나큰 불행의 씨앗이 되고, 결국엔 세계사의 흐름을 바꾸게 된다.

반정 몇 해 전 조선에서는 '연은분리법'이라는 새로운 은 추출 기술이 개발되어 은 생산 효율성을 크게 높였다. 하지만 중종은 은 유통량의 증가가 연산군이 형성한 사치 풍조를 더욱 조장한다는 이유로 은광 개발을 중단시켰고, 이후 연은분리법 금지를 검토하라는 명을 내렸다. 이 조치 후 연은분리법은 일본으로 유출되어 퍼졌다.

일본 지방 정부는 경쟁적으로 조선의 장인들을 초청했는데, 이때 적지 않은 장인들이 기술을 펼치지 못하는 조선을 떠나 대우가 좋은 일본으로 넘어갔을 것으로 추정된다. 은 생산 기술의 발전으로 은광을 주요 수입원으로 하던 도요토미 히데요시도 막강한 세력을 키울 수 있었다. 그 전까지 일본은 조선에서 은을 수입해가던 나라였지만, 연은분리법을 개량한 덕분에 은 생산량이 크게 늘어 나중에는 전 세계 은 유통량의 3분의 1을 생산할 정도로 성장했다.

당시 명나라는 전 세계 은의 종착지라 할 만큼 은의 수요가 높았고, 무역에서는 은이 기축 통화나 마찬가지로 사용되었다. 일본이 연은분리법 도입 후 은을 무역에 사용해 조선을 거쳐 명나라로 유통시키자 동아시아 상업도 더욱 발달하게 되었다. 유럽 또한 일본으로부터 은을 대량으로 수입해 경제가 발전했고, 일본은 이런 교역 활동으로 포르투갈의 화승총을 수입하는 등 유럽 선진기술을 다른 아시아 국가들보다 더 빨리 받아들일 수 있었다. 이후 서구 문물과 제도를 흡수하여 메이지 유신을 성공시킨 것도 그 밑바탕에 은을 통한 부의 축적이 있었기에 가능했을 것이다. 근대화에 성공한 일본이 그다음에 한 일은 굳이 말하지 않아도 알 것이다.

그런데 이 연은분리법을 개발한 사람은 누구일까? 『조선왕조실록』에 '김감불', '김검동'이라고 기록되어 있지만, 이들을 아는 사람들은 거의 없다. 양인과 노비 출신 화학자였던 두 사람은 역사적인 신기술을 개발했지만, 낮은 신분 때문인지 기술을 천시하던 풍조 때문인지 우리 역사에서조차 그 흔적이 희미하다.

이들은 지금으로 치면 1나노미터, 2나노미터 공정기술을 처음부터 끝까지 알고 있는 초특급 반도체 인력이라고 할 수 있다. 조선은 넝쿨째 굴러온 호박을 발로 차버리듯 이들을 무시하고 탄압했다. 귀한 은을 민간이 개발해 부를 쌓은 일도 많았으니 연은분리법은 조선 지배층에게 기존 질서를 깨뜨리는 도전으로 여겨졌을지도 모른다.

혹시 지금 우리가 반도체 기술을 두고 연은분리법의 과오를 되풀이하고 있는 것은 아닐까? 실제로 중국 디스플레이 업체 중에는 임원 회의를 한국어로 진행하는 곳들이 있다고 하는데, 이런 얘기를 가벼운 우스갯소리로만 여겨서는 안 될 것이다. 전현직의 우수한 반도체 인력을 한국 사회가 품지 못한다면, 중국 반도체 굴기라는 무시무시한 부메랑이 되어 우리에게 돌아올 것이 분명하기 때문이다.

앞으로 반도체 기술은 세계 질서와 패권의 결정적인 변수이자, 각국의 부를 재편할 트리거가 될 것이다. 원가의 1~2%에 불과한 반도체가 없어 자동차를 생산하지 못하는 일을 과거에 누가 상상이나 했겠는가? 이런 상황에 미국, 중국, 일본, 유럽까지 반도체 지원법을 경쟁적으로 실시하고 있는데, 우리나라의 '반도체 산업 경쟁력 강화법'은 이 글이 작성되는 순간에도 국회에 계류 중이니 가슴 답답한 현실이 아닐 수 없다.

현재 반도체 기술은 국가 대항전 성격을 띤다. 정부의 적극적인 지원과 육성 대책이 절실한 시점이라는 얘기다. 메모리에 이어 파운드리 산업에까지 안착한다면 우리나라의 국민소득 4만불 시대는 멀지 않을 것이다.

우리 자본 시장의 역할도 중요하다. 삼성전자, SK하이닉스가 글로벌 기업으로 입지를 더욱 강화하고, 우리 소부장 기업들 중 히든 챔피언이 나와야 한다. 가능성도 충분하다. 이런 기업들을 더 많이 발굴하고 투자해야 한국 자본 시장의 선순환 구조가 형성될 것이다. 알토란 같은 우리 반도체 기업을 다시 외국에 내주고 부의 원천을 빼앗기는 우는 범하지 말아야 한다.

"일찍 일어나는 새가 벌레를 잡는다"라는 속담이 있다. 이 말의 뜻을 정확히 전하려면 다음과 같이 바꿔야 한다. "벌레를 찾아다니는 새만이 벌레를 잡을 수 있다." 사업도 투자도 마찬가지다. '현대 산업의 쌀' 반도체 시장을 올바로 평가하는 안목을 키우고 잠재력 있는 투자처를 찾아야만 성과를 낼 수 있는 것이다.

정보의 홍수 시대다. 인터넷이 대중화되면서 우리는 정보가 평등하게 공유되는 시대가 올 것이라 기대했다. 그러나 홍수가 나면 정작 마실 물은 찾기 힘들어지는 것처럼, 아무리 통신과 SNS가 발달한다고 해도 정보의 비대칭성은 해결되지 않는다.

반도체는 현대 산업을 지탱하는 기초재로 첨단기술의 발전과 함께 수요가 증가할 수밖에 없다. 앞선 두 차례의 대규모 슈퍼사이클이 각각 PC 수요 증가, 클라우드 서비스 확산과 함께 왔다는 데서도 이런 사실을 알 수 있다. 현재 자동차 산업은 기술 발달과 환경 규제 강화 등으로 내연기관에서 전기모터로의 전환기를 맞는 중이며, 자율주행 기술도 수년 내 상용화가 점쳐지고 있는 상황이다.

이와 더불어 반도체 패권을 다투는 미중 양강의 격돌, 각국의 반도체 무기화, 빅테크들의 영역 파괴 등과 같은 격동하는 시대적 흐름 속에 여러 기업과 기술이 발전하고 사라지며 수많은 기회가 명멸할 것이다. 지난 2년 동안의 호황이 사그라지기 무섭게 반도체 주식에 대한 실망감을 쏟아내는 사람들이 있지만, 그럼에도 우리가 지금부터 곧이어 찾아올 반도체 슈퍼사이클에 대비해야 하는 이유다. 반도체가 어렵고 낯선 사람은 바로 실전에 뛰어들 수 있도록, 반도체 투자를 하고 있는 사람은 한발 앞서 사이클을 읽고 기회를 포착할 수 있도록 이 책을 펴낸다. 성공하는 투자자는 역사로부터 교훈을 얻고, 그것을 바탕으로 기회를 얻는다. 이런 사실을 아는 자와 그렇지 못한 자의 삶은 앞으로 얼마나 달라질까?

PART 1
반도체 투자, 지금 바로 시작하라

01 이제껏 당신이 몰랐던 반도체의 가치

PART 2
다가올 슈퍼사이클을 위해 반드시 알아야 할 것들

04 반도체, 기술 발전의 핵심이 되다

05 인텔과 엔비디아, 양대 산맥을 이루다

PART 3
한발 앞서 읽는 반도체 시장의 미래

08 애플과 테슬라는 어떻게 될까?

PART 1

반도체 투자,
지금 바로
시작하라

"

더욱 치열해지는
반도체 패권 전쟁

"

중국은 1978년부터 개혁개방 정책을 펼치면서 경제적으로 큰 발전을 이루었고, 이를 바탕으로 국력도 크게 상승했다. 이에 미국은 국제 사회에서 패권국의 위치를 지키기 위해 다각도로 중국을 견제하고 있는 중이다. 이러한 미중 패권 전쟁의 한가운데에 바로 반도체가 있다.

반도체 헤게모니를 더욱 강하게 틀어쥐려는 미국과 새롭게 쟁취하려는 중국의 경쟁은 향후 더욱 치열하게 전개될 것으로 보인다. 이런 상황에서 일부 반도체 주도권을 가진 한국과 대만, 일본 등은 미국이 구상하는 새로운 질서 속에서 위기와 기회를 동시에 맞닥뜨리고 있다. 현재의 상황에서 우리가 반드시 알아야 할 것은 무엇일까? 어떻게 하면 위기를 대비하고 기회를 잡을 수 있을까?

01

이제껏 당신이 몰랐던 반도체의 가치

반도체가 없으면 돌아가지 않는 세상

1997년, 외환위기가 한창일 때 나의 부모님은 고향에 2층 양옥집을 샀다. 그 동네에서는 꽤 괜찮은 집이었다. 모든 걸 돈으로 치환할 수는 없지만, 당시 그 돈이면 강남에 20평대 아파트를 살 수 있었다. 25년이 지난 지금 어떻게 되었을까? 강남 아파트 집값은 그사이 30배 넘게 올랐고, 우리 시골집은 거의 그대로다. 자산의 관점에서 보면 시대가 주는 기회를 놓친 셈이다.

사람들은 의외로 작은 변화에는 민감하지만 큰 변화에는 무감각한 경우가 많다. 작은 변화는 새롭고 즉각적이지만, 큰 변화는 오랫동안 지속되면서 다소 서서히 세상을 바꾸기 때문이다. 우리 시대에 일어나고 있는 거대한 변화는 바로 4차 산업혁명이다.

인공지능, 빅데이터, 클라우드, 자율주행차, 메타버스, 로봇 등 4차 산업혁명과 항상 함께 등장하는 이들 용어 중 몇 개는 아마 들어봤을 것이다. 그런데 대부분 용어에만 익숙할 뿐 정확한 의미와 향후 파급 효과를 제대로 아는 사람은 드물다. 대다수 사람들은 이런 메가트렌드가 현재 진행형인 것을 알지 못하고, 무수히 많은 투자 기회가 있다는 것을 깨닫지 못한다. 이 모든 기술의 바탕이 바로 반도체라는 사실도 말이다.

우리는 반도체라고 하면 보통 우리나라의 대표 수출품, 보통 사람이 접할 일 없는 첨단 제품으로 여긴다. 그리고 우리 생활은 도로 위 자동차와 상공의 비행기, 생필품에서 군수용품을 생산하는 공장, 각종 소매상과 대형 유통체인, 관공서, 기업체, 통신 네트워크 등으로 지탱된다고 생각한다. 하지만 사실 현재의 일상을 지탱하는 건 반도체다. 이제 이 모든 것을 운영하는 데 반도체가 없어서는 안 되는 필수품이 되었기 때문이다.

지금 우리가 누리는 모든 것의 첨단화 뒤에는 반드시 반도체가 있고, 그것들을 만드는 데에도 반도체가 필요하다. 오늘날의 세상은 손톱만 한 반도체 위에서 돌아간다고 해도 과언이 아닌 것이다. 그야말로 가장 평범한 하루조차 반도체 없이는 영위할 수 없는 시대다.

이런 반도체를 알아야 우리 경제, 산업, 자본 시장의 흐름을 읽을 수 있고 자산을 불릴 기회도 찾을 수 있다. 메모리 반도체 사이클이 꺾이자마자 우리나라의 무역수지가 적자로 돌아섰고, 원달러 환율도 급등하는 모습을 보이고 있다. 그만큼 반도체가 우리 경제에서 차지하는 비중은 크다. 이미 외국인 투자자들에게 우리나라는 반도체의 나라이며, 확실한 색깔이 있는 투자처다.

대만이 한국의 1인당 GDP를 넘어선 것도 상당 부분 TSMC 파운드리의 약진 덕분이라는 점을 봐도 반도체가 갖는 경제적 파급력을 잘 알 수 있다. 이런 중요성 때문에 미국은 자국 및 동맹국 업체에 대중국 반도체 기술 수출을 금지하고 있다. 아무리 빅데이터가 많아도 반도체가 없으면 중국의 기술 진보는 어렵기 때문이다.

이미 세상은 반도체 경제로 바뀌었다. 평균 판매 가격이 1달러 이하에 불과하던 MCU_{Micro Controller Unit}(마이크로 컨트롤러 유닛)가 없어 수천, 수억 원짜리 자동차를 만들지 못하는 시대다. 향후 반도체의 중요성은 더욱 커질 수밖에 없다. 이런 현상을 보고 "아, 그렇구나" 하고 고개만

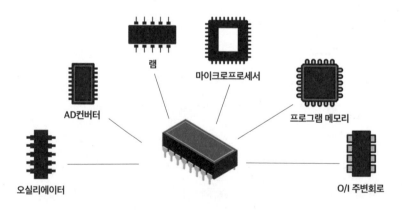

MCU를 구성하는 여러 가지 반도체

끄덕이며 투자의 기회를 그냥 흘려보낼 것인가. 왜 그런지 파고들어 통찰을 얻어야 한다. 남들보다 한발 더 빨리 가야 성공적인 투자를 할 수 있다.

시대정신에 투자하라

학창 시절 국사 수업 시간에 배운 동학농민혁명의 '우금치 전투'를 기억하는가? 당시 동학농민군을 제압할 여력이 없었던 조선 조정은 일본에 군대 파병을 요청하는 우를 범했다. 동학농민군은 죽창 등 농기구와 재래식 화승총을 무기로 보유하고 있었는데, 메이지 유신을 계기로 근대화에 성공한 일본의 군대는 최첨단 무라타 소총을 갖추고 있었다. 영국의 스나이더 소총을 모방한 자동 장전식 총이었다.

화승총은 유효 살상 거리가 120미터에 불과했지만, 무라타 소총은 800미터에 달했다. 이런 무기 간 기술 격차의 결과는 동학군 3만 명, 일본군 1명이라는 사망자의 차이로 나타났다. 일본군에서 1명의 사망자가 나온 것도 총기 오발 사고 때문이라는 이야기가 있다. 말이 전쟁이지 일방적인 학살이었던 셈이다.

한때 일본에 선진기술을 전수해주던 조선이 왜 일본에 뒤처지게 된 걸까? 여러 가지 이유가 있지만, 당대 한일 지식인들의 사고방식 차이가 크게 영향을 미쳤다.

19세기 후반 조선과 일본은 서구 열강의 침략을 받았다. 이때 일본 지식인들은 큰 충격을 받고 개화에 적극적으로 힘썼다. 요시다 쇼인吉田松陰이라는 사무라이는 전국을 돌며 일본 지식인들을 깨우쳤다. 도쿠가와 막부에 의해 감옥에 갇혔을 때도 참수당하기 전까지 강연을 멈추지 않았다. 조선을 식민지화하는 데 큰 공을 세운 이토 히로부미伊藤博文 등이 바로 요시다 쇼인의 제자다.

반면에, 조선의 선비들은 일본 사무라이들과 완전히 다른 판단을 내렸다. 나라의 문을 철저히 걸어 잠그고 근대화를 시도할 타이밍을 놓쳐버렸다. 병인양요에 참전한 한 군관은 조정에 이런 내용의 보고서를 올렸다.

"우리 총은 100보를 가는데, 양이의 총은 500보를 넘게 갑니다."

홍선대원군과 조정 대신들은 이를 무시하고 프랑스군이 퇴각했다는 점에만 집중했다. 그리고 쇄국 정책을 더욱 강화했다. 이를 문제시하는 선비들도 거의 없었다.

이런 차이가 빚어낸 양국의 운명도 크게 달랐다. 일본은 메이지 유신으로 산업화에 성공했고, 조선은 이런 일본에 나라를 빼앗겼다. 이후 700만 명에 이르는 조선인이 일본의 침략 전쟁에 동원되고 강제 노역자와 일본군 성노예로 끌려갔다. 시대의 흐름을 읽지 못하면 국가도 불행해지지만 개인 역시 비참해지는 것이다.

반도체는 21세기 첨단 산업의 무기다. 파급력은 19세기 일본의 무라타 소총을 능가한다. 조 바이든Joe Biden 미국 대통령이 백악관에서 반도체 웨이퍼를 든 모습을 모든 매체에 노출시키고, 한국, 일본, 대만을 핵심 동맹으로 끌어들이는 것도 이 사실을 너무나 잘 알고 있기 때문이다.

사람들은 현재에는 많은 관심을 쏟지만, 미래가 어떻게 바뀔지에는 큰 관심을 보이지 않는다. 미래는 늘 불확실해서 예측할 수 없다는 생각만을 할 뿐이다. 하지만 시대정신에 민감하게 반응하는 사람과 눈감는 사람 사이에는 엄청난 격차가 생긴다.

4차 산업혁명 시대, 미사일보다 무서운 무기는 반도체

2022년 9월, 일론 머스크Elon Musk는 '테슬라AI 데이 2022'에서 가정용 휴머노이드 로봇 '옵티머스'를 선보였다. 일부는 느린 움직임과 단순한 행동에 다소 실망스럽다는 반응을 보였지만, 전문가들은 인공지능 탑재로 스스로 학습하고 인지, 판단, 제어가 가능한 로봇이라는 점에서 새로운 가능성을 보여주었다고 평가했다.

자신이 사는 시대에 시작되는 거대한 변화를 당대에 바로 알아차리는 사람이 그리 많지는 않을 것이다. 산업혁명이 몇 차례에 걸쳐 일어나 인류의 역사를 바꿀 때도 마찬가지였으리라.

1차 산업혁명은 18~19세기 초 영국을 중심으로 진행되었다. 이 시대를 관통하는 키워드는 기계화와 증기기관이다. 이런 기술 발전은 생산 수단을 전환시켜 자본의 발전으로까지 이어졌다. 이때 변화를 선도한 대표적 산업 중 하나가 직물 분야다. 산업혁명 전까지만 해도 일반 가정에 1인당 옷은 한두 벌에 불과했다. 하지만 산업혁명 이후에는 사람들이 옷을 갈아입고 세탁하는 데 관심을 가지게 되었다.

영국은 산업혁명을 기반으로 세계 각지에 식민지를 마련해 '해가 지지 않는 나라'로 불렸다. 세계가 영국화되고 영어가 세계 공용어로 자리잡았다. 당시 패권국의 국력을 대표하는 결과물이 항공모함이다. 영국 네메시스호는 증기기관으로 만들어진 배로 최강의 전투력을 자랑했다.

2차 산업혁명은 19세기 후반에 본격화되었는데, 미국과 독일이 그 주인공이었다. 이때 '포디즘Fordism'[1]으로 대표되는 대량생산 기술이 확산되었다. 플라스틱도 개발되었다. 전기, 내연기관 사용이 본격화되었고, 석탄에서 석유로 주 에너지원이 전환되었다. 당시 미국은 석유 내연기관으로 움직이는 항공모함 USS엔터프라이즈호를, 독일은 비스마르크호를 만들었다.

20세기 후반에 시작된 3차 산업혁명은 미국을 중심으로 진행되었다. '팍스 아메리카나Pax Americana', 즉 미국 중심의 세계 질서가 확립된 것이 이때다. 디지털, 컴퓨터, 인터넷 등이 대거 보급된 이 시기는 '자동화 시대', '정보혁명의 시대'로 불리기도 한다. 이제 단순 작업은 컴퓨터 제어로 해결할 수 있게 되었다. 고층 건물에서는 엘리베이터를 설치하고 일반 가정에서는 세탁기를 들여놓았다. 세탁기의 보급으로 여성의 경제 활동 참여가 본격화되기도 했다.

4차 산업혁명은 21세기에 시작되어 여전히 현재 진행형이다. 이것은 ICTInformation and Communication Technology(정보통신 기술) 융합을 기반으로

---

1 미국의 포드 자동차 회사에서 처음 개발한 시스템으로 컨베이어 벨트의 도입에 의한 일관 작업 방식을 일컫는다.

인공지능, 빅데이터, 자율주행차, 사물인터넷, 스마트팩토리 등으로 대변되고 있다. 개념이 혼재되어 있기는 하지만 모든 것에 ICT가 들어간다고 생각하면 된다. 4차 산업혁명은 초연결, 초지능, 자동화로 발전될 것으로 보인다.

최근 시장은 차량용 반도체 공급 부족으로 어려움을 겪고 있다. 8인치 구형 반도체 팹에서 생산되는 몇백 원짜리 칩이 부족해 자동차를 만들 수 없는 것이다. 코로나19 사태가 차량용 반도체 공급 부족의 배경이라고 한다. 자금 경색으로 파산한 회사가 훨씬 더 많았던 10년 전 금융위기 때는 공급망 붕괴가 더 심각했을 텐데, 당시에는 왜 이런 사태가 일어나지 않았던 걸까? 그때는 국내에서도 국외에서도 이런 현상이 일어나지 않았었다.

사실 현재의 자동차와 10년 전 자동차는 상당히 다른 제품이다. 지금 자동차는 센서, MCU 등으로 만들어진 '첨단 제품'이라면, 예전의 자동차는 좀 과장해서 표현하자면 '깡통차'에 가까웠다. 지난 10년 사이 자동차 제조에서 기계 부품 비중은 크게 줄어들고 대신 전자 부품 비중은 크게 늘었다. 웬만한 내연기관차도 200여 개의 반도체가 필요하고, 전기차는 400~500여 개가 필요하다. 앞으로 자율주행차 개발이 가속화되면 반도체 수급은 더욱 중요해질 것이다. 이렇게 반도체는 지금도 공공 인프라, 무기 시스템, 첨단 제품 생산 등 사용되지 않는 분야가 없지만 4차 산업혁명 진행에 따라 앞으로 그 중요도가 더욱 높아질 것이다.

머스크는 옵티머스를 약 2만 달러라는 가격으로 일반에 보급하겠다는 계획을 발표했다. 이렇게 되면 가정뿐 아니라 산업 현장의 모습도 크게 달라질 것이다. 스마트폰, 슈퍼컴퓨터, 자율주행 전기차, 휴머노이드 로봇이 하나의 네트워크로 연결되는 초연결 시대가 수년 내 도래할 것으로 보인다. 이때 가장 기초적이고 가장 핵심적인 역할을 할 것이 바로 반도체다.

1차 산업혁명의 증기기관은 유럽인들에게 세계 지도를 마음대로 다시 그릴 힘을 주었다. 4차 산업혁명 시대에 반도체를 쥔 자들은 아마 이보다 몇 배는 더 정교하고 강력한 힘을 얻게 될 것이다. 우크라이나가 러시아의 침공으로 인한 통신망 파괴 후에도 군사적 통신을 계속할 수 있었던 것은 머스크의 위성 기반 인터넷 서비스 '스타링크' 덕분이었는데, 이 또한 반도체가 없었다면 제대로 작동할 수 없었을 것이다. 이런 점을 생각하면 반도체는 현재를 운영하고 미래를 설계할 가장 무서운 무기인 셈이다.

기술 생태계는 어떻게 변화하고 있을까?

IT의 역사를 보면 네트워크(통신) 기술이 진보하면 플랫폼, 디바이스, 콘텐츠가 같이 발전하는 모습을 보인다. 이렇게 '콘텐츠(C)-플랫폼(P)-네트워크(N)-디바이스(D)'로 형성된 밸류체인value chain[2] 관계를 'C-P-

---

2 '가치사슬'이라고도 하며, 제품이나 서비스를 생산하기 위해 원재료, 노동력, 자본 등의 자원을 결합하는 과정을 뜻한다.

N-D 생태계'라고 부르기도 한다.

　실제로 어떻게 각 부분이 서로 영향을 주고받았는지 살펴보자. 처음 2세대 통신기술이 상용화되자 휴대폰으로 문자를 보내는 일이 가능해졌다. 3세대 통신기술이 보급되었을 때는 문자보다 데이터가 큰 사진을 보낼 수 있게 되었다. 이때 스마트폰이라는 디바이스가 태동했고, 페이스북이라는 플랫폼이 모바일 환경에서 꽃을 피웠다.

　마침내 4세대 LTE 시대에 접어들자 스트리밍 동영상 콘텐츠가 유행했다. 유튜브와 넷플릭스는 이때 급성장한 플랫폼이다. 스마트폰 고도화로 고화질 동영상을 촬영할 수 있게 되었고, 이는 실시간 스트리밍 콘텐츠 생태계의 선순환 고리가 되었다.

　현재 우리는 5세대 이동통신 기술, 즉 5G 시대를 살고 있다. 4세대에 비해 1.5배 속도가 빠른 서브 식스sub 6GHz가 대중화되었지만, 20배 빠른 밀리미터파mmWave 통신 커버리지는 아직 요원하다. 통신사들은 아직 밀리미터파의 상업화에 확신이 부족한 상황이다. 밀리미터파는 파장이 짧아 신호 전달 거리 역시 짧은 데다 직진하는 특징이 있어, 5G를 상용화하려면 250~300미터 거리 간격으로 소형 기지국small cell station을 설치해야 하는 등 기술적, 비용적 부담이 있기 때문이다. 하지만 3D 콘텐츠를 기반으로 한 메타버스 플랫폼의 확산이 통신사들의 소극성을 불식시켜줄 가능성이 높다. 글로벌 빅테크들은 AR, VR, XR 등 차세대 메타버스 디바이스 출시를 위해 온 힘을 쏟고 있다.

　자율주행차도 5세대 통신기술 시대의 킬러 콘텐츠, 킬러 디바이스가 될 가능성이 크다. 미국의 애플과 구글, 중국의 바이두와 알리바바,

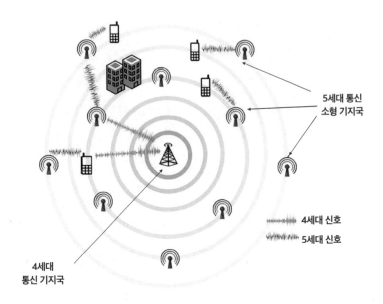

© Goodtiming8871

4세대와 5세대 이동통신 네트워크의 구성 차이

한국의 네이버와 카카오 같은 플랫폼 업체가 자율주행 기술에 많은 관심을 보이는 이유가 무엇일까? 현대인들이 플랫폼에 접속하지 않는 때는 잠자는 시간과 운전하는 시간밖에 없다. 운전자가 운전대를 놓는 순간 플랫폼 업체 입장에서는 블루오션이 생기는 셈이다.

자본주의의 세 가지 요소는 토지, 자본, 노동이다. 메타버스 세상에서는 디지털 트윈, 디지털 신대륙 등이 있어 토지의 유한성이 없다. 코인과 토큰으로 대표되는 자본도 엄청난 확장성을 보이고 있다. 또한 창조적인 크리에이터들은 새로운 플랫폼에서 과거에는 누구도 상상하지 못했던 새로운 일(노동)을 하고 있다. 이런 환경에서 자본주의도

우리의 상상을 뛰어넘어 고도화할 것이다. 미래의 변화에는 장단점이 있겠지만, 분명한 점은 우리가 앞으로 현재와는 다른 세상을 살게 될 것이라는 사실이다.

삼성전자만 봐도 IT 산업이 보인다

IT 산업을 분석하려고 마음먹었다면 가장 먼저 해야 할 일이 무엇일까? 사실 '정보기술Information Technology'이라는 용어 자체가 주는 압박감이 상당한 탓에, 관심이 있더라도 쉽게 투자 공부를 시작하기 어렵다. IT를 모르고서는 반도체 투자의 인사이트를 얻기 어려울 것 같은데, 그렇다면 우선 공대 전자공학 개론서라도 봐야 할까? 나도 〈전자신문〉 기자로 입사하게 되면서 이런 생각을 가장 먼저 했다.

당시에는 반도체에 대해 알려주는 사람도 별로 없어서 아무런 체계 없이 수첩에 닥치는 대로 메모를 해가며 공부했던 기억이 난다. 몇 년 동안 IT 지식을 쌓다 보니 어느 정도 보는 눈이 생겼는데, 결론은 삼성전자 한 종목만 제대로 분석해도 우리나라 IT 산업의 구도가 보인다는 것이다. 지금 생각하면 너무 당연한 이야기지만, 콜럼버스의 달걀처럼 당시에는 선뜻 떠올리기 어려웠다.

그럼 현재 우리나라 IT 산업의 현황을 살펴보자. 2021년 기준 삼성전자의 매출은 279조 원, 영업이익은 51조 6000억 원이다. 주요 사업은 반도체, 디스플레이, 스마트폰, TV, 가전, 통신 장비, 전장 부품 등이며, 이 중 매출 비중이 가장 큰 사업은 스마트폰으로 2021년 기준 110조 원 수준이다. 그다음으로 매출이 큰 사업은 반도체다. 반도체 사업 매출은 94조 원 수준이다. 반도체는 메모리, 시스템LSI로 분류된다. 메모리 반도체 사업이 73조 원, 시스템 반도체[3] 사업이 22조 원에 이른다.

메모리 반도체 사업은 다시 D램과 낸드플래시로 나뉘는데, 그 비중은 6 대 4 정도다. 시스템LSI 사업은 칩 설계를 담당하는 사업부와 공정을 담당하는 파운드리 사업부로 분류된다. 가전 사업부 매출은 55조 원 수준이다. TV 매출이 상당 부분을 차지하고 나머지는 냉장고, 에어컨 등의 가전이 차지한다. 삼성디스플레이와 하만은 실적과 재무가 연결로 잡힌다. 삼성디스플레이는 원래 삼성전자 LCD**Liquid Crystal Display**(액정 표시 장치) 사업부와 OLED 사업을 담당하던 삼성모바일디스플레이가 합쳐져 설립되었고, 하만은 글로벌 전장 업체로 삼성전자가 2016년에 인수합병했다.

삼성전자 매출만 쪼개봐도 국내 IT 산업 대부분의 지형을 그릴 수 있다. 매출 규모가 큰 사업부를 중심으로 협력사 서플라이 체인이 구축되어 있기 때문이다. IT 종목을 선정할 때 어떤 섹터가 유망한지 알고 싶다면, 삼성전자 사업 중 이익 증가율이 높은 쪽을 주목해야 한다. 지금은 반도체 사업, 특히 파운드리 사업의 흐름을 봐야 할 시점이다.

당장 수익이 잘 나오는 사업은 메모리지만, 앞으로 삼성전자가 핵

---

3 다양한 기능을 집약하여 전자기기 시스템을 하나의 칩으로 제어, 운용할 수 있도록 만든 반도체를 말한다.

심 사업으로 키울 분야가 바로 파운드리다. TSMC를 빠르게 추격한다면 파운드리 사업에서 상당한 수익을 낼 수 있을 것이다. 삼성전자 파운드리는 4~5나노미터 기술 경쟁에서 TSMC에 밀려 퀄컴, 엔비디아 등 많은 고객을 잃었는데, 이를 만회하기 위해 3나노미터 반도체 조기 생산이라는 승부수를 띄웠다. 이런 행보는 삼성전자 주가 차원뿐 아니라 국내 IT 산업 전반에 큰 영향을 미칠 변수다. 현재 스마트폰 사업은 성숙기에 접어들었지만, 폴더블폰 분야는 새로 뜨는 신산업에 가깝다. 이런 폴더블폰 사업과 직접적으로 연결되어 있는 부품이 바로 디스플레이인데, 그 핵심 기술은 디스플레이를 잘 구부리는 것이다. 현재 폴더블 디스플레이 분야에서 가장 앞선 기술을 가진 회사가 바로 삼성디스플레이다.

삼성디스플레이는 그동안 삼성전자에만 독점적으로 폴더블 디스플레이 패널을 납품해왔지만, 2022년부터 중국 스마트폰 업체에도 적극 공급하고 있다. 향후 애플까지 폴더플 디스플레이를 채택한다면 산업 규모는 기하급수적으로 커질 것이다. 서플라이 체인을 꼼꼼히 분석한다면 10배 이상 오를 '텐배거' 종목 발굴도 가능하다.

자율주행차 시장의 성장으로 주목할 분야는 전장 부품 사업이다. 이 시장을 주도하는 회사는 단연 테슬라다. 삼성전자 내에서 전장 부품은 하만이 주로 담당하고 있지만, 엑시노스 오토 AP[4]로 반도체 설계 및 파운드리 사업과도 직결되어 있다. 삼성SDI(2차전지), 삼성전기(전장

---

4 AP는 애플리케이션 프로세서(Application Processor)를 가리키며, 스마트폰 등의 이동통신 단말기에서 응용 프로그램 구동이나 그래픽 처리 등을 담당하는 시스템 반도체다.

용 카메라, 반도체 기판), 삼성디스플레이(전장용 디스플레이) 등 관계사들도 자율주행차 시대에 주목할 만하다.

미국의 화웨이 제재로 삼성전자 통신 장비 사업이 반사이익을 보는 것도 기억해야 할 포인트다. 5세대 이동통신 기술이 사용하는 주파수는 두 가지 대역으로 나뉜다. '서브 식스'로 불리는 3.5기가헤르츠 대역과 '밀리미터파'로 불리는 28기가헤르츠 대역이다. 화웨이는 밀리미터파 통신 장비에서 독보적인 가성비를 보유한 회사다. 하지만 미국의 제재로 직격탄을 맞았고, 이에 삼성전자 통신 장비 사업이 어부지리의 수혜를 입을 가능성이 생겼다.

사고를 조금만 더 확장하면 더 큰 그림을 볼 수 있다. 삼성전자와 경쟁하고 있는 기업들을 살펴보는 것이다. 예를 들면, 삼성전자의 스마트폰 사업 경쟁자는 애플, 화웨이, 샤오미, 오포, 비보 등이다. 메모리 반도체 분야 경쟁자로는 SK하이닉스, 마이크론, 키옥시아 등이 있다. 카메라 이미지센서 경쟁사는 소니, 옴니비전, 앱티나 등이며, TV 사업 경쟁사는 LG전자, 소니 등이다. 삼성디스플레이 경쟁사는 LG디스플레이, 중국의 BOE 정도를 꼽을 수 있다.

파운드리 경쟁사는 대만의 TSMC, UMC와 미국의 글로벌파운드리스, 중국의 SMIC 등이다. 다만, 10나노미터 이하 미세공정에서 경쟁하는 회사는 TSMC 한 곳뿐이다. 인텔도 파운드리 시장 진출을 선언하면서 잠재적인 경쟁자로 떠올랐다.

연말에는 삼성전자 고위 임원단의 인사 흐름을 보는 것도 투자 결정에 도움이 된다. 삼성전자가 투자에 베팅을 하고, 뭔가 일을 도모하려 할 때는 엔지니어 기반의 기획통을 전면 배치하는 경우가 많다. 이들이 신사업에 대한 큰 그림을 잘 그리기 때문이다. 반대로 수비적인 경영을 할 때는 재무통을 전면 배치한다. 재무통은 삼성그룹 내에서 '칼잡이'라는 무시무시한 별명을 가지고 있는데, 뼈아픈 구조 조정을 단행할 때 중용하는 경우가 많다.

시가총액 톱 10으로 시장 트렌드를 파악하라

삼성전자의 동향을 살피는 것 외에 시장의 큰 흐름을 읽는 데 도움이 될 만한 또 다른 방법이 있다. 바로 코스피 시가총액 상위 순위 변동을 살피는 것이다.

2022년 1월, LG에너지솔루션은 상장하자마자 SK하이닉스를 밀어내고 시총 2등을 차지했다. 물론 기업 가치 부풀리기가 없지 않았고 기업공개와 인덱스펀드 패시브 수급[5]을 이용한 덕도 있다. 그러나 전기차, 2차전지 시대가 본격화되지 못했다면 이런 사건이 발생할 수 없었을 것이다. 2차전지 셀 업체 삼성SDI도 시총 5위에 올라 있다.

메모리 반도체가 본격적인 하락 사이클에 돌입하면서 SK하이닉스는 삼성바이오로직스에 3위 자리도 내주고 말았다. 주식 투자를 할 생각이 있는 사람이라면 시가총액 톱 5 혹은 톱 10 내에서 순위가 어떻

---

5   인덱스펀드(Index fund)는 목표지수와 유사한 수익을 실현할 수 있도록 운용되는 펀드이고, 패시브(Passive)는 이와 같은 투자 방식을 말한다.

2002년~2022년 코스피 유가증권 시가총액 순위 비교 (매년 11월 1일 기준)

종목명	2022년	2012년	2002년
1	삼성전자	삼성전자	삼성전자
2	LG에너지솔루션	현대차	SK텔레콤
3	삼성바이오로직스	POSCO	KT
4	SK하이닉스	현대모비스	국민은행
5	삼성SDI	기아차	한국전력
6	LG화학	LG화학	POSCO
7	삼성전자(우)	한국전력	현대차
8	현대차	삼성생명	KTF
9	NAVER	삼성진자(우)	LG전자
10	기아	SK하이닉스	삼성전자(1우)

*출처: KRX 정보데이터시스템

게 바뀌는지 눈여겨봐야 한다. 전통적인 굴뚝 산업이 밀려나고 플랫폼, 2차전지, 바이오 관련 기업들이 그 자리를 차지하는 모습을 아무생각 없이 바라만 보아서는 안 된다. 전후방 산업에 미치는 영향을 파악하고 관련 기업 중 성장이 집중되고 시장의 관심을 받을 만한 과녁을 찾아야 하는 것이다.

반도체 경쟁국 중국은 어디까지 왔나?

세계반도체시장통계기구 WSTS에 따르면, 세계 반도체 시장 규모는 2021년에는 5559억 달러(688조 원), 2022년에는 6135억 달러(716조 원)로 보인다. 반도체 시장 총액 중 절반은 미국이 담당한다. 우리나라는 20% 정도를 차지하고 있는데, 대부분이 메모리 반도체에서 발생하는 비중이다. 그 외에 유럽이 10%, 일본이 10%, 대만이 5%를 기록하고 있다.

세계 메모리 반도체 중 70%가 '메이드 인 코리아' 제품이다. 삼성전자, SK하이닉스 등 국내 종합반도체 업체들은 AMAT, ASML 등 글로벌 장비, 소재 업체에 자국 내 생산을 요구할 수 있을 정도로 주도권을 확보하고 있다.

중국은 세계 전자 제품의 절반 이상을 조립할 정도의 제조 대국이지만, 반도체는 공급량의 80% 이상을 해외에 의존하고 있는 실정이다. 이것이 외환 시장에서 우리 원화가 중국 위안화와 동조화율이 높은 이유다. 우리는 현재 무역수지의 상당 부분을 중국에서 벌어들인다. 메모리 반도체 업황이 꺾이면서 2022년 12월 현재 8개월 이상 연속 무역수지 적자를 기록 중인 것도 중국의 제로 코로나 방역에 따른

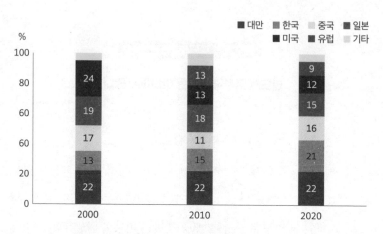

■ 대만 ■ 한국 ■ 중국 ■ 일본
■ 미국 ■ 유럽 ■ 기타

%

국가별 지국 내 반도체 생산 비중

*출처: SIA, BCG, 신한금융투자

경기 악화 탓이다.

2015년, 중국은 반도체 굴기를 위해 약 300조 원을 투입하겠다고 밝히며 2025년까지 반도체 등의 소재, 부품을 내재화하겠다는 목표를 세웠다. 바로 이것이 현재 미중 갈등의 기폭제가 되었다. 중국의 목표는 미국의 방해로 인해 성공할 가능성이 낮아졌다. 중국 입장에서 긍정적으로 본다 해도 적어도 10년 이상은 지연될 것으로 보인다.

이 배경에는 반도체 기술의 고도화라는 요인도 있다. 과거처럼 단편적인 기술 확보로는 선두 업체를 따라가기 힘들어진 것이다. 인수합병으로 외부의 기술을 활용하는 방법도 있지만, 미국의 제지로 이 길마저 막혔다. 우리나라의 입장에서는 다행스러운 일이지만, 언제까지 미중 갈등 사이에서 반사이익을 누릴 수 있을지는 알 수 없다.

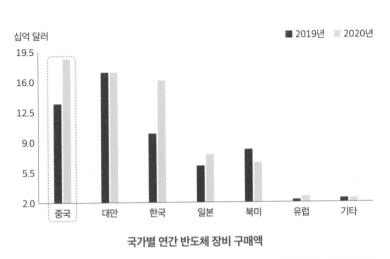

국가별 연간 반도체 장비 구매액

*출처: SEMI, 신한금융투자

중국의 강점은 인공지능 기술에 뛰어나다는 점이다. 인공지능에 특화하려면 빅데이터가 필요하고, 주문형 반도체ASIC로 제작해야 효율적이다. ASIC 비중 확대로 파운드리의 영향력은 점점 커질 수밖에 없다. 한국무역협회의 연구보고서에 따르면, 2020년 기준 미국의 인공지능 기술 수준을 100%로 볼 때 중국은 85.8%에 육박하며, 89.5%를 나타내는 유럽에 이어 세계 3위다. 이에 비해 우리나라는 80.9%에 그치며 중국에 뒤쳐져 있어 대응 전략이 요구된다.

02

미중 반도체 패권 전쟁

미중 전쟁의 핵심은 결국 반도체

현대사를 살펴보면 미국이 패권 전쟁에서 항상 성공하는 방정식이 있다. 무역으로 도발하고, 기술로 압박하고, 금융으로 제압하는 것이다. 미중 패권 전쟁도 이런 식으로 전개될 가능성이 높다. 현대는 기술 패권을 가진 나라가 세계를 지배하는 시대다. 바이든 대통령이 미국 정부가 가진 영향력을 총동원하여 반도체 관련 국내외 기업들에 첨단 반도체 기술과 장비의 중국 수출을 금지하는 이유가 무엇이겠는가. 중국이 절대로 반도체 기술을 넘보지 못하게 하려는 속셈이다.

이제 경제 발전의 기초 원자재는 원유에서 반도체로 옮겨왔다. 과거와 달리 지금은 모든 제조 분야에 반도체가 들어간다. 트랙터 같은 농기계에도 이미 자율주행 기술이 접목되고 있다. 과거 제조업에서는 원가 중 반도체 비중이 1% 수준에 불과했지만 향후 10%까지 점진적으로 증가하리라는 것이 상당수 전문가들의 의견이다.

지금 진행 중인 4차 산업혁명이 더욱 가속화한다면 반도체 수요는 폭증할 것으로 예상된다. 지난 20년간 반도체 시장 성장률은 전체 경제 성장률에 비해 부진했다. 2000년 대비 최근 세계 증시 시가총액은 4배 늘었지만, 반도체 산업 시총은 2배 증가하는 데 그쳤다. 하지만 4차 산업혁명 본격화로 앞으로의 양상은 완전히 달라질 것이다.

시진핑習近平의 중국몽[6]에서 가장 중요한 것도 역시 과학기술이다. 전문성을 지닌 기술관료 '테크노크라트technocrat'가 포진한 시진핑 정권답게 모든 정책과 자원을 과학기술에 집중하고 있다. 반도체 기술 패권을 놓고 미중 간 갈등은 더욱 증폭할 수밖에 없는 상황이다.

생각하기 싫은 시나리오지만, 현재 위태로운 정세를 고려하면 대만을 놓고 미중 간 국지전이 발생할 가능성도 완전히 배제할 수 없다. 시진핑은 3연임이 확정된 자리에서 대만의 무력 통일 가능성을 시사했다. 바이든 대통령은 일본 순방 중 "중국이 대만을 침공할 경우 무력 개입할 것인가?"라는 기자의 질문에 "그렇다"라고 단호하게 대답했다. TSMC가 없으면 미국 반도체 산업도 직격탄을 맞기 때문이라는 것이 대표적 이유다.

---

6 2012년 시진핑이 공산당 총서기에 선출된 뒤 발표한 전략으로, 과거 '세계의 중심'이었던 중국의 영광을 되살리겠다는 내용이다.

🎙 미국이 위기감을 느끼는 이유

세계 반도체 시장에서 미국이 차지하는 비중은 약 절반에 이른다. 종합반도체 51%, 설계 65%, 장비 40% 등 각 분야에서 차지하는 비중이 지대하다. 미국 반도체 산업은 생태계가 잘 구축되어 있고, 설계 자산 보유 상황이 굉장히 좋은 편이다. 그러나 정부 지원과 인력 양성 측면에서는 약점을 보여왔다. 가장 심각한 문제 중 하나는 파운드리 비중이 10%에 불과하다는 점이다.

현재 미국은 반도체 전문가나 박사를 많이 보유한 나라로 손꼽히지만, 반도체를 만들 훈련된 노동자는 별로 없다. 그래도 전 세계가 하나로 이어진 글로벌 밸류체인이 잘 돌아갈 때는 문제가 없었다. 하지만 '러시아-우크라이나' 전쟁을 통해 우리 시대에 세계 주요국 중 하나인 국가가 전쟁을 일으키고 국가 간 전면전이 벌어지는 장면을 목격했다. 세계 질서와 역학 구도에 대한 인식과 대비 자세가 바뀔 수밖에 없는 계기였다.

만약 중국이 대만을 무력 침공해 TSMC를 장악해버린다면 어떻게 될까? 미국도 이제는 이런 파국적인 시나리오에 대비하지 않을 수 없다. 이미 빅테크들은 ASIC(주문형 반도체)를 직접 설계하고 있다. 향후 파운드리의 지배력이 더욱 강력해진다는 말이다. 미국은 자국 내에 첨단 파운드리 팹을 확보하지 않고서는 4차 산업혁명을 주도하고자 하는 계획을 성공시킬 수 없다. 자국 내 반도체 생산 비중이 12%에 불과한 지금의 구조를 바꿔야만 하는 것이다.

그동안 미국은 중국 정부가 천문학적인 자금을 투입해 자국 반도체 산업을 육성하는 방식에 문제가 있다고 지적해왔다. 그러나 지금은 미국 정부가 나서서 파운드리 산업 공급망을 구축하기 위해 천문학적인 자금을 투자하고 있다. 총 투자비의 40%를 보전해주는 세액공제 혜택도 제공한다. 미국 내에서 바이오 다음으로 많은 연구 개발 금액이 투자되는 부문이 반도체다.

바이든 대통령은 취임 초부터 미국 반도체 산업의 약점을 해결하겠다며 반도체 굴기의 의지를 보였다. 미국조차 반도체 산업에서 정부 보조금이 필수화되고 있음을 인정한 셈이다. 정부 보조금 비중의 글로벌 평균 수치는 25%인데 비해, 미국은 10~15% 수준이다. 지금 상황이 그대로 흘러가게 둔다면, 2030년쯤에는 중국이 반도체 부문에서 미국을 대체할 수도 있다는 예상이 나온다.

이것이 바로 미국이 2800억 달러(약 360조 원) 규모의 반도체 산업 투자를 핵심으로 하는 '반도체와 과학법CHIPS and Science Act'을 통과시킨 이유다. 또 미국은 대대적이고 적극적인 기업 유치와 인력 확보에 발 벗고 나서고 있는데, 심지어 반도체 관련 석박사에게 영주권을 주는 이민 정책에 대한 논의가 있기도 했다.

지난 몇십 년간 세계를 지배한 경제이론은 신자유주의였다. 정부의 개입을 최소화하고 민간의 효율성을 극대화해야 한다는 것이 그 골자다. 세계 경제에서 미국은 데이비드 리카르도David Ricardo의 '비교우위론'을 중심으로 글로벌 밸류체인의 효율성을 실천해왔다. 이런 방침은 통상적인 소비재 부문에서는 합리적이었다. 그러나 반도체와 같이 국가 발전의 핵심 전략 산업이라면 이야기가 달라진다. 당장의 효율보다는 국가 안보가 중요하기 때문이다.

일본의 아베 신조安倍晋三 전 총리가 소부장(소재, 부품, 장비)으로 한국 반도체 산업의 목줄을 죄려고 했던 것도 이 흐름의 기폭제가 되었다. 2019년, 아베는 한국 대법원에서 강제 징용 피해자 배상 판결을 내린 데 대한 보복성 조치로 불화수소, 감광제, 불화폴리이미드 등의 한국 수출을 규제했다. 이것들은 반도체, 디스플레이의 3대 핵심 소재로 대일 의존도가 높았기에 당시 우리 산업에는 비상이 걸렸었다. 비록 우리가 이런 위기를 잘 극복하고 오히려 국내 소부장 기업들과 관련 생태계를 성장시키는 기회로 삼기는 했지만, 사실 이와 같은 일은 다른 여러 나라에게 경고가 되었을 것이다.

러시아가 천연가스로 유럽의 목을 겨눈 것처럼 중국도 제조업을 기반으로 미국을 저격할 수 있다. 미국은 반도체 굴기를 통해 2030년까지 자체 생산 비중을 20~25% 수준까지 높이는 것을 목표로 하고 있는데, 중국이 대만과 전쟁을 일으켜 TSMC를 흡수할 가능성에 대비해 첨단 파운드리 팹 구축에 방점을 두고 있다.

🎙 반도체 굴기에 나선 자유시장경제의 수호자

아마도 미국의 반도체 굴기를 충격으로 받아들이는 사람들이 많을 것이다. 신자유주의를 세상 곳곳에 전파하던 미국이 시장경제를 훼손시킨다는 것이 어색하게 느껴질 수도 있다. 그러나 미국은 이미 1960년대에 자국 반도체 산업을 육성하기 위해 막대한 자금을 투입하는 유치 산업 전략을 시행한 바 있다.

이 시기는 소련과 우주 경쟁을 벌이던 때다. 소련과의 경쟁에서 이기기 위해서는 반드시 우주항공과 반도체 산업을 육성해야 했다. 당시 반도체는 너무 비싸서 일반 기업들은 도저히 살 수 없었다. 하지만 미국 국방부는 지속적으로 자국산 반도체를 구매했다. 이렇게 해서 인텔, 페어차일드 같은 기업이 성장할 수 있는 기반을 마련해준 것이다.

1980년대 일본과 반도체 전쟁을 벌일 때도 미국 국방부와 실리콘밸리 간 협력 사업이 매우 활발했다. 당시 개발된 원천 기술들은 지금도 굉장히 유용하게 쓰이고 있다. 인터넷도 '알파넷ARPA net'이라는 국방 통신에서 유래한 기술이다.

일본과 독일을 제압한 후 20년간 미국은 유치 산업을 보호할 필요가 없었다. 이미 팍스 아메리카나 시대였기 때문이다. 미국인들은 중국과 공존하면서 성장하는 골디락스Goldilocks[7] 경제가 영원할 것이라고 착각했다. 그러나 시진핑 정권이 '일대일로—帶—路'와 '중국제조2025中國製造2025'[8]를 개시하면서 잠자던 거인을 다시 깨웠다.

미국 반도체 굴기의 특징은 중국 기업을 제외하고는 차별하지 않는 기조를 보이는 것이다. 인텔이든, 삼성전자든, TSMC든 똑같은 혜택을 제공하고 있다. 삼성전자는 최근 텍사스주 테일러시에 신규 파운드리 건설을 위해 20조 원 규모의 투자를 발표했다. 반도체 공급망 강화에

---

7 인플레이션이 없고 경기침체도 없는 상태로, UCLA의 경제학자 데이비드 슐먼(David Shulman)이 창안한 용어다.

8 일대일로는 '신 실크로드 전략'으로 중국과 중앙아시아, 유럽을 연결하는 육해상 경제벨트 구축을 목표로 한다. 중국제조2025는 반도체, 로봇, 우주항공, 전기차 등 10개 핵심기술 및 부품·소재를 2025년까지 70% 비율로 자급하겠다는 계획이다.

미국·중국·대만의 반도체 대표 기업

	팹리스	파운드리	OSAT
미국	브로드컴, 퀄컴, 엔비디아, AMD, 자일링스	글로벌파운드리스	엠코테크놀로지
중국	하이실리콘, 유니SOC	SMIC, 화훙반도체	JCET
대만	미디어텍	TSMC, UMC	ASE, SPIL

집중하고 있는 미국의 투자 압박을 피하기란 사실상 불가능하다. 이런 점은 TSMC도 마찬가지여서 애리조나주 피닉스시에 12인치 웨이퍼 공장을 건설한 바 있다.

🎙 야심을 드러낸 중국에 칼날을 겨누다

세계적 경제 강국의 위치를 다지기 위한 중국 시진핑 주석의 계획은 어떻게 진행되고 있을까? 결론부터 말하자면 중국제조2025의 반도체 부문 진행 상황은 순탄치 않다. 중화주의 경제 시스템을 만들려는 일대일로야 길게는 150년을 바라보는 전략이라고 쳐도, 중국제조2025의 완료 시한은 얼마 남지 않았다. 그런데 2021년 기준 전망치에 따르면, 중국의 반도체 생산 점유율은 2025년에 약 20% 수준에 그칠 것으로 예상된다.

중국의 야심 찬 계획에 처음 재를 뿌린 것은 도널드 트럼프Donald Trump 미국 전 대통령이었다. 이때 미국은 화웨이를 시작으로 그 자회사 하이실리콘, 중국 최대 파운드리 기업 SMIC를 블랙 리스트에 올렸다. 당시 화웨이는 세계 시장에서 통신 장비 1위, 서버 4위, 스마트폰 2위를 차지하는 업체였다. 구글은 미국 정부의 요청으로 화웨이 스마트폰에 안드로이드 운영체제 업데이트를 중지했다. 해외 시장 공략에 집중하던 화웨이로서는 치명적 일격을 당한 것이다.

미국의 공세는 여기서 그치지 않았다. 하이실리콘은 미국의 압박으로 대만 TSMC 파운드리 서비스를 받지 못해 최첨단 기린 AP를 만들 수 없게 되었다. 연간 2억 대의 스마트폰을 생산하던 화웨이도 직격탄을 맞았다. 하이실리콘은 7나노미터 TSMC 파운드리에서 칩을 생산했지만, 지금은 SMIC에서 14나노미터 공정으로 새로운 칩을 시도하고 있다. 아무리 중화주의 부활이라는 취지와 명분에 공감하는 중국인들이라도 AP 성능이 떨어지는 화웨이 프리미엄 스마트폰을 사기는 어려웠던 모양이다. 이런 사정으로 화웨이의 스마트폰 사업은 점차 퇴출 수준에 가까워지고 있다.

트럼프 대통령 시기부터 시작된 미국의 중국 반도체 때리기는 바이든 대통령 취임 후에도 일관되게 이어지고 있다. 오히려 트럼프 시절

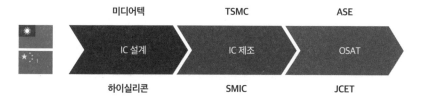

대만 VS 중국의 시스템 반도체 주요 기업

*출처: 각 사, IC인사이츠, 삼성증권
**SMIC는 양적인 측면이라면 가능성이 있지만 질적인 측면에서 TSMC를 대체하기 힘들 것으로 보인다.

보다 제재가 더 정교해지는 추세다. 전문가들은 트럼프의 중국 반도체 제재가 몽둥이라면, 바이든의 제재는 비수와 같다고 말한다. 바이든 행정부 곳곳에 배치된 중국 전문가들이 효과적인 규제를 만들어내고 있다는 점이 한 몫을 했다. 트럼프는 미국의 힘으로만 중국을 압박했고, 관세 문제를 끌고 들어와 중국 입장에서는 피할 구멍이 많았다. 이를테면 중국은 겉으로 아픈 척했지만 속으로는 웃고 있었던 것이다. 그러나 바이든 대통령은 관세 문제를 건드리지 않고 여러 동맹국의 힘을 합쳐 더 촘촘하게 압박하고 있다.

중국의 반도체 기술력이 정부 자금 투입으로 크게 성장했기 때문에 미국 입장에서는 세계 패권에서 자신을 배제하고 독주하려는 중국을 제지하지 않을 수 없다. 이에 미국은 유럽과 네덜란드 정부를 압박해 ASML의 극자외선EUV, Extreme UltraViolet 노광 장비가 중국 땅으로 들어가지 못하게 했고, AMAT, 램리서치, KLA 등 미국 업체의 장비 수출도 점차 더 노골적으로 막고 있다. ASML에 레이저 소스를 제공하는 핵심 업체 사이머가 바로 미국 기업인데, 사이머 외에도 미국이 네덜란드를 압박할 수 있는 카드는 무수히 많다.

10나노미터 이하 공정을 시행하려면 반드시 EUV 장비가 필요하다. 최근 미국은 대중국 반도체 미세공정 기술 수출 금지 대상을 10나노미터에서 14나노미터로 확대했고, 16나노미터로 제재를 강화하는 법안을 준비 중이다. 일부 심자외선DUV, Deep UltraViolet 장비도 중국으로 공급되지 못하도록 할 가능성이 높아졌다.

기술 제재의 범위도 시스템 반도체에서 메모리로 확대되고 있다.

최근 미국 정부는 14나노미터 이하 비메모리 반도체 기술의 대중국 수출을 금지하면서 18나노미터 이하 D램과 128단 이상 낸드플래시 기술 수출도 함께 막았다. 미국 의회의 압박으로 중국 YMTC 낸드플래시를 아이폰14에 적용하려던 애플의 계획도 잠정 중단되었다. 앞으로 중국에 진출해 있는 다국적 기업에 대한 수출은 별도로 미국 상무부의 심사를 거쳐야 한다. 이에 중국에 생산 공장을 둔 삼성전자, SK하이닉스 등 우리 기업들의 피해가 우려되었지만, 다행히 이런 조처의 적용을 1년 동안 유예받게 되었다.

미중 반도체 전쟁이 몇 년간 이어지면서, 중국의 시스템 반도체 기술 개발 속도는 크게 둔화되었다. 메모리 국산화 속도도 당초 계획보다 지연되고 있다. 미국의 대중국 반도체 제재로 인해 우리 기업들도 충격을 피할 수 없었다. SK하이닉스의 D램 매출에서 화웨이의 비중이 30% 수준이나 되었기 때문이다. 화웨이 스마트폰에 AM OLED(능동형 유기발광 다이오드) 디스플레이를 공급하던 삼성디스플레이도 타격을 받았다. 삼성전자는 낸드플래시 40%를 중국의 시안 팹에서 생산하고, SK하이닉스는 우시 팹에서 D램의 43%, 다롄 등에서 낸드플래시의 30%를 생산한다.

이번에 메모리 반도체까지 미국의 규제 대상에 포함되면서 우리 기업들이 입을 피해에 대한 걱정의 목소리가 크다. 하지만 지금까지의 플러스 마이너스를 따져보면 현재 양상은 우리나라 반도체 산업에 수혜로 이어지는 분위기다. 중국의 반도체 기술 개발과 시장 확대를 막는 것이 우리에겐 도움이 되기 때문이다. 미중 대결 구도에 효과적으로 대처하며 발생 가능한 피해를 최소화할 수 있는 좀 더 장기적인 계획이 마련되어야 할 시점이다.

🎙 삼성전자, 미중 전쟁의 한가운데에 서다

2022년 5월, 바이든 대통령은 방한 첫 일정으로 경기도 평택시의 삼성전자 팹을 방문했다. 미국 대통령과 우리나라 대통령이 만남을 가진 곳이 청와대도 용산도 아닌 반도체 기업의 팹이었다. 한미의 두 지도자는 이재용 당시 삼성전자 부회장의 안내를 받으며 공장을 시찰하고, 이후 방명록 대신 3나노미터 GAA 웨이퍼 시제품에 서명하는 행사를 진행했다. 바이든 대통령은 삼성전자 반도체 기술을 미국도 인정한다는 묵시적 메시지와 함께, 이런 첨단공정을 미국에 대항하는 중국에 제공해서는 안 된다는 압박도 표현한 것으로 보인다.

중국도 윤석열 대통령의 취임식에 부주석을 보내는 등 외교적 성의를 다하는 모습을 보였다. 이런 상황만 보자면 미중 반도체 패권 전쟁 사이에서 우리가 꽃놀이패를 쥐고 있는 듯 보인다. 그러나 향후 양국 중 한쪽에 대한 입장을 더욱 분명히 밝혀야 할 때 돌아올 청구서를 생각하면 간담이 서늘해진다. 우리 반도체 산업 입장에서 보면, 미국은 핵심기술을 가진 곳이며 중국은 시장이다. 미국이 원천 설계기술과 장비 공급을 끊는다면 우리 반도체 산업도 생존할 수 없다. 중국은 우리 반도체 전체 수출의 약 65% 비중을 차지한다. 우리는 현실적으로 어느 한쪽의 손도 놓을 수 없는 처지다.

바이든 대통령의 행보를 통해 파악할 수 있는 외교적 함의는 삼성전자의 평택 팹이 미국의 한국 내 인계철선[9]이 되었다는 점과 반도체가 경제가 아닌 안보 차원에서 취급되고 있다는 점이다. 한국은 미국의 반도체 생산기술 결핍을 메워줄 수 있는 2개 국가 중 하나다. 세계에서 5나노미터 이하 첨단 파운드리를 공급할 수 있는 나라는 우리나라와 대만뿐이다.

미국이 중국으로부터 대만을 보호해야 하는 제일 중요한 이유 중 하나는 반도체, 정확하게는 TSMC다. 바이든 대통령은 미국 주도의 반도체판 쿼드Quad[10]인 '칩4 동맹'을 제안했다. 한국과 미국에 대만, 일본까지 포함하는 기술 동맹이다. 사실상 중국을 반도체 공급망에서 배제하려는 의도다. 정책 속도를 내기 위해 조약이 아닌 다자 경제 협의체 IPEFIndian-Pacific Economic Framework(인도·태평양 경제 프레임워크)를 제시했다.

미국은 반도체 기술의 차단이 중국의 4차 산업 굴기를 막는 최고의 수라고 판단한 듯하다. 중국 플랫폼 기업들도 아무리 기술을 발전시키려 해도 반도체 공급이 차단되면 어쩔 방법이 없다. 실제로 이런 미국의 대중국 반도체 수출 제재 강화 움직임의 영향으로 최근 중국의 반도체 기업뿐 아니라 알리바바나 텐센트 등 플랫폼 기업 주가도 급락세를 보였다. 다만, 미국도 자국 기업의 피해를 생각하면 급격한 조치를 취하기는 어렵다. 현재 애플 생산량의 80~90%를 폭스콘 등 중국

---

9 폭발물과 연결되어 건드리면 자동으로 폭발을 일으키는 가느다란 철선으로, 주로 적의 침입을 바로 알 수 있도록 하기 위해 설치된다.

10 미국, 인도, 호주, 일본이 참여하는 안보 협의체로 중국을 견제하는 성격을 띤다. 2007년에 이들 4개국이 처음 개최한 '4자 안보 대화(Quadrilateral Security Dialogue)'의 머리글자를 딴 이름이다.

공장에 의존하고 있기 때문이다. 중국에 생산 거점을 마련한 과거의 결정이 지금 미국의 딜레마를 만들어버렸다. 우리로서는 어느 정도 시간을 벌 수 있는 기회다.

중고·리퍼 장비 업체, 미중 패권 전쟁의 수혜를 입다

반도체 공급난이 장기화되면서 한물간 것으로 취급되던 구세대 기술이 다시 각광받고 있다. 현재 반도체 웨이퍼 주력 상품은 12인치로, 8인치 웨이퍼 공정용 장비는 대부분의 글로벌 장비 업체들이 생산을 중단한 상태다. 12인치 웨이퍼용 첨단공정에 집중하면서 8인치 장비를 단종한 것이다.

하지만 모든 반도체 기업들이 12인치 웨이퍼 체제로 전환할 수 있는 여건은 아니어서, 이미 8인치 생산에 강점을 확보한 업체들은 공정 기술에 집중하며 8인치 체제로 비교우위를 강화하는 전략을 펴고 있다. 그래서 현재 자동차, 스마트폰, 가전 제품 등에 사용되는 8인치 웨이퍼의 수요가 급증하고 있지만 공급은 턱없이 부족한 실정이다.

이런 상황에서 중국 반도체 업체들이 8인치 웨이퍼 장비를 대거 사들이고, DB하이텍, SK하이닉스시스템IC, 키파운드리 등 국내 기업들도 구매에 나서면서 국내 중고, 리퍼 업체들이 수혜를 톡톡히 보고 있다. 8인치 중고·리퍼 장비 시장에서 주목할 만한 국내 업체는 서플러스글로벌과 러셀 두 회사다.

러셀은 리퍼 장비 공급 업체다. 주력하는 장비는 반도체 증착 장비를 수요자 요청에 맞게 수리, 개조, 부품 교체, 세정, 업그레이드한 제품이다. 통상 리퍼 장비 공급사 매출은 연간 100억 원을 넘기 힘들다. 실적 변동성도 크고, 수개월 동안 매출이 없을 수도 있다. 하지만 러셀은 2021년에 500억 원 별도 매출을 달성했다. 주요 매출처는 SK하이닉스인데, SK하이닉스의 키파운드리 인수로 수혜를 봤다.

서플러스글로벌은 중고 장비 공급 업체다. 구형 반도체 라인의 설비를 재고로 확보한 후 필요한 부분을 수리, 세정해 고객사에 판매한다. 다른 공급사 중고 장비까지 맡아 거래하는 일종의 에이전시 역할도 한다. 즉, 딜러와 리퍼비셔 역할을 동시에 담당하는 셈이다. 서플러스글로벌의 중국 매출 비중은 점점 높아지고 있다. 2017년 기업공개당시 20~25% 수준이었는데, 지금은 40~50%까지 높아졌다.

중국, 매를 맞아도 자신의 길을 간다

미국이 반도체 패권을 놓치지 않으려 애쓰는 동안 중국도 앉아서 당하고만 있는 것은 아니다. 2020년에는 이른바 'ARM 차이나 쿠데타'를 일으켜 미국의 심기를 건드리기도 했다. 이것은 중국이 영국에 본사를 둔 세계적 팹리스(반도체 설계 기업) ARM의 중국 법인을 사실상 국유화한 사건이다.

ARM 차이나는 중국이 51%의 지분을 가지고 있었다. 이런 지배 구조의 특징이 있기는 했지만, 중국에 설비투자한 여러 기업들은 자신들도 이렇게 하루아침에 기술을 탈취당할 수도 있겠다는 생각에 당혹감을 감추지 못했다.

중국은 현재 28나노미터 이상의 범용 반도체를 생산해 가전 등에 적용하면서 실력을 키우고 있다. 설계자산 사용료를 내지 않는 등 기술을 훔치는 자국 기업도 많지만, 중국 당국은 해외로 기술을 내다팔지만 않으면 눈감아준다.

중국은 미국의 훼방에도 반도체 자립의 길을 포기하지 않겠다는 의지를 확실히 보이고 있다. 28나노미터 이상 레거시(구형) 공정에 집중하면서 규모를 키우며, 장기적으로는 3세대 화합물 반도체 개발 및 원천기술 확보에 집중하고 있다.

중국 반도체 장비 업체들의 역량도 증가하는 추세다. 중국 장비 업체 SMEE와 한스레이저가 손잡고 '메이드 인 차이나' 노광 장비를 개발 중이다. 이 장비는 3~5마이크로미터 파장을 이용하며, 아직까지

ASML 등 주류 기업 기술과의 격차는 꽤 큰 편이다.

SMEE가 출시할 계획에 있는 28나노미터 노광 장비는 현재 중국에서 생산 가동 중인 반도체 팹 대부분을 커버할 수 있다. 중국 반도체 기업 기가디바이스는 19나노미터 D램을 개발 중이다. 향후에는 17나노미터 제품도 출시한다는 목표다.

현재 중국 내에서 자체 가동 중인 팹은 52개로 추정된다. 삼성전자, TSMC, SK하이닉스 등 해외 업체 팹까지 합하면 68개에 이른다. 중국 반도체 업계의 소재 내재화 노력도 이어지고 있는데, 반도체 소재를 생산하는 핵심 중국 업체는 10여 개로 관측된다. 중국 반도체 소재 내재화율이 27%에 이른다는 주장도 있다.

중국 안지테크놀로지는 최근 국제 반도체 세미나에서 중국 반도체 소재 내재화율이 2015년 17%에서 2021년 27%로 10%P 상승했다고 발표했다. 현지 소재 업체 특허 출원수는 2015년 600개 미만에서 2021년 1200여 개로 늘어났다.

한편, 중국의 대표적인 통신 장비 업체 화웨이는 종합반도체 기업으로의 변신을 모색하고 있다. 현재 선단공정이 필요한 모바일 AP 대신 14나노미터 공정으로 만들 수 있는 에지컴퓨팅edge computing[11]용 칩 설계에 집중하며, 중국 우한에 파운드리 팹도 건설하고 있다. 여기서는 통신 장비에 쓰이는 광통신 반도체와 모듈을 생산할 것으로 알려졌다.

---

11 중앙 집중식 데이터센터가 모든 데이터를 처리하는 클라우드 컴퓨팅(cloud computing)과 달리 분산된 소형 서버를 통해 실시간으로 데이터를 처리하는 방식을 말한다.

분야	기업	동향
D램	CXMT	내수용 저가 D램 타깃. 삼성전자 대비 30% 성능 떨어짐. 현재 생산능력 50K에서 2025년까지 120K로 늘릴 목표. 17나노미터 타깃.
낸드플래시	YMTC	2025년까지 생산능력 200K 목표. 삼성전자 대비 10% 저렴. 64단 메인.
파운드리	SMIC	생산능력 245K, 28나노 주력. 7나노미터 가능하다고 주장하나 검증되지는 않았음.
	캔세미	현재 생산능력 60K에서 2025년까지 120K 목표. 180~55나노미터 주력. DDI, PMIC, MCU 등 생산.

중국 반도체 회사들은 정부의 막대한 자금력을 지원받아 유리한 경쟁을 벌이고 있다. 이러한 이점을 누구보다 잘 알기에 시간이 걸리더라도 버티면 이긴다는 것이 중국의 속내다. 미국 대통령은 임기가 있지만, 시진핑 주석은 임기가 없다. 최근 시진핑은 3연임에 성공하면서 사실상 종신 집권의 길로 접어들었다.

🎙 중국판 TSMC를 꿈꾸는 SMIC

중국은 자국 기업 SMIC를 대만의 TSMC처럼 키우기 위해 공을 들이고 있다. 중국어로 '중신궈지'라 부르는 SMIC는 현재 세계 5위에 올라 있는 파운드리 업체로 세계 시장에서 5% 안팎의 점유율을 차지한다. 최고 14나노미터 미세공정 양산기술을 보유하고 있으며, 화웨이 스마트폰에 탑재될 기린 AP 생산을 목표로 한다. 얼마 전 7나노미터 공정 개발에 성공했다고 발표했지만, 양산 가능 여부는 아직 지켜봐야 할 것으로 보인다.

2014년에 중국은 자국 반도체 기업 육성을 위해 24조 원 규모의 국가 반도체 펀드를 조성했는데, 이때 SMIC가 상당한 수혜를 봤다. 2019년에는 35조 원에 이르는 2차 펀드를 반도체 분야에 투입했다. 2차 펀드는 이전보다 규모가 훨씬 커 '빅 펀드'라고 불리기도 했다. 한편, 1차 펀드는 '묻지마 투자'를 했다는 비판을 받기도 했다. 일례로 막대한 자금을 지원받으며 7나노미터 첨단공정을 개발하겠다던 HSMC는 아무런 성과를 내지 못하고 우한시 정부에 인수되었다. 이에 2차 펀드는 절반이 넘는 금액을 SMIC에 몰아줄 정도로 검증된 업체 중심으로 집행하고 있다. 소재, 부품 투자에 집중하는 것도 특징이다.

SMIC는 중앙 정부가 직접 관리하는 기업이다. 최대주주는 '중국정보통신과학기술'이라는 국가기관으로 11.8%의 지분을 가지고 있고, 1차 펀드 운용사인 신신투자회사가 10.2%의 지분을 가지고 있다. 정부가 보유한 지분이 총 20%를 넘는 셈이다. SMIC는 자국 정부의 자금 지원에 힘입어 미국의 압박에도 불구하고 가파른 실적 성장세를 보이고 있다. 파운드리 공급 부족도 기회가 되었다.

SMIC는 중국판 나스닥으로 불리는 '커촹반'에 상장해 9조 원 규모의 자금을 조달하기도 했다. 2004년에 뉴욕과 홍콩에 동시 상장했는데, 미중 갈등이 심화되면서 2019년 뉴욕증시에서 자진 상장폐지를 감행했다. SMIC의 가장 큰 약점은 현재 첨단 장비 조달이 불가능하다는 것이다. 미국 장비를 조달하는 데도 어려움이 있지만, 무엇보다 ASML의 첨단 노광 장비를 확보할 수 없는 것이 큰 문제다.

SMIC는 현재 자오 하이쥔赵海军과 량멍쑹梁孟松 두 명의 공동 CEO 체제로 운영되고 있다. 그중 량멍쑹은 TSMC에서 1992년부터 2009년까지 근무한 핵심 엔지니어로, 2011년부터 2017년까지는 삼성전자에서도 일했다. SMIC는 량멍쑹을 맞은 후 불과 2년 만에 14나노미터 공정 개발에 성공했다. 량멍쑹은 TSMC 선배 엔지니어 출신 장상이蔣尚義가 부회장으로 부임한 데 반발하며 사의를 표했는데, 이에 SMIC 측은 연봉을 4배 이상 올려주면서 량멍쑹의 바짓가랑이를 잡는 모습을 보였다.

이렇게 중국 정부가 막대한 돈을 풀면서, 소프트웨어에 몰렸던 중국 인재들이 반도체로 몰리고 있다. 이로써 인구는 많지만 반도체 인력은 부족한 중국의 인재 부족 문제가 어느 정도 해결될 것으로 보인다.

🏅 중국 최초의 3D 낸드플래시 개발자 YMTC

2022년 8월, 중국의 메모리 반도체 생산 업체 YMTC는 애플의 128단 TLC 낸드플래시 품질 인증을 통과하고 납품처로 선정되었다. 애플은 경쟁사에 비해 20% 저렴한 YMTC의 낸드플래시를 중국향 아이폰에 탑재할 계획이었다. 하지만 2개월 만에 이 계획은 중단되었다. 미국 정부가 '민감한 기술 수출을 책임 있게 다룬다고 신뢰할 수 있는지 검증이 힘들다'는 이유로 31개의 중국 기업을 수출 제재 대상에 추가했기 때문이다.

YMTC의 낸드플래시는 이런 사정으로 아이폰에 적용될 수 없게 되었다. 이 제품은 사실 성능과 전력 소비 등에서 미흡하지만 저가 제품에서는 사용할 만하다는 평가를 받고 있다. 현재 YMTC의 주력공정은 64단 낸드플래시인데, 일부 128단 제품을 가동하고 있는 것으로 파악된다. 최근에는 기존 128단에 64단을 추가한 192단 낸드플래시 시 제품 개발을 완료하고 고객사에 전달하기도 했다. 성능 테스트도 마친 것으로 알려졌다.

YMTC는 2017년에 중국 최초로 3D 낸드플래시를 개발한 기업이 기도 하다. 그 후 2018년에는 32단 개발에 착수했고, 2019년에는 64 단 양산에 성공했다. 64단 낸드플래시는 화웨이 메이트40에 탑재되 었다. 이후 96단을 건너뛰고 128단 개발에 나서 2020년에 128단 낸 드플래시를 탑재한 SSD[12] 브랜드 '즈타이'를 공개했다. 그다음에도 YMTC는 176단을 건너뛰고 192단으로 직행했다.

중국의 다수 매체에 따르면, YMTC의 128단 낸드플래시 수율이 만 족스러운 수준에 도달했다고 한다. 192단 낸드플래시는 고객사 반응 이 긍정적이어서 곧 양산에 들어갈 수 있을 것으로 내다봤다. YMTC 의 생산능력은 웨이퍼 월 30만 장이며, 연간 생산 가능액은 100억 달 러(약 13조 원) 수준이다.

🎙 YMTC의 필살기, 엑스태킹

엑스태킹XTacking이란 YMTC가 2018년에 소개한 기술로, 자사 낸드 플래시 양산에 적용된다. 통산 낸드플래시는 한 장의 웨이퍼에 주변 회로와 메모리 셀 어레이를 형성해 만들어진다. 이에 비해 엑스태킹은 두 장의 웨이퍼에 주변회로와 메모리 셀어레이를 각각 만든 후 하이

---

12 솔리드 스테이트 드라이브(Solid State Drive)란 낸드플래시나 D램 등의 메모리 반도체를 이 용하는 고속의 대용량 보조 기억 장치를 말한다.

브리드 본딩 기술로 붙이는 방식을 구사한다.

현재 하이브리드 본딩 기술은 서버 CPU Central Processing Unit(중앙 처리 장치) 등 HPC High Performance Computing(고성능 컴퓨팅) 칩에 주로 쓰이는데, YMTC는 특이하게 낸드플래시에 처음 적용했다. YMTC가 낸드플래시에 하이브리드 본딩 장비를 본격 도입한다면 한미반도체, 이오테크닉스 등 국내의 장비 업체들이 수혜를 볼 가능성이 커진다. 현재 하이브리드 본딩 장비를 독점 공급 중인 네덜란드의 BESI는 시스템 반도체 관련 수요만 해도 감당이 어렵기 때문이다.

엑스태킹 공법으로 만든 낸드플래시는 입출력 속도가 빠르다. 제품의 생산 시작부터 인도가 완료될 때까지 소요되는 리드 타임lead time 단축 효과와 함께 공정 가속화 효과도 좋은 편이다. 저장 용량을 좌우하는 데이터 셀 밀도도 높다. 그러나 치명적 단점이 있는데, 바로 낮은 수율과 비싼 생산 원가다. 낸드플래시가 D램에 비해 상당히 저렴한 메모리라는 점을 생각하면, YMTC의 행보는 닭 잡는 데 소 잡는 칼을 쓰는 격이다.

YMTC는 엑스태킹 낸드플래시로 초당 3기가비트 속도를 구현해 기존 제품 대비 2배 가까운 속도를 낼 수 있다고 한다. 또한 이 전송 속도를 지원하는 컨트롤러를 만들면 굉장히 빠른 SSD를 만들 수 있다고 주장한다. 세계적으로 SSD 컨트롤러를 제대로 설계하는 업체는 삼성전자, 인텔(SK하이닉스가 해당 사업 부문 인수) 정도다. 아무리 낸드플래시가 좋아도 컨트롤러, 펌웨어 조합이 안 좋으면 SSD 성능이 크게 떨어진다. 가뜩이나 지난 5~6년 사이 3D 낸드플래시와 SSD 아키텍처가 복잡해져 컨트롤러 설계 난이도가 굉장히 높아졌다.

현재 YMTC는 파이슨, 실리콘모션 등과 협력해 턴키 SSD, 자체 브랜드 SSD를 만들고 있는데, 이제 막 컨트롤러 개발 협력에 착수한 상태다. 결론적으로 YMTC의 기술 발표에는 상당한 과장이 들어가 있다는 평가다. 그럼에도 불구하고 YMTC의 기술 진보 속도는 놀라운 수준임이 분명하다.

한편, 이에 비해 D램에 주력하고 있는 또 다른 중국의 반도체 기업 CXMT는 기술 개발 속도가 떨어지는데, 17나노미터 진입에 어려움을 겪고 있는 것으로 알려졌다. 주요 고객사의 품질 테스트나 납품 계약도 아직 진행된 건이 없는 것으로 보인다. 낸드플래시에 비해 D램은 진입 장벽이 훨씬 높다는 반증이다.

미중 반도체 패권 전쟁이 우리 산업에 미칠 영향은?

최근 SK하이닉스는 미국의 제재로 중국 우시 공장에 필요한 EUV 장비를 들여가지 못하게 되었다. 또 미국 정부가 18나노미터 이하 D램, 128단 낸드플래시까지 대중국 기술 수출 금지 목록에 올리면서, 삼성전자의 시안 낸드플래시 팹과 SK하이닉스의 우시 팹도 타격을 입는 일이 불가피해졌다. SK하이닉스는 인텔의 낸드플래시 사업을 인수하면서 중국 팹의 영향을 더욱 크게 받게 된 상황이다. 이렇게 미중 반도체 패권 전쟁으로 인한 우리 기업의 피해 사례가 불거지고 있다.

하지만 앞서 지적했듯이, 오랜 시간 동안 전개될 이 양강의 대결은 우리 산업과 기업에 유리한 결과로 이어질 수 있다. 단기적으로 분야나 기업 간의 희비가 갈릴 일은 있겠지만, 크게 보면 미국의 방해로 중국의 첨단 반도체 기술 발전이 지연되고 있는 것은 우리에게는 다행스러운 일이다.

우선 우리 반도체 기업이 해외 시장에서 중국 기업과 경쟁하는 강도가 완화될 수 있다. 또 우리 반도체 산업의 중요도가 올라가면서 외교적 위상까지 높아지는 효과도 누릴 수 있다. 바이든 대통령은 아시아 순방 첫 방문지로 한국을 택했고, 중국은 한한령 완화의 제스쳐를 보이며 우리 정부 출범식에 공산당 서열 2인자를 보냈다. 이런 상황도 미중 전쟁이 우리에게 주는 반사이익을 설명해준다.

산업 경쟁력 측면에서 인력 영입 경쟁은 장기적으로 우리 반도체 산업의 발목을 잡을 가능성이 있다. 따라서 앞으로 반도체 부문의 우수한 인력을 관리하는 일이 매우 중요해질 수밖에 없다. 현직뿐 아니라 퇴직 인력이 중국 등 경쟁국으로 흘러들어 가는 문제도 반드시 우리 정부가 해결해야 한다. 모리스 창Morris Chang TSMC 창업자도 반도체 우수 인력을 한국과 대만의 가장 큰 강점으로 설명한 바 있다.

자율주행차, 인공지능, 5세대·6세대 이동통신 기술, 우주항공 등 반도체 수요를 급증시킬 산업은 계속 부상하고 있다. 글로벌 공급망이 무너지면서 앞으로도 반도체 쇼티지shortage(공급 부족) 사태가 돌발적으로 발생할 가능성이 높다. 2023년에 공급이 부족할 것으로 예측되는 대표적 제품이 웨이퍼다. 그동안 웨이퍼에 대한 투자는 전방 시장에 적합하게 이루어지지 않은 측면이 있다. 반도체 소부장 산업을 국가 차원에서 꾸준히 육성해야 하는 이유 중 하나다.

기회가 될 사이클 타이밍

반도체 슈퍼사이클이란?

최근 반도체 관련 이슈를 다룰 때 언론에서 가장 많이 언급했던 것 중 하나가 바로 슈퍼사이클Super Cycle(초호황)이다. 슈퍼사이클이란 원래 상품 시장 가격이 장기적으로 상승하는 추세를 의미한다. 보통 20년 이상의 장기적인 흐름을 두고 일컫는 말로, 특히 원자재 가격의 폭등으로 인해 생겨난 용어다.

원자재 가격은 1998년에서 2003년 사이에 크게 올랐는데, 주로 원유나 가스, 금, 은 등의 가격이 가장 많이 폭등했다. 이런 현상의 배경에는 중국을 위시한 신흥 경제 강국들의 수요 증가가 있었다. 원자재 가격 상승은 서브프라임 모기지 사태로 인해 2008년 미국에 불어닥친 금융위기가 전 세계에 크나큰 파급 효과를 미치자 한풀 꺾이게 되었지만, 약 2년 후에 다시 시작되었다. 금융위기를 지나는 동안 자원 개발 투자가 미흡하게 이루어졌고 원자재 공급 구조가 과점 상태에 머물렀던 것이 그 원인이다. 하지만 다시 시작된 가격 상승 추세는 예전보다는 주춤한 수준에 머물렀다.

한편, 반도체 슈퍼사이클이란 반도체 중에서도 특히 PC나 스마트폰 등에 사용되는 D램 가격 상승을 지칭한다. 즉, 메모리 반도체의 상승 사이클이 길고 강하게 특정 기간 동안 이어지는 현상을 말하는 것이다. 보통 4~5년을 지속 기간으로 본다. 정확한 기준으로 정해진 것은 아니지만, 일반적으로 삼성전자의 D램 사업 이익률이 50%에 육박할 정도가 되면 '빅사이클'이라고 하며, 이를 뛰어넘는 수준을 '슈퍼사이클'이라고 지칭한다.

PC 붐이 일었던 1995년~1996년 슈퍼사이클 시기에 삼성전자의 반도체 사업 영업이익률은 60~70% 수준을 기록했다. 2017년~2018년 슈퍼사이클은 클라우드 등 인터넷 데이터센터의 투자 수요가 폭증하면서 발생했다. 이 시기 우리 반도체 기업들도 시황 호조의 혜택을 톡톡히 누렸다. 삼성전자는 2017년 4분기를 맞기 전에 반도체 부문 단독으로 24조 원 이상의 영업이익을 올렸고, 4분기 영업이익도 전년 동기 대비 5조 9000억 원이 증가했다. SK하이닉스는 이때 일본 도시바메모리에 지분투자를 하기도 했다.

전문가들은 2025년에 다시 한번 반도체 슈퍼사이클이 도래할 것이라고 예측하고 있는데, 이때의 슈퍼사이클은 자율주행차용 반도체 수요 본격화로 인해 발생할 가능성이 높다.

반도체 슈퍼사이클은 돌아온다

대부분의 분석가들은 D램 경기를 기준으로 반도체 슈퍼사이클을 이야기한다. PC 수요가 증가했던 1990년대 중반, 클라우드 서비스 확산이 두드러졌던 2017년~2018년은 확실히 슈퍼사이클이었다는 데 이견이 없다. 다만, 본격적으로 스마트폰 시대가 도래했던 2010년대는 포함시키는 사람과 제외하는 사람이 있다.

당초 일부에서는 2021년부터 반도체 슈퍼사이클을 기대했다. 과거보다 D램 수요는 폭발적이지 않았지만, 파운드리와 메모리 빅사이클이 중첩되었다는 점에 주목했다. 이는 과거 슈퍼사이클과 다른 점이기도 했다. 그러나 삼성전자 파운드리의 수율 부진, 인텔 사파이어 래피즈의 출시 연기에 따른 DDR5 교체 사이클 지연으로 슈퍼사이클에 대한 기대감은 완전히 깨졌다. 이 영향으로 메모리 반도체의 주가 흐름은 끔찍한 수준이었다.

2021년, 삼성전자 D램의 비트그로스Bit Growth[13]는 16%로 예상되었는데 실제로는 26%로 나타났다. 인텔 사파이어 래피즈 출시 지연으로

13　메모리 용량을 1비트 단위로 환산하여 계산한 메모리 반도체의 생산량 증가율을 뜻한다. 이 개념은 출하량 개수를 기준으로 할 때 발생할 수 있는 성장률 왜곡을 방지해준다.

DDR5 생산이 뒤로 밀리고, DDR4 생산량이 예상보다 많아진 탓이다. DDR5는 설계가 바뀌기 때문에 초기에 생산 수율이 낮은 반면 DDR4는 90% 중후반의 황금 수율을 보인다. 하지만 이는 공급 초과와 가격 하락으로 이어졌다.

나를 포함한 상당수 전문가들은 코로나19의 파급력을 과소평가했다. 그런데 코로나19로 인해 동남아 생산라인의 셧다운 사태가 일어났고 설상가상으로 스마트폰의 기저 효과도 기대에 못 미쳤다. 2021년 스마트폰 출하량은 전년 대비 두 자릿수 성장을 이룰 것으로 기대되었지만 결국 7% 성장에 그쳤다. 스마트폰 시장은 악화일로에 있는 상황이다. 2022년 출하량 역시 연초만 해도 전년 대비 두 자릿수 성장이 기대되었다. 하지만 중국의 코로나19 락다운의 여파와 금리 인상에 따른 급속한 경기침체라는 원인이 겹쳐 현실은 메모리 반도체의 역성장으로 귀결되고 있다.

현재 메모리 반도체의 업황은 절망적이지만, 시스템 반도체 분야에서는 조금씩 긍정적인 모습이 보이고 있다. 삼성전자가 4나노미터 반도체 수율 확보 및 고객사 확대에 어려움을 겪기는 했지만, 한국 파운드리 산업은 꾸준히 우상향 곡선을 보이고 있다. 10나노미터 미만 미세공정에서 파운드리 서비스를 해줄 수 있는 회사는 TSMC를 제외하면 삼성전자뿐이다.

3나노미터 GAA의 본격적인 양산은 삼성전자 파운드리 사업의 터닝 포인트가 될 것으로 보인다. 수요침체로 급랭한 D램 시장도 재고 소진만 잘 이루어진다면 2023년 상반기에는 반등할 가능성이 있다.

D램 미세공정은 14나노미터에서 기술적 한계에 부딪혔고, DDR5는 설계까지 변경되기 때문이다. 특히 서버 시장 수요가 주목된다. DDR5를 지원하는 인텔 사파이어 래피즈 CPU가 2023년 상반기에 본격 출하될 예정이다. DDR5를 지원하는 AMD의 젠4 칩도 2022년 가을부터 출시되고 있다. 인텔 사파이어 래피즈의 경쟁 서버칩인 AMD의 제노아는 DDR5 수요 개선에 큰 힘이 될 것으로 기대된다.

과거에는 서버 한 대에 600기가바이트 D램이 들어갔는데, 이제는 1테라바이트 넘는 용량도 들어간다. 추가로 서버에 512기가바이트 D램을 장착할 수 있는 CXL 인터페이스도 공개되었다. 워크스테이션 **workstation**[14] 노트북 PC에도 서버용 D램이 들어간다. 코로나19로 인한 재택 근무 확대로 노트북 PC 판매량이 크게 늘었다. 현재 코로나19로 중단되었던 사업 및 경제경영 활동이 재개되면서 노트북 PC 수요가 최고점에서 내려오는 추세지만, 여전히 코로나19 이전 대비 굉장히 높은 수준을 유지하고 있다.

글로벌 반도체 시장에 칼바람이 부는 이유는?

세계 주요 시장의 경기침체 속도가 빨라지는 상황에서 반도체 시장도 직격탄을 맞았다. 스마트폰, 노트북 PC 등 세트 수요 둔화 속도도

---

14 동영상, 고화질의 그래픽, 컴퓨터 설계 등 전문적 업무에 사용하는 고성능 컴퓨터를 말한다. 네트워크상의 다중 사용자 시스템으로 사용되기도 하고 단독 시스템으로도 사용되기도 한다.

증가하고 있다. '러시아-우크라이나' 전쟁으로 전반적 물자 공급망이 붕괴되면서 인플레이션이 본격화되었다. 미국 연방준비위원회는 인플레이션을 잡기 위해 역사상 유례 없이 빠른 속도로, 동시에 큰 폭으로 금리를 올렸다.

이러한 공급발 충격은 곧 수요에도 영향을 미쳤다. 집세, 에너지 가격, 음식료 가격이 치솟는 데다 금리 인상으로 이자 부담까지 높아지면서 사람들은 스마트폰, PC, TV 등의 내구재 구입에 지갑을 닫아버렸다. 그 결과, 우리나라의 주력 산업인 메모리 반도체 시장이 가장 큰 충격을 받았다. IT 산업은 채찍 효과가 크게 일어난다. 채찍 효과란 채찍을 쥔 손을 살짝만 흔들어도 채찍의 맨 끝은 크게 움직이는 것을 말한다. 예를 들어 스마트폰, PC 등 완제품 수요가 5% 정도 하락하면, 반도체 같은 부품 수요는 20% 이상 떨어지고 제일 끝단에 있는 소재는 50% 이상 폭락할 수 있다.

메모리 반도체는 산업 특성상 생산능력CAPA, capability을 새롭게 확대하지 않아도 공정 효율화만으로 10~15% 공급량(비트그로스)이 늘어난다. 이 때문에 수요가 갑자기 꺾이면 공급 과잉 상황이 심화되어 가격은 크게 내려가게 된다. 그나마 인프라 성격이 강한 서버 시장은 클라우드 분야의 성장 덕분에 수요가 견조한 편이지만, 앞으로의 상황은 녹록지 않을 듯하다.

이런 현실을 반영한 듯 미국의 마이크론이 가장 먼저 50%의 투자 축소와 함께 5%의 감산 계획을 발표했다. 일본의 키옥시아는 2022년 10월부터 낸드플래시를 30% 감축해 생산하고 있다. SK하이닉스도 투자 축소와 감산 계획을 추진한다. 업계 1위 삼성전자만 감산은 없을 것이라고 단언했다. 삼성전자는 과거에도 위기를 오히려 투자를 늘리며 시장 점유율을 늘리는 기회로 삼았는데, 이번에도 이런 전략이 유효했는지 애플이 2023년부터 삼성전자 낸드플래시를 대량 구매할 것으로 알려졌다. 하지만 삼성전자를 제외한 다른 유수 기업들은 여전히 위축된 행보를 보이고 있으며, 이런 상황은 소재, 부품, 장비를 공급하는 후방 산업에 부정적일 수밖에 없다.

상대적으로 상황이 좋았던 시스템 반도체 시장의 흐름도 달라지고 있다. 공급 부족으로 계속 가격이 치솟던 파운드리 가격도 정점을 지나는 형국이다. 차량용 반도체가 없어 완성차가 생산되지 못하던 상황이 오랫동안 이어졌는데, 최근에는 자연스럽게 해결되고 있다. 생산능력 확대를 서두르던 후방 산업도 속도 조절에 돌입하는 모양새다.

이때 우리가 주의해야 할 점은 이 같은 흐름은 미국의 금리 인상 속도만 조절되어도 순식간에 바뀔 수 있다는 사실이다. 스마트폰 시장은 3년 연속 역성장을 기록했는데, 시스템 반도체 등의 가격 인상으로 중저가 시장이 타격을 받은 탓이다. 경기침체로 3~4년 동안 스마트폰을 교체하지 않고 버틴 사용자들이 상당하기 때문이라는 이야기도 있다. 한편 빅데이터, 인공지능, 클라우드와 같은 데이터 폭증으로 서버 투자도 점점 늘어날 수밖에 없다. 자율주행차와 메타버스 시대도 눈앞에 다가와 있다. 반도체 공급 과잉이 어느 순간 공급 부족으로 돌변할지 알 수 없는 것이다.

반도체 디플레이션, 그래도 희망은 있다

　자율주행차, 메타버스향 반도체 수요는 아직 정확한 추정조차 하기 어렵다. 자율주행차는 128기가바이트 D램을 탑재해야 제대로 된 기능을 구현할 것으로 전망된다. 소프트웨어 기술이 부족한 기업들은 하드웨어를 넉넉하게 적용할 수밖에 없다.

　자동차용 D램 시장은 현재 새로 형성되는 중이다. 차량용 반도체는 추위와 더위에 잘 견디고 내진동성 등 내구성이 좋아야 하는데, 지금은 모바일 D램이 그대로 적용되고 있다. 하지만 향후 특화된 시장이 만들어질 것으로 보인다. 차량용 반도체는 신뢰성 제품이어서 마진율이 굉장히 좋을 것으로 기대된다. 자동차는 경기 흐름이 좋을 때 연간 약 1억 대가 거래되는 시장이다. 자율주행차에 16기가바이트 반도체만 적용해도 스마트폰을 뛰어넘는 거대 시장이 새로 생기는 셈이다.

　D램 공급이 쉽게 늘어나기는 어렵다. DDR5는 DDR4 대비 넷 다이 Net Die(웨이퍼당 생산 가능한 칩 수)가 15%가량 감소한다. 칩 다이[15] 크기가 15% 커지기 때문에 결과적으로 공급이 줄어드는 것이다. 삼성전자 화성캠퍼스의 13라인과 SK하이닉스의 이천 팹 M10은 D램 라인에서 CISCMOS Image Sensor(이미지센서) 혹은 파운드리 라인으로 전환하고 있는데, 이렇게 D램의 공급이 축소되면 가격 상승으로 이어질 가능성이 높다.

15　다이(die)는 웨이퍼상의 작은 사각형에 만들어진 소자로, 전자회로가 집적되어 있는 IC칩을 뜻한다.

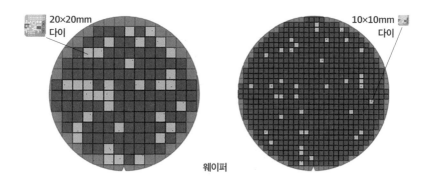

칩 다이 크기에 따른 넷 다이의 차이

© Cepheiden

낸드플래시는 공급 구조의 재편이 진행된다면 가격 반등이 가능하다. 현재 낸드플래시 생산 업체는 6개 정도인데, 4개로 줄어들 가능성이 있다. 인텔이 낸드플래시 사업을 SK하이닉스에 넘겼고, 2위 업체인 일본의 키옥시아는 꾸준히 매각설이 돌고 있다.

종합하자면, 메모리 반도체 보릿고개를 넘으면 다음 상승 사이클은 추세가 길고 오래갈 것이라고 기대할 수 있다. 투자 아이디어 측면에서 상승 사이클의 시작은 장비, 마지막은 소재를 봐야 한다는 것이 정설이다. 재고가 소진되고 메모리 가격이 반등하면 공급 업체들이 설비 투자를 늘리고 장비를 구입하기 시작하고, 구입한 장비로 라인을 구비하고 본격적으로 가동을 하면 소재 매출이 발생하기 때문이다.

장비주는 양은 냄비와 같은 속성이 있어서 주가 상승도 화끈하고 하락폭도 크다. 또 장비 시총의 합은 업황보다 먼저 꺾이는 경우가 많아서 장비를 반도체 산업의 '탄광 속의 카나리아'라고 부르기도 한다.

글로벌 낸드플래시 시장 점유율

*출처: 트렌드포스 (2021년 2분기 기준)

이에 비해 소재주는 상승과 하락 변동성이 적어 상대적으로 뚝배기 같은 진득함이 돋보인다. 과거 메모리 반도체 치킨게임chicken game[16]이 진행될 때도 소재 사이클은 좀 더 오래 지속되는 모습을 보였다.

---

16 치킨게임이란 한쪽이 양보하지 않을 경우 양쪽 모두 파국으로 치닫는 경쟁을 뜻한다. 반도체 치킨게임은 D램 생산량 증가로 인한 극단적인 가격 인하 경쟁으로 2007년, 2010년 두 차례에 걸쳐 일어났다.

메모리 반도체 시장 분석의 3요소

메모리 반도체 시장을 분석하기 위해서는 가격, 투자, 기술이라는 세 가지 핵심 요소의 방향성을 눈여겨봐야 한다.

우선 메모리 반도체 수요를 중심으로 가격 동향을 살피는 것이 중요하다. 모바일(스마트폰), 서버, PC 순으로 확인하고 재고 수준을 파악해본다. 매년 조금씩 차이는 있지만, D램을 기준으로 수요 시장은 모바일이 40%, 서버가 38%, PC가 13%의 비중을 차지한다.

메모리는 기업과 기업 사이에 이루어지는 B2B 시장이기 때문에 반도체 소자 업체와 수요 업체 간 고정거래 가격이 존재한다. 이런 거래가 전체 시장의 95%를 차지하는데, 이를 투자자들이 확인하기는 어렵다. 애플, 아마존 같은 빅테크들이 자신들이 구매하는 메모리 반도체 가격을 공개할 리 없기 때문이다.

하지만 방법이 없는 것은 아닌데, 전문가들은 5% 비중의 메모리 반도체 스팟 가격spot price[17]을 통해 고정거래가 추이를 추정한다. 메모리 반도체 스팟 가격은 용산 상가 등에서 B2C(기업과 소비자 간의 거래)로

---

[17] 현물 시장에서 거래된 상품의 현행인도 가격을 뜻하는데, '현금지급 가격'이라고도 한다.

팔리는 시세라고 생각하면 된다. 통상 스팟 가격이 아래위 방향을 정하면, 몇 달의 시간이 지난 후 고정거래 가격도 비슷한 방향성을 보인다. 다만, 서버용 메모리는 스팟 시장이 거의 없어 고정거래 가격 추정이 어렵다. 따라서 삼성전자, SK하이닉스 등의 실적 컨퍼런스 콜을 통해 흐름을 파악하는 것이 좋다.

공급 측면에서는 삼성전자, SK하이닉스 등 소자 업체들의 설비투자 방향성이 중요하다. 설비투자를 공격적으로 한다는 것은 모바일, 서버, PC 등 수요 시장이 좋다는 방증이다. 시장이 좋으면 사연스럽게 공급량도 증가할 것이다. 반면에, 설비투자가 부진하다는 것은 전방 수요 시장의 상황이 좋지 않다는 것을 의미한다. 당연한 말이지만 이럴 때 공급을 늘릴 가능성은 낮다.

메모리 업체들은 통상 연간 비트그로스 전망치를 통해 공급 규모를 제시한다. 비트그로스는 그해 설비투자, 재고, 테크 마이그레이션Tech Migration을 모두 합하여 산출된다. 테크 마이그레이션이란 공정 효율만으로 생산량이 늘어나는 효과를 말한다. 통상 제조업에서는 투입량이 늘어야 산출량이 늘어난다. 그러나 반도체는 미세공정이 진전되면 12인치 웨이퍼 한 장에서 산출되는 칩의 양이 늘어나고 품질도 더 좋아진다. 미세공정이 적용되면 성능은 높아지고 전력 소모는 줄어든다.

기술의 방향성도 중요하다. 보통 DDR5 D램, 176단 3D 낸드플래시 등으로 읽어낼 수 있다. 특히 10나노미터 미만 파운드리 공정과 16나노미터 이하 D램 공정에 반드시 필요한 EUV 노광 장비는 전체 반도체 시장에 미치는 영향이 지대하다. 새로운 기술이나 장비가 도입되면 공정 난도가 높아져 공급이 축소될 가능성이 있는데, 당연히 공급이 부족해지면 가격이 오르는 흐름을 보인다.

삼성전자가 내놓은 DDR5 D램은 16나노미터, 14나노미터 공정에서 만들어진다. DDR5 D램 생산에 EUV 공정이 도입됨에 따라 생산 비용이 높아지고 수율 하락으로 공급도 줄어들 가능성이 커졌다. 이런 상황에서는 초기 프리미엄이 붙을 수밖에 없어서, 2021년 하반기 출시 초기에 DDR5의 프리미엄은 100%에 달했고, 약 6개월 후까지 80% 수준을 유지했다. 현재는 30% 수준이다.

PART 2

다가올
슈퍼사이클을
위해
반드시
알아야 할 것들

"

비상과 몰락의 반복,
주도권을 잡을 자 누구인가?

"

70여 년 전 반도체를 처음 개발한 국가는 미국이지만, 산업의 주도권은 일본, 한국, 대만 순으로 옮아갔다. 지금은 중국이 '세계의 굴뚝'에서 '반도체 패권국'으로 위상 변화를 꾀하고 있다. 이제부터 실리콘밸리의 탄생부터 인텔의 비상과 몰락, 한일 메모리 반도체 주도권의 변화, 대만 파운드리 산업의 태동까지 반도체가 어떤 발전 과정과 기술 경쟁을 거쳐왔는지 살펴보자.

주요 반도체 기술과 종류, 전반적인 공정은 반도체 투자를 하기 전에 반드시 알아야 하는 필수 지식이다. 이에 대한 이해를 높인다면 앞으로의 시장을 읽는 데 큰 도움이 될 것이다. 기술적이거나 전문적인 용어가 벽이 되지 않도록 최대한 쉽게 풀어냈다.

반도체, 기술 발전의 핵심이 되다

반도체의 시작과 실리콘 밸리의 탄생

1956년 노벨 물리학상은 세 사람이 공동 수상했다. 윌리엄 쇼클리 William B. Shockley, 존 바딘John Bardeen, 월터 하우저 브래튼Walter Houser Brattain 이 영광의 주인공들이다. 이들은 모두 벨 연구소의 과학자들로서, 1947년 트랜지스터transistor를 연구하고 개발한 공로로 상을 받았다.

트랜지스터란 오늘날 우리가 사용하는 전자기기의 기본 구성 요소를 이루는 소자로, 회로 내에서 전자를 증폭하고 전기적으로 제어되는 스위치로 사용된다. 트랜지스터는 그 전까지 이런 역할을 하던 진공관을 대체했다. 진공관은 부피가 크고 소비하는 전기도 많으며 자주 꺼진다는 단점이 있었다.

이 트랜지스터가 바로 반도체의 시작이다. 반도체란 말 그대로 전기가 통하는 도체와 그렇지 않은 부도체의 중간적 성질을 보이는 물질로, 순수한 상태에서는 전도성이 없지만 전압, 열, 빛 등 외부 자극에 따라 전도성을 갖는다. 트랜지스터도 이러한 특징을 이용해 만든 것이다.

1954년에는 실리콘 트랜지스터가 개발되고, 라디오가 진공관 대신 트랜지스터를 이용해 만들어지면서 호주머니에 쏙 들어갈 정도로 소형화가 가능해졌다. 트랜지스터 라디오가 발명되지 않았다면 엘비스 프레슬리의 락앤롤이 유행할 수 없었을 것이라는 이야기가 있을 정도로 라디오는 크게 유행했다.

텍사스인스트루먼트는 벨 연구소의 트랜지스터 기술을 라이선스해 제품화하여 큰돈을 벌어들였다. 트랜지스터 발명의 주역 쇼클리는 자기 노력의 성과를 바탕으로 텍사스인스트루먼트가 대성공을 이룬 것이 내심 불편했다. 1956년, 그는 결국 벨 연구소를 떠나 이듬해에 캘리포니아 마운틴 뷰에 쇼클리 랩을 설립했는데, 이것이 바로 실리콘 밸리의 탄생으로 이어지게 되었다. 쇼클리는 성격이 매우 괴팍해 벨 연구소 시절에 같이 일하려는 사람도 거의 없었고, 처세를 못해 승진도 누락되기 일쑤였다. 이러한 성격은 창업을 한 뒤에도 여전해서, 그의 괴팍함을 견디지 못하고 갈등을 빚던 여덟 명의 연구원이 함께 회사를 나가기에 이른다.

1957년에 이 여덟 명은 페어차일드를 설립하고 반도체 사업으로 크게 성공했다. 페어차일드는 최초의 반도체 사업 전문 회사였기 때문에, 이것을 반도체 사업의 출발로 보는 이들도 많다. 이전까지 반도체는 통신 회사들이 필요하면 직접 설계해 만들어 사용하는 부품이었다.

페어차일드 출신들이 창업한 회사는 수백 개에 이르러서, 이들은 '페어 칠드런'으로 불리기도 했다. 인텔 창업자 고든 무어Gordon Moore와 로버트 노이스Robert Noyce도 페어차일드에서 일했었다. 인텔의 오랜 경쟁자 AMD의 창업자 제리 샌더스Jerry Sanders 역시 마찬가지다. 초기에 트랜지스터는 주로 군사용으로 쓰였고, 한국전에서 연합군이 제공권을 장악하는 데에도 중요한 역할을 했다.

1958년에는 텍사스인스트루먼트의 엔지니어 잭 킬비Jack S. Kilby가 트랜지스터를 보완해 트랜지스터, 저항기, 커패시터를 한곳에 집적한 집적회로Integrated Circuit를 발명했다. 이렇게 트랜지스터에서 집적회로로 발전한 반도체는 더욱 널리 쓰이게 되었다.

인텔은 메모리 반도체 상용화에 크게 기여했으며 높은 성능과 가격 경쟁력을 가진 D램을 출시해 크게 성공했다. 이것은 대량생산으로 판매할 수 있는 최초의 D램이었다. 그러나 인텔은 '제조 괴물' 일본 기업들과의 수율 경쟁에서 밀려 자신들이 만들어낸 D램 사업을 포기하고 만다. 인텔은 예상치 못한 분야에서 대박을 냈다. 바로 CPU다. 일본 기업 비지콤이 인텔에 계산기용 칩셋 개발을 의뢰했는데, 인텔은 이 사업이 잘될 것으로 판단해 권리를 되사들였다. 인텔이 이 마이크로 프로세서를 개선해 CPU로 만들었다. 최초의 퍼스널 컴퓨터Personal Computer 중 하나인 애플1에도 인텔 CPU가 채택되었다. 컴퓨터 시장이 기업용에서 일반 소비자용 PC로 전환되면서 인텔 CPU의 영향력은 더욱 강력해졌다. 모든 소프트웨어 기업들이 인텔 CPU에 맞춰 제품을 개발하는 표준화가 진행되었기 때문이다. 과거에는 컴퓨터 회사마다 하드웨어 부품이 제각각이었고, 거기에 맞춰 일일이 소프트웨어 프로그램을 개발해야 했다. 그런데 IBM이 반도체 등 하드웨어 호환성을 강화하면서 표준화가 이루어졌고, 이제 소프트웨어는 인텔 CPU 언어에 맞춰 만들게 되었다. 마이크로소프트 운영체제도 PC 시대의 표준으로 떠올랐다. 이른바 '윈텔(윈도우 + 인텔)' 시대가 열린 셈이다.

🔍 더 알아보기

석유시추 회사에서 반도체 회사로, 텍사스인스트루먼트

텍사스인스트루먼트는 다른 반도체 회사들과는 사뭇 다른 출발점을 지닌다. 원래 1930년에 텍사스주에서 유전 탐사 장비 회사로 설립되었기 때문이다. 텍사스인스트루먼트는 1950년 벨 연구소 출신 고든 틸Gordon K. Teal을 영입하면서 본격적으로 반도체 사업을 시작했다. 대다수 반도체 회사들이 실리콘 밸리에서 창업한 것과 달리 텍사스인스트루먼트가 텍사스주를 근거지로 하는 이유다.

텍사스인스트루먼트는 과거에는 D램 사업도 했지만, 일본 업체에 밀려 1988년에 마이크론에 해당 사업을 매각했다. 현재는 아날로그 반도체 사업에 주력하고 있다. 매출 구성에서는 산업용 20%, 차량용 10%, 가전 및 컴퓨터용 15%의 비중을 보여주고 있다.

텍사스인스트루먼트는 현재 세계 시장에서 산업용 반도체 1위, 차량용 반도체 4위를 차지하고 있다. 특히 차량용 배터리 관리 시스템 분야에서 독보적인 1위다. 자사몰 온라인 판매 비중이 매출의 60%나 차지하는 것도 텍사스인스트루먼트만의 특징이다. 반도체 전체 생산량의 80%를 자체 팹에서 직접 생산하고 있어 파운드리 공급 이슈에서 다소 자유로운 편이다. 리스크 관리 부문에서도 탁월한 기업으로 손꼽히는데, 2018년 반도체 수요 피크아웃peakout[18]을 정확하게 예측해 업계를 놀라게 하기도 했다. 반도체 역사에서 빼놓을 수 없는 인물, TSMC 창업자 모리스 창도 텍사스인스트루먼트 부사장 출신이다.

첨단의 요람, 실리콘 밸리와 시애틀의 자존심 싸움

미국 IT 개발자들 사이에서는 'IT의 중심지'가 실리콘 밸리냐 시애틀이냐를 두고 자부심 경쟁이 상당하다. 실리콘 밸리는 1960년대에서 1970년대에 걸쳐 반도체 산업으로 우뚝 서면서 글로벌 벤처 창업의 중심지로 알려지게 되었다. 스티브 잡스Steve Jobs와 스티브 워즈니악Steve Wozniak이 '홈브루Homebrew'라는 컴퓨터 개발자 모임에서 만나 실리콘 밸리 지역의 차고에서 애플을 창업한 이야기는 이제 거의 모르는 사람이 없을 정도다.

---

18 경기가 최고점에 도달한 이후 하락하기 시작하는 상황 또는 주가가 고점에서 떨어지는 상황을 뜻한다.

시애틀도 실리콘 밸리 못지않은 글로벌 빅테크들의 창업 요람이다. 사실 실리콘 밸리에 비해 시애틀의 창업 성공 스토리는 과소평가되고 있다고 할 수 있다. 시애틀은 1년 중 대부분이 날씨가 우중충한 탓에 실내 활동이 유난히 발달한 지역이다. 야외에서 할 수 있는 것이 많지 않다 보니 실내에서 창업 아이디어를 구상하는 젊은 프론티어가 많은 지도 모르겠다.

빌 게이츠Bill Gates와 폴 앨런Paul Allen이 1975년에 마이크로소프트를 창업한 곳도 바로 시애틀이다. 이 도시는 전 세계 커피 애호가들이 좋아하는 스타벅스 커피가 탄생한 곳이기도 하다. 실리콘 밸리와 시애틀의 경쟁 구도는 스티브 잡스와 빌 게이츠를 라이벌로 비교해 이야기하기 좋아하는 호사가들의 흥미를 더욱 자극했다.

애플의 그래픽 기반의 사용자 인터페이스GUI, Graphical User Interface는 PC뿐 아니라 모바일 산업에서도 중요한 역할을 했다. 어린아이도 아이패드를 갖다주면 쉽게 만질 정도로 직관성이 뛰어난 사용자 인터페이스이기 때문이다. GUI는 원래 제록스가 세계 최초로 개발했는데, 스티브 잡스가 이것을 보고 매킨토시의 애플 시스(이후 맥 운영체제)를 만들었다. 빌 게이츠 역시 이것을 참고해 마이크로소프트의 윈도우즈를 만들었다. 이후 윈도우즈를 사용하는 PC가 시장에서 우위를 장악하고 매킨토시를 훌쩍 앞섰다. 매킨토시를 사용하는 사람은 그래픽이나 음악을 전문적으로 다루어야 하는 일부에 불과하게 되었다.

본격적으로 인터넷 시대가 열린 것은 1990년대인데, 이때 초기 브라우저 시장의 주도권을 장악하기 위한 넷스케이프와 익스플로러의 경쟁도 IT 역사의 흥밋거리다. 사실상 이때를 플랫폼 전쟁의 시작으로 보기도 한다. 공교롭게도 넷스케이프는 실리콘 밸리 기업이고, 익스플로러는 시애틀 기업이었다. 초기에는 넷스케이프가 압도적이었지만, 마이크로소프트가 익스플로러를 인수해 끼워팔기를 하면서 판세를 뒤집어버렸다.

모바일 시대 2차전에서는 크롬과 사파리가 익스플로러를 대체했다. 2007년에 스티브 잡스는 아이폰을 내놓으면서 모바일 혁명에 불을 당겼다. 모바일 운영체제 경쟁에서 안드로이드를 내세운 구글과 애플은 치열한 경쟁을 벌였다. 아이러니하게도 이 가운데서 가장 돈을 많이 벌어들인 회사는 제프 베조스Jeff Bezos의 아마존이다. 시애틀에서 설립된 아마존은 인터넷 서점으로 사업을 시작했지만, 지금은 온라인 커머스를 장악한 글로벌 플랫폼 기업이 되었다. 아마존 프라임과 실리콘 밸리에서 창업한 넷플릭스도 OTT 시장에서 서로 경쟁하고 있다.

앞으로도 유망한 벤처 기업들이 실리콘 밸리와 시애틀 두 지역을 중심으로 탄생하고 성장할 것이다. 그들이 성공 스토리를 써나가는 동안 이런 흥미로운 대결 이야기는 계속될 것으로 보인다.

미일 반도체 분쟁과 일본 전자 산업의 몰락

반도체 산업의 역사에서 1970년대는 미국의 시대였다. IBM, 텍사스인스트루먼트, 인텔 등 기라성 같은 반도체 기업들이 세계 IT 시장을 주물렀다. 반도체 산업에서 일본은 히타치 정도만 미미한 존재감을 드러낼 뿐이었다. 하지만 1980년대부터 일본 반도체 업체들이 크게 두각을 나타내기 시작한다. 도시바, NEC 등이 주요 반도체 시장에서 자리 잡으며 영향력을 발휘했다. 일본 입장에서는 운도 따랐다. 처음 반도체는 진공관 중심으로 생태계가 구축되어 있었다. 그러나 트랜지스터가 발명되면서 기존 반도체 생태계가 완전히 바뀌는 변곡점을 맞았다.

미국 반도체 기업은 이미 진공관 투자에 매몰한 비용이 많은 상태였다. 이에 비해 비교적 새로 사업을 시작한 일본 기업들은 트랜지스터에 집중적으로 투자할 수 있었기 때문에 유리한 경쟁을 했다. 일본 정부는 반도체 산업을 육성하는 데 소재, 부품, 장비 이른바 '소부장'이 매우 중요하다는 사실을 깨달았다. 반도체 소자 기업들이 앞에서 당기고 정부가 뒤에서 밀면서, 일본의 반도체 소부장 산업 생태계가 선순환 고리를 이루게 되었다. 이런 노력으로 일본의 기업들은 1985년 세계 10대 반도체 기업에 6개나 이름을 올릴 수 있었다.

반면에 미국 반도체 산업은 10년이라는 긴 시간 동안 혹독한 조정기를 맞는다. 텍사스인스트루먼트는 대량 해고를 감행했고 인텔은 팹 운영 시간 단축을 시행하는 등 구조 조정이 진행되었다. 반도체 시장을 놓고 우는 미국과 웃는 일본 간의 갈등이 불가피한 상황이었다. 미국은 반도체 시장에서 일본을 이길 수 없다고 판단했다. 그래서 일본 반도체 업체들의 D램 덤핑을 문제 삼아 '슈퍼301조'라는 법안으로 초법적인 무역 보복의 발판을 마련했다.

미국 상무부는 걸핏하면 무역 보복으로 일본을 몰아세웠고, 일본은 세계 최강국 미국의 압박을 버텨내지 못했다. 그 결과, 미일 반도체 협정이 제정되었다. 일본 입장에서는 말도 안 되는 불평등 협정이었지만, 미국의 군사력에 기댈 수밖에 없는 상황에서 선택지가 별로 없었다. 미일 반도체 협정은 일본 기업의 덤핑 가격 자제, 미국 내 일본 반도체 점유율의 50% 미만 하향 조정과 같은 내용을 담고 있었다. 가장 문제가 되는 내용은 일본 내 미국 반도체 비중을 10%에서 20%로 끌어올려야 한다는 것이었다. 엎친 데 덮친 격으로 달러 대비 엔화 가치를 두 배로 올리는 플라자 합의Plaza Accord[19]까지 진행되었다.

일본 정부의 안이한 생각도 문제를 키웠다. 미국의 무리한 요구에도 불구하고 일본의 산업·경제 기초 경제 여건, 즉 '펀더멘털fundamental'이 워낙 좋아 극복할 수 있다고 오판했다. 결국 일본 반도체 산업은 몰락의 길을 걸었고, 이후 후발주자인 한국과 대만이 반도체 시장에서 기회를 잡게 된다.

이런 과정을 거치며 1990년대 들어 일본 반도체 업체들이 쇠락했고 인텔이 세계 반도체 1위 기업으로 올라섰다. 3차 산업혁명의 주역이 미국 기업이 된 것이다. 컴퓨터, 인터넷 혁명이 진행되면서 미국은 구글, 아마존, 애플, 마이크로소프트 같은 빅테크들을 길러낸다. 한국과 대만도 이런 흐름에서 상당한 수혜를 봤다.

2018년 기준, 일본 상위 10개 전자 기업의 영업이익은 30조 원에 그쳤고, 삼성전자의 영업이익은 60조 원을 넘어섰다. 일본 주요 경제

---

19 1985년 G5 국가, 즉 미국, 프랑스, 독일, 일본, 영국이 외환 시장에 개입해 미국 달러를 일본 엔과 독일 마르크에 대해 절하하기로 한 합의다. 이때 회합 장소가 뉴욕 플라자 호텔이었다.

지들은 이런 사실을 경쟁적으로 보도하며 충격을 감추지 못했다. 아베 전 총리는 일본 반도체 산업의 과거 영광을 재현하기 위해 정부 차원의 적극적인 육성 정책을 마련했다. 그러나 반도체 시장은 과거와 크게 달라져 있었고 효과는 미미했다.

메모리 반도체의 거인, 대한민국이 깨어나다

우리나라 반도체 산업의 역사에서 빼놓을 수 없는 두 사람이 있다. MOSFET을 개발한 강대원 박사와 한국반도체(이후 삼성반도체)를 설립한 강기동 박사다.

강기동 박사가 1974년 한국반도체를 설립하면서 우리나라에 반도체 개발의 싹이 움텄다. 그는 미국의 미사일 미니트맨2의 반도체 설계를 담당한 인물로, CIA의 관리를 받는 특급 인재였다. 당시 반도체 기술을 미국 밖으로 가지고 나오는 일이 쉽지 않았는데, 강기동 박사는 미국에 회사를 만들고 국내 법인에 발주를 내는 방식으로 기술을 이전했다. 하지만 어렵게 만든 한국반도체는 안타깝게도 2달 만에 경영난에 봉착했다. 중동 전쟁으로 인한 오일 쇼크 때문이었는데, 강기동 박사는 결국 지분의 절반을 삼성에 넘길 수밖에 없었다. 2년 후에 그는 나머지 지분도 넘기고 미국으로 발길을 돌렸다.

한국반도체 설립이 우리 반도체 산업의 싹을 틔웠다면, 1983년 삼성그룹의 이병철 회장이 일본 출장 중에 중앙일보를 통해 '도쿄선언'

을 한 것은 한국 반도체 산업의 개화를 의미하는 사건이었다. 삼성은 도쿄선언으로 메모리 반도체 시장 진출을 공식화한 후 64K D램 양산 목표를 발표했다. 그 후 6개월 만에 개발에 성공한 것을 보면 이전부터 극비리에 철저히 준비해왔음을 짐작할 수 있다.

삼성은 1984년부터 64K D램을 출하했는데, 기존 업체들의 견제가 만만치 않았다. 일본 반도체 업체들이 무지막지한 덤핑으로 치킨게임을 시작했고, 64K D램 가격은 1달러 70센트에서 30센트로 단기간에 폭락했다. 미국 마이크론은 곧바로 256K D램을 출시해 초격차 전략으로 삼성을 곤란하게 만들었다. 삼성은 이후 상당 기간 동안 천문학적인 적자를 견뎌내야 했다.

삼성이 반전의 계기를 마련한 것은 1M D램부터다. 삼성은 모진 설움을 딛고 1M D램 설계부터 양산까지 모두 독자기술로 개발하는 기염을 토했다. 4M D램부터는 단층으로 회로를 쌓는 것이 불가능할 정도로 기술 장벽이 높아졌다. 1989년, 삼성은 웨이퍼에 홈을 내 회로를 구현하는 트렌치 방식과 회로를 웨이퍼 표면 위에 차곡차곡 쌓는 스택 방식 중 하나를 선택해야 했다.

미국, 일본 등 D램 시장 내 선두 업체들은 트렌치 방식을 밀고 나갔다. 국내 현대전자조차 트렌치 방식을 낙점했다. 그러나 삼성은 스택 방식을 선택했다. 트렌치 방식은 회로 구성을 검사하는 데 어려움이 있다고 판단했기 때문이다. 나름의 승부수를 던졌고, 그 결과는 주효했다. 당시 이건희 회장에게 스택 방식을 강하게 건의한 인물이 권오현 박사, 진대제 박사였다. 이들은 이후 삼성그룹 내에서 둘 다 부회장, 사장으로까지 승진하게 된다.

1987년, 이건희는 46세에 삼성그룹의 2대 회장으로 취임하며 제2의 창업을 선언하고, 1988년 통합 삼성전자를 출범시켰다. 가전, 휴대폰, 반도체 사업을 아우르는 전자 공룡 기업의 탄생이었다. 삼성전자는 같은 해에 4M D램을 출시하며 전년 대비 176% 성장했고, 1990년에 16M D램을 개발하여 선두 기업들과 맞먹는 기술력을 확보했다. 당시 컴퓨터 시장은 기업용에서 개인용 PC로 바뀌는 전환점을 맞고 있었다. 성능보다는 가격이 중요해졌는데, 삼성전자로서는 최대의 호기를 맞은 셈이었다. 이때 일본 D램 생산 업체들은 시장 변화에 적응하지 못하고 품질을 고집하다 삼성전자에 시장을 내주고 말았다.

일본 반도체 업체들은 삼성이 시장에 진입한 이후 가격을 크게 하락시키는 방식으로 경쟁자를 제거하려 했다. 우리 정부와 기업들은 실리콘 밸리를 활용해 일본의 덤핑을 미국 내에서 이슈화했다. 이는 미국 정부의 일본 반도체 견제 정책으로 이어지는 데 큰 역할을 했다.

메모리 초격차 전략의 초석이 마련된 계기는 300밀리미터 웨이퍼의 도입이다. 300밀리미터 웨이퍼 양산기술이 확보된 2000년대 초에 닷컴 버블이 붕괴하고 불황이 불어닥쳤다. 일본 기업을 비롯한 대부분의 업체들이 양산 시스템을 늦출 때 삼성전자는 과감하게 신형 D램 양산에 나섰다. 이렇게 함으로써 경쟁사들이 불황에 허덕일 때 삼성전자는 홀로 30%대 영업이익률을 볼 수 있었다.

MOSFET의 기초를 마련한 강대원 박사

우리나라뿐 아니라 세계 반도체 역사에서 빼놓을 수 없는 사람이 있다. MOSFET과 플로팅게이트 개발에 핵심적인 역할을 한 강대원 박사다. MOSFET은 '금속 산화막 반도체 전계 효과 트랜지스터Metal Oxide Semiconductor Field Effect transistor'를 뜻하며, 현대 집적회로의 핵심 소자다. 플로팅게이트floating gate는 플래시메모리의 데이터를 저장하는 역할을 한다.

1931년에 서울에서 태어난 강대원 박사는 서울대학교 물리학과를 졸업하고 오하이오 주립대학교에서 석사, 박사 학위를 받았다. 스물여덟 살에 벨 연구소에 입사한 뒤 1960년 이집트 출신 마틴 아탈라Martin Atalla 박사와 함께 MOS 트랜지스터를 개발했는데, 이것이 MOSFET 제조로 이어졌다.

이후 강대원 박사는 1967년에 중국계 미국인 사이먼 지Simon Sze 박사와 함께 최초로 플로팅게이트 기술을 개발해 낸드플래시 칩의 기초를 마련했다. 1988년에는 30년간 재직했던 벨 연구소를 은퇴하고 NEC(일본전기주식회사)의 미국 소재 연구소 초대 소장으로 부임했다. 1992년 그는 안타깝게도 대동맥 동맥류로 인한 응급 수술 후 합병증으로 사망했다. 이후 2009년 2월, 미국 특허청의 '발명가 명예의 전당'에 그의 이름이 등재되었다.

낸드플래시, 개발은 도시바 실리는 삼성이

삼성전자의 반도체 사업 역사에 한 획을 그은 사건은 D램에 이어 낸드플래시를 새로운 먹거리로 확보한 것이다.

PC 시대가 열리면서 HDD Hard Disk Driver(하드디스크 드라이버) 수요가 빠르게 상승했지만, HDD는 기계 장치라는 점에서 한계가 뚜렷했다. 많은 부품이 필요해 서플라이 체인이 복잡했고, 데이터 셀data cell(자기 저장 장치) 밀도를 높이는 데도 어려움이 있었다. 무엇보다 HDD 발전 속도는 CPU와 D램에 비해 실망스러울 정도로 느렸다. 이런 배경으로 HDD 대체재로서 낸드플래시가 떠오르게 된다.

세계 최초로 플래시메모리와 낸드플래시 메모리를 개발해낸 업체는 일본의 도시바다. 그러나 도시바는 이 귀중한 연구 개발물의 가치를 알지 못했다. 도시바의 실수가 삼성전자에게는 천재일우의 기회가 된 것도 역사의 아이러니다. 도시바의 연구원 마쓰오카 후지오舛岡富士雄는 플래시 메모리와 낸드플래시 개발의 주역인데, 연구 개발에는 천재적이었지만 사회성은 극도로 떨어지는 인물이었다. 밤새 일에 몰두하고 특허를 쓰고 일과 시간에는 낮잠을 자고 낮술을 마시기도 했다.

도시바 연구소에 새로운 소장이 부임하자 마쓰오카는 미운털이 박히게 되었다. 전임 소장은 그의 능력을 잘 알고 배려했지만 신임 소장은 달랐다. 마쓰오카는 부하 연구원들이 없는 부서로 발령받아 혼자 근무하게 되었다. 그가 개발한 기술 또한 홀대받았다. 도시바는 플래시메모리 기술은 인텔에, 낸드플래시 기술은 삼성전자에 거의 그냥 넘기다시피 했다. 마쓰오카는 조직의 압박을 견디지 못하고 도시바를 떠나 대학 교수로 자리를 옮겼고, 이후 도시바를 상대로 발명 보상금을 달라며 소송을 진행하기도 했다.

도시바의 결정적 오판으로 삼성전자에게는 뜻하지 않은 행운이 넝쿨째 굴러 들어왔다. 이후 삼성전자는 낸드플래시 기술 개량에 매진하고, 아이팟용 HDD 대체 메모리를 찾던 애플을 설득해 낸드플래시 시장을 크게 확장했다. 현재 삼성전자는 세계 낸드플래시 시장에서 점유율 1위를 기록하고 있다. 메모리 반도체 산업에서 한일 간 국운은 이렇게 엇갈리게 되었다.

반도체 분야별 시장 상황

반도체는 크게 메모리 반도체와 시스템 반도체로 구분된다. 메모리 반도체는 정보를 기억하고, 시스템 반도체는 저장된 데이터를 연산, 제어, 처리하는 역할을 한다.

우리나라는 D램, 낸드플래시 등 메모리 시장에서 70%의 점유율을 차지하고 있다. 그러나 시스템 반도체 시장 점유율은 3%에 불과하다. 반도체 설계를 담당하는 팹리스 분야로 가면 점유율은 1% 수준으로 떨어진다. 2021년 기준 시스템 반도체 글로벌 시장 규모는 4021억 달러(약 500조 원)로 메모리 반도체의 1538억 달러(약 190조 원)보다 2.5배 이상 크다.

시스템 반도체 중 디바이스의 두뇌 역할을 하는 칩이 있다. PC나 서버에 적용되는 제품은 CPU다. 현재 인텔이 CPU 시장을 장악하고 있는 가운데, AMD가 빠른 속도로 추격하고 있다. 그래픽을 담당하는 GPU_{Graphic Processing Unit}(그래픽 프로세서 유닛)의 강자는 엔비디아다. 현 상황은 엔비디아가 독점하고 있는 GPU 시장에 AMD와 인텔이 도전장을 낸 형국이다.

CPU, GPU는 어떤 디바이스에도 쓸 수 있는 ASSP(범용 반도체)다. 이에 반해, 모바일 기기 두뇌로 쓰이는 칩은 ASIC(주문형 반도체)다. ASIC는 각 업체가 자사 디바이스에 특화된 칩을 설계해 파운드리에 주문하여 생산한다. 애플 A 바이오닉 시리즈, M1 시리즈 등이 대표적 ASIC다. 퀄컴의 스냅드래곤, 삼성전자의 엑시노스 시리즈도 그렇다.

시스템 반도체의 또 다른 종류로 아날로그 반도체가 있다. 이것은 빛, 소리, 압력, 온도 등 연속된 물리량을 컴퓨터가 인식할 수 있도록 해주거나 컴퓨터가 처리한 연산 결과를 사람이 이해할 수 있도록 해주는 역할을 한다. 즉, 아날로그 신호와 디지털 신호를 전환해주는 것이다. 그중 CIS(카메라 이미지센서) 칩을 생산하는 업체로는 소니, 삼성전자 등이 대표적이다. 5세대 이동통신 기술, 와이파이, 블루투스 등 통신칩 공급자로는 퀄컴, 브로드컴 등이 있고, PMIC(전력 반도체) 공급자로는 텍사스인스트루먼트, 맥심인터그레이티드, 아날로그디바이스 등이 있다. 차량용 반도체는 주로 유럽 기업이 담당하는데, 대표적인 기업으로는 인피니언, NXP, ST마이크로 등이 있다. 이 외에 일본의 르네사스도 차량용 반도체 시장에서 중요한 위치를 차지한다.

반도체 기업 종류별 현황

반도체 기술은 크게 설계와 공정으로 나뉘는데, 설계만 하는 기업을 '팹리스fabless'라고 하고 생산만 담당하는 기업을 '파운드리foundry'라고 한다.

대표적인 팹리스 기업으로는 미국의 퀄컴과 엔비디아, AMD 등이 있다. 국내에도 삼성전자 시스템LSI, LX세미콘, 어보브반도체 등을 위시한 팹리스 업체들이 있는데, 이들에 대해서는 뒤에서 자세히 알아볼 것이다.

파운드리 업체는 삼성전자 파운드리, 대만의 TSMC와 UMC, 미국의 글로벌파운드리스 등이 유명하다. 한편, 설계와 공정 모두를 직접 맡아 하는 경우를 '종합반도체 기업IDM, Integrated Device Manufacturer'이라고 한다. 보통 IDM은 설계가 표준화되어 있고 소품종 대량생산 체제를 운영할 수 있는 메모리 반도체를 만드는 업체들이다. 삼성전자, SK하이닉스, 마이크론, CPU 시장을 장악한 인텔 등이 대표적인 IDM이다.

시스템 반도체는 종류가 너무 많고 공정도 제각각이어서 다품종 소량생산 체제하에서 생산된다. 설계, 공정뿐 아니라 후공정, 디자인 하우스까지 철저히 분업화되어 있다. 시스템 반도체의 패키지와 검사를 담당하는 OSATOutsourced Semiconductor Assembly and Test(반도체 패키징 및 테스트 외주 업체)는 주로 대만 기업이 많다. 글로벌 톱 10 기업 중 7개가 대만 국적이다. 세계 1위 OSAT 업체 ASE, 4위 SPIL이 대표적인 대만 기업이며, 2위 앰코테크놀로지는 미국 기업이다.

반도체 기업의 종류에 따른 역할

*출처: 삼성자산운용

국내 OSAT 업체로는 하나마이크론, SFA반도체, 엘비세미콘 등이
있다. 팹리스와 파운드리 사이에서 설계자산 제공을 담당하는 '칩리스
chipless'도 중요하다. 이들은 반도체를 만들 때 필요한 설계 라이선스를
제공한다. 관련 기업으로는 아키텍처를 제공하는 영국의 ARM, 미국
에 본사를 두고 EDAElectronic Design Automation(자동화설계) 서비스를 제공하
는 시놉시스, 역시 미국 기업인 케이던스 등이 있다. 이들 칩리스 업체
들의 지원이 없다면 팹리스 업체들이 칩을 설계할 수 없다. 국내 업체
로는 비디오 설계자산을 제공하는 칩리스 업체 칩스앤미디어가 있다.
그 외 디자인 하우스 서비스를 제공하는 세미파이브, 에이디테크놀로
지, 코아시아 등도 칩리스다. 디자인 하우스design house는 팹리스가 반도
체 설계 도면을 완성하면 이를 파운드리의 공정에 맞는 제조용 도면
으로 재설계하여 팹리스와 파운드리를 연결해주는 역할을 한다.

대만 기업이 독일 실트로닉을 인수하지 못한 이유

반도체 미중 패권 전쟁이 본격화되면서 기업 간 인수합병의 불확실성이 커지고 있다. 최근 대만의 글로벌웨이퍼스가 독일의 반도체 웨이퍼 기업 실트로닉을 인수하려고 시도했는데, 독일 정부가 반대하고 나선 일이 있었다. 유럽 최후의 반도체 웨이퍼 기업이 대만으로 넘어가는 것을 용인할 수 없다는 이유였다. 두 기업 사이의 협상은 결국 무산되고 말았는데, 과거에는 찾아볼 수 없던 사건이다.

일각에서는 이런 일이 발생한 것은 EU가 대만을 완전히 믿지 못하기 때문이 아니겠느냐는 분석을 내놓는다. 현재 대만의 차이잉원 정부는 중국과 대립각을 세우고 있지만, 정권이 친중 성향의 국민당으로 넘어갈 경우 실트로닉의 기술이 중국으로 유입될 수 있다는 데서 나온 이야기다. 이제 각국 정부에서 반도체를 단순히 경제 차원이 아닌 국가 안보 차원에서 다루고 있음을 다시 한번 보여주는 사례다.

반도체 투자는 이어진다

최근까지 반도체 분야의 투자 흐름은 굉장히 좋은 편인데, 반도체 주식은 전반적으로 실망스러운 곡선을 보여주고 있다. 왜 반도체 분야의 흐름과 관련 주가의 흐름이 완전히 다른 모습을 보이는 것일까? 많은 사람이 이에 당혹스러워 하지만, 보통 반도체 업황과 주가는 동행하지 않는다. 주가가 업황을 6개월에서 9개월 정도 선행하는 경향이 있기 때문이다. 세계반도체장비재료협회 SEMI에 따르면, 반도체 장비 시장 규모는 2020년 710억 달러, 2021년 1028억 달러, 2022년 1143억 달러로 확대 추세를 보이고 있다. 2022년 성장률은 전년 대비 11% 증가한 수준인데, 반도체 공급망 확보를 위한 각국 정부와 기업들의 일관된 노력이 투자 규모 확대로 이어진 영향이다.

2022년 8월, 바이든 대통령은 미국의 전략기술 산업 육성을 골자로 하는 법안 '반도체와 과학법'에 서명을 하고, 향후 5년간 360조 원 규모의 예산을 투입하기로 했다. 미국 반도체 굴기를 실행하기 위한 기초를 닦은 셈이다. 주요 내용 중 하나가 2024년 안에 미국 내 반도체 팹에 투자할 경우 40%에 이르는 세액을 공제해주겠다는 것이다. 이 혜택에는 일몰제가 적용되어 2025년부터 10%P씩 공제율이 떨어

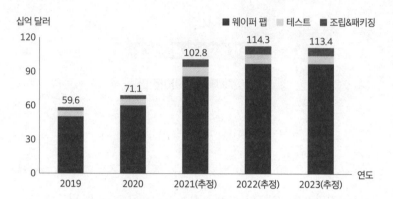

글로벌 반도체 장비 시장 규모 추이 및 전망

*출처: SEMI, 신한금융투자

진다. 2024년까지 미국 내에 빨리 투자하라는 뜻이다.

중국은 2020년 기준 세계 장비 시장 점유율 26.3%(187억 2000만 달러, 전년 대비 39% 증가)를 기록하며, 24.1%의 대만과 22.6%의 한국을 제치고 처음으로 1위를 달성했다. 중국의 반도체 시장은 2016년 이후 연평균 12%씩 성장하고 있다. 미국의 압박과 치밀한 방해에도 불구하고 중국의 반도체 국산화 의지는 확고하다.

중국은 28나노미터 이하 공정기술 보유, 경영 기간 15년 이상이라는 조건을 충족하는 반도체 기업을 대상으로 10년간 소득세를 면제해주는 등 파격적 혜택을 내걸고 있다. 일례로 상하이시는 반도체 장비, 소재, 후공정 관련 사업에는 1억 위안, 소프트웨어, EDA 사업에는 5000위안 한도에서 투자금의 30%까지 보조금을 지급하겠다고 밝혔다.

대만도 반도체 연구 개발 투자액 15%에 대해 세액공제를 해주는 정책을 펴고 있다. 일본은 경제산업성 주도로 TSMC의 구마모토(소니, 도쿄일렉트론 등도 위치) 파운드리 공장 유치에 4000억 엔을 지원했다.

유럽도 반도체의 자국 내 생산을 고무하는 데 적극적이다. EU(유럽연합)의 행정부와 같은 역할을 하는 EU집행위원회는 반도체 투자액의 최대 40%까지 지원하는 방안에 합의했다. 1500억 유로를 투입해 2030년까지 반도체 생산 점유율을 현재 10%에서 20%로 끌어올리는 것이 목표다. 독일은 반도체 산업 육성 프로젝트 32건에 100억 유로를 지원하기로 했고, 네덜란드도 6억 유로 규모의 반도체 지원안을 자체적으로 마련했다.

인텔과 엔비디아, 양대 산맥을 이루다

PC 시대를 장악한 인텔

🎗 IBM이 쏘아올린 인텔의 전성기

1981년, IBM은 'IBM 퍼스널 컴퓨터 5150'(보통 'IMB PC'라고 부른다)이라는 이름의 신제품을 세상에 내놓았다. 그리고 이것은 IT 역사를 바꾸는 변곡점이 된다. 이 컴퓨터는 성능 자체로 봤을 때는 그렇게 특별할 것이 없었지만, IBM이 출시와 함께 내린 결정은 그야말로 세상을 바꾸는 파급 효과를 불러왔다.

IBM이 이 제품을 출시하기 전까지는 컴퓨터 업체마다 아키텍처 architecture(컴퓨터 시스템의 설계 방식)가 달라 호환성이 없었다. 하드웨어는 물론이고 소프트웨어도 각 컴퓨터에 맞게 따로 만들어야 했다. 하지만 IBM은 IBM PC의 아키텍처를 공개하여 다른 제조사들이 그와 호환이 가능한 제품을 만들 수 있도록 했다.

시중에서 쉽게 구할 수 있는 인텔 8088(x86계열) CPU와 마이크로소프트 MS-DOS를 채택한 것도 주효했다. HP, 컴팩 등 경쟁사들이 IBM 표준을 활용하면서 인텔과 마이크로소프트 중심으로 소프트웨어 생태계가 재편되었다. 이렇게 해서 IBM PC는 오늘날 개인용 컴퓨터의 표준 규격을 만들어냈다.

당시 애플은 IBM에 앞서 PC 시장에 진출해 있던 상태였고 기술력도 앞서 있었지만, 호환성을 내세운 IBM에 밀리게 된다. '빅 브라더'로 불릴 정도로 강력했던 IBM의 영향력은 286 컴퓨터(인텔 80286 탑재) PC XT와 PC AT까지 이어졌다. 그 뒤 상황은 IBM이 전혀 의도치 않은 방향으로 흘러갔다. 호환 PC들이 IBM 제품을 추월하기 시작한 것이다. IBM은 1987년에 386컴퓨터(인텔 80386 탑재) PS/2를 내놓았지만 예전 위치를 되찾을 수는 없었다. 이후 인텔은 CPU를 기반으로 소프트웨어 생태계를 장악하고 PC 산업의 주도권을 틀어쥐게 되었다.

IBM이 PC 하드웨어 표준화 관련 설계자산 등록에 소홀했던 것도 추락을 가속화하는 원인이 되었다. 운영체제는 마이크로소프트의 윈도우즈가 대세로 자리매김했고 '윈텔(윈도우즈+인텔)' PC 표준화로 소프트웨어 회사들의 덩치는 빠른 속도로 커졌다. 애플은 PC의 상용화 측면에서는 최초로 성공을 거두었지만 시장에서는 윈텔에 밀려 조연에 만족해야 했다.

인텔은 2년마다 트랜지스터 집적도가 2배씩 높아지는 '무어의 법칙Moore's Law'[20]을 통해 고객사들이 이탈하는 것을 막았다. 경쟁사가 가성비 좋은 새로운 반도체를 만들어도 인텔을 넘어설 수 없었다. 지금 당장은 인텔보다 좋은 제품이 나와도 조금 기다리면 인텔이 더 나은 CPU를 내놓을 것이라고 개발자들이 신뢰했기 때문이다. 이미 윈텔체제가 컴퓨터 생태계에 잠금 효과를 내고 있었던 셈이다.

인텔은 초기 CPU를 생산할 때 자체 팹도 활용하고 외주도 같이 쓰는 투트랙Two Track 전략을 구사했다. 외주처로는 일본 NEC 등을 선택했다. 하지만 곧 외주 물량을 끊고 자체 팹을 강화하기 시작했다. 인텔 주도의 혹독한 환경에서 유일하게 살아남은 CPU 회사가 바로 AMD다. 인텔은 외계인을 고문해 기술을 뽑아낸다는 소리를 들을 정도로 앞선 기술력을 자랑했다. 이른바 '틱톡Tick-Tock 전략'으로 한 해는 설계를 바꾸고, 이듬해는 미세공정을 진전시켜 칩 성능을 높였다. 이런 방식으로 인텔은 설계부터 공정까지 초격차를 유지할 수 있었다.

🎙 인텔 제국, 쇠락의 길로 접어들다

인텔의 생태계는 강력했고 영원할 것만 같아 보였다. 하지만 원가절감을 목적으로 R&D 연구원을 포함한 직원들을 대거 해고하는 등 치명적인 오판을 내리며 쇠락의 길을 걷기 시작했다. 그때 이미 IT 산업의 다른 한쪽에서는 과거의 강자가 다시 기지개를 켜고 있었다.

---

20 인텔의 창업자 고든 무어가 창안한 법칙이다. 그는 1965년에 마이크로칩 용량이 해마다 2배가 될 것이라고 했으나, 1975년에 24개월마다라고 정정했다.

2007년, 스티브 잡스는 아이폰을 내놓으면서 모바일 AP를 핵심 반도체로 부상시켰다. 한편, 인텔이 내놓은 모바일 AP 아톰은 저전력 구현에 실패해 스마트폰 시장에서 존재감을 확보할 수 없었다.

스티브 잡스는 한때 아이폰의 두뇌로 인텔 CPU를 검토했지만, 15와트 이하의 전력 제품 라인업이 없는 것을 보고 포기했다. 인텔 CPU 대신 AP를 쓸 경우 새로운 언어로 소프트웨어를 처음부터 개발해야 하는 부담이 있었지만, 저전력 구현을 위해 이를 정면 돌파하기로 했다. 아이폰은 휴대폰 배터리를 쓰기 때문에 1~2와트 수준의 저전력 칩이 필요했던 것이다.

애플의 스마트폰 출시 이후 모바일 혁명이 본격화되었고, 소프트웨어 생태계 주도권은 PC에서 모바일로 완전히 넘어가버렸다. 그나마 모바일 시대를 맞아 트래픽이 증가하면서 서버 시장이 급성장한 것은 인텔 입장에서는 천만다행이었다. 인텔은 서버 CPU 분야에서는 여전히 영향력을 발휘할 수 있었다. 하지만 인텔은 모바일 시대에 대응하는 데 실패하고서도 교훈을 얻지 못한 듯 틱톡 전략을 수정하는 최악의 수를 두고 만다.

매년 공정이나 설계를 진보시키는 기존 틱톡 시스템 대신 'P(제조공정)-A(아키텍처)-O(최적화)'라는 PAO 시스템을 들고 나온 것이다. 창업자가 주창한 무어의 법칙은 이미 내팽개친 지 오래였다. 미세공정에 따라 노광 장비의 가격 상승 등 공정 부담이 눈덩이처럼 커진 것도 영향을 미쳤다. 틱톡 전략 폐기로 인해 인텔의 미세공정은 무려 7년 동안 14나노미터에 정체된다.

인텔의 잦은 악수 이면에는 경영진 문제가 있었다. 제6대 CEO 브라이언 크르자니크Brian Krzanich가 구조 조정을 단행했던 일이 기술 개발의 원동력을 산산조각 내고 회사를 어려움에 빠뜨리는 자승자박의 결과로 돌아왔던 것이다. 이때 핵심 인력들이 대거 이탈했는데, 이들이 애플, 엔비디아, AMD 등 경쟁사로 들어가 반도체 설계 능력을 한층 진전시켰다.

인텔은 FPGAField-Programmable Gate Array[21] 2위 업체 알테라와 자율주행 칩셋 업체 모빌아이를 인수하는 등 변화를 모색했지만, 근본적인 경쟁력 하락을 막기에는 역부족이었다. 그사이 당시 산소호흡기를 끼고 있던 만년 2등 CPU 기업 AMD는 설계 경쟁력을 크게 키우게 된다. 인텔이 수렁에 빠져 허우적거리는 동안 AMD는 혁신을 거듭했다. 공정 부문을 따로 떼 글로벌파운드리스로 매각하고, TSMC 파운드리를 이용해 7나노미터 칩을 내놓았다. 그리고 PC 시장뿐 아니라 서버 시장에서도 인텔 시장 점유율을 뺏어오기 시작했다.

인텔은 14나노미터에 7년 동안 머무르면서 TSMC, 삼성전자 등 파운드리 업체에 미세공정 기술 측면에서 밀리기 시작한다. 2021년, 애플은 맥북에 사용하던 인텔 CPU를 빼고, 자체 설계한 M1 칩을 적용했다. M1은 인텔의 칩보다 성능이 월등하고 전력 소모도 훨씬 적었다.

현재 인공지능 산업이 가속화하는 것도 인텔에게는 적대적인 환경으로 작용하고 있다. 이세돌 9단과 바둑 대결을 펼친 인공지능 알파고

---

21 제조 이후에도 원하는 용도에 따라 내부회로를 바꿀 수 있어, 제조자 입장에서는 범용 반도체로 볼 수 있고 사용자 입장에서는 주문형 반도체로 볼 수 있다.

가 크게 성공한 이후, 인공지능 반도체의 주류가 CPU에서 GPU로 완전히 넘어갔기 때문이다. 자율주행차와 암호화폐 채굴 수요까지 더해져 GPU 수요는 급증했고, 이렇게 GPU 전성 시대가 도래하면서 엔비디아가 급부상했다. 이제 엔비디아마저 인텔의 CPU 시장을 노리고 있는데, 인텔은 인공지능 시장에 제대로 대응하지 못하고 전전긍긍하는 상황이다.

뒤늦게 정신을 차린 인텔은 엔지니어 출신 팻 겔싱어Pat Gelsinger를 새로운 CEO로 영입해 부활을 노리고 있다. 설계, 소프트웨어 쪽 인력도 상당 부분 보강하고 있다. 오픈소스 Risc-V(리스크파이브)를 개발한 팹리스 사이파이브 설립자들도 영입했다. 애플 AP A 시리즈, 테슬라 FSDFull Self Driving(완전자율주행) 칩 등의 '괴물 반도체' 탄생에 핵심적 역할을 한 짐 켈러Jim Keller를 영입해 엘더레이크에 10나노미터 미세공정을 적용하고, 빅리틀 기술을 AP가 아닌 CPU에 처음으로 시도하기도 했다. 하지만 이런 노력에도 인텔의 공정 전문가 수는 여전히 부족한 상태라는 평가다.

🏆 인텔의 파운드리 사업 진출은 성공할 것인가

팻 겔싱어가 제8대 CEO로 취임한 이후 인텔은 기술 주도권 확보에 집중하고 있다. 파운드리 시장 진출 선언도 기술 리더십을 회복하려는 전략의 일환이다. 인텔은 미국 애리조나주 소재의 2개 신규 팹 구축에 200억 달러(22조 원)를 투자한다는 계획을 발표했다. IBM과 차세대 로직 반도체, 패키징에 대한 공동 연구도 진행하기로 했다.

그러나 인텔이 파운드리 시장에 안착하기는 쉽지 않을 것으로 보인다. 인텔은 지난 2016년에도 파운드리 시장 진출을 계획했다가 포기한 바 있다. ASML로부터 EUV 장비를 조달하는 문제도 쉽지 않았다.

무엇보다 인텔은 칩을 설계하는 마이크로소프트, 아마존, 구글 등 플랫폼 업체들과 경쟁 관계다. 애플이 AP 생산을 삼성전자에 전량 의존하다 TSMC로 옮긴 것도 스마트폰 시장과 AP 시장에서 삼성전자와 경쟁 관계에 있다는 이유가 컸다. TSMC는 '고객과 경쟁하지 않는다'는 캐치 프레이즈를 내걸고 팹리스 기업들을 안심시키고 있다.

인텔이 파운드리 시장에 진출할 충분한 유인이 있는지 알 수 없다는 의견도 많다. 무엇보다 인텔은 '갑'의 위치에 익숙해져 있다. 하락세에 접어들었다 해도 여전히 30% 수준의 높은 영업이익률을 기록 중이기도 하다. 파운드리 사업을 하기 위해서는 서비스 마인드와 수평적인 조직 문화가 중요한데, 인텔이 이런 변화를 잘 감내할 수 있을 것인지도 장담할 수 없다.

현재 파운드리에서 생산되는 칩은 ARM 코어를 기반으로 저전력 설계 기법을 적용한다. 그러나 인텔은 x86계열 CISC Complex Instruction Set Computer(복합 명령 기반 컴퓨터) 프로세서를 생산한 경험뿐이다. 이 때문에 인텔이 ARM 코어 아키텍처에 기반한 칩을 제대로 생산할 수 있을지 의문을 나타내는 사람들도 있다. 설계자산과 셀라이브러리cell library[22]와 같은 칩리스 생태계를 구축해야 하는 숙제도 해결해야 한다.

---

22   NAND, NOR, XOR 등과 같이 논리적 특성을 나타내는 셀의 기능 단위를 뜻한다. 각 셀은 논리 기호, 전기적 데이터, 배치도 등 3개 요소로 구성되어 있다.

쉽지 않은 길임에도 불구하고 파운드리 시장에 진출하려는 인텔의 의지는 뚜렷하다. 반도체 굴기를 완성하기 위해 미국 정부가 인텔을 독려한 것도 상당 부분 영향을 미쳤다. 인텔로서는 그동안 주요 고객 사였던 빅테크들의 최신 트렌드로 수익을 낼 수 있는 기회를 놓치고 싶지 않을 것이다.

미국 정부 입장에서도 TSMC에 빅테크 고객사를 다 뺏기는 것은 매우 달갑지 않은 상황이다. 엔지니어 출신인 팻 겔싱어 CEO를 포함한 인텔 '올드보이'들의 귀환으로 공정기술 돌파구를 마련할 수 있을 것 이라는 기대감도 있다. 한편, 인텔의 10나노미터는 TSMC와 삼성전자 의 7나노미터 못지않은 트랜지스터 밀도를 자랑한다.

👤 인텔 제국 재건의 앞날이 불투명한 이유

사파이어 래피즈는 10나노미터 미세공정으로 만들어진 인텔의 서 버용 CPU다. .DR5 D램을 기본으로 채택하고, HBM(고대역 메모리)을 지원하는 것이 특징이다. PCIe[23] 5.0 인터페이스가 적용되어 5세대 SSD를 쓸 수 있다.

사실 인텔이 10나노미터 공정을 처음 적용한 CPU는 아이스레이크 다. 그럼에도 사파이어 래피즈가 산업적 측면에서 중요한 것은 DDR5 D램을 처음 지원하는 서버용 CPU이기 때문이다. 사파이어 래피즈가 우리나라의 메모리 산업에 미치는 영향은 매우 큰데, 당초 출시 스케

---

23   PCIe는 'Peripheral Component Interconnect Express'의 약자로 그래픽카드와 SSD 연결 에 사용되는 고대역폭 확장 버스다.

줄보다 1년이나 늦게 나오면서 메모리 수급이 꼬여버렸다.

한때 반도체 제국을 건설했던 인텔이지만, 지금은 공정기술에서 상당한 문제점을 드러내고 있다. 아이스레이크도 2019년에 나왔어야 할 칩이지만, 결국 2021년 4월에 겨우 양산에 돌입했다. 이제 인텔의 CPU 양산 스케줄을 신뢰하는 사람이 드물 정도다.

현재 인텔의 가장 앞선 미세공정은 10나노미터지만, 앞서 말했듯 트랜지스터 밀도 측면에서 보면 TSMC와 삼성전자의 7나노미터 공정과 비슷한 수준이다. 그런데 트랜지스터가 3차원 FinFET^{Fin Field Effect} ^{Transistor}(핀 전계 효과 트랜지스터)[24] 구조로 바뀌면서 과거 2차원 트랜지스터처럼 폭을 재기가 어려워졌다.

이런 상황에서 인텔은 '나노미터 미세공정'이 마케팅 용어가 되었다고 불만을 토로하며 '몇 나노미터 공정' 식의 표현을 쓰지 않겠다고 선언했다. 대신 '인텔7(10나노미터) > 인텔4(7나노미터) > 인텔3(5나노미터) > 인텔20A > 인텔18A'라는 공정 로드맵을 공개했다. 인텔20A에는 RibbonFET^{Ribbon Field Effect Transistor}[25]과 파워비아^{PowerVia}[26] 기술이 처음 적용된다.

인텔은 기업의 목표와 핵심 전략을 발표하는 인베스터 미팅 행사를 통해 2022년 하반기에 EUV 공정을 적용한 인텔4를, 2023년 하반기

---

24 '핀펫'이라고 읽으며, 정보 처리 속도와 소비전력 효율성 향상을 위해 반도체 소자를 입체 구조로 만든 것을 뜻한다.

25 GAA(Gate-all-around)를 적용한 인텔의 기술로 '리본펫'이라고 읽는다. 핀펫이 앞뒤와 윗면 등 총 3면을 이용한다면 GAA는 아랫면까지 모든 면을 이용한다.

26 한쪽 면만 이용하던 기존 공정과 달리 후면에서 전력을 공급하는 방식이다.

에 인텔3를 양산한다고 공언했다. 또 2024년 상반기에는 리본펫 및 파워비아 기술을 적용한 20A를 양산하고, 2024년 하반기에는 1나노미터급 18A 공정을 양산할 계획이라고 밝혔다.

첨단 패키징 후공정 기술 로드맵도 공개했다. 2021년 7월에 인텔은 포베로스 옴니를 공개하고, 2023년에는 포베로스 다이렉트를 적용할 것이라고 밝혔다. 포베로스 옴니는 TSV(실리콘 관통 전극)와 구리 기둥을 활용하는 기술이고, 포베로스 다이렉트는 실리콘을 구리로 직접 연결하는 기술이다. 두 가지 다 전력 효율성을 높인 패키징 기술이다.

그러나 인텔의 발표를 곧이곧대로 믿는 사람은 거의 없다. 최근 인텔이 보여준 행보가 실망스러웠기 때문이다. 엘더레이크부터 사파이어 래피즈까지 원래 계획대로 출시된 칩이 거의 없을 정도니 과한 반응도 아닐 것이다.

🔍 더 알아보기

CPU업계의 만년 2인자, AMD

1968년, 인텔이 설립되고 그 이듬해에 AMDAdvanced Micro Device가 만들어졌다. 두 회사 창업자 모두 벨 연구소 연구자가 설립한 기업 페어차일드 출신이다. AMD는 설립 초기에 투자자들을 모으지 못해 인텔의 하청 업체로 자리잡는 데 그쳤다. 한동안 PC는 인텔 CPU의 모델명을 따서 '286', '386', '486' 등으로 불렸다. 386 시기에는 인텔이 라이선스를 파기하면서, AMD 하청 업체들이 소송을 벌여 결국 승소하기도 했다.

1993년, 인텔은 새로운 펜티엄 아키텍처를 내놓았다. 칩을 설계하는 기본 틀인 아키텍처 한 개에서 보통 3~4개 버전의 칩이 생산되었다. 펜티엄이 출시된 이후 인텔의 독점은 다시 강력해졌다.

하지만 AMD는 1999년에 애슬론 아키텍처를 내놓으며 반전을 일으켰다. 구도 변화에 대한 기대감은 승리의 결과를 낳지는 못했다. 2006년에 인텔이 코어 아키텍처를 출시하면서 AMD의 추격을 다시 뿌리친 것이다. 그 후 AMD는 불도저 아키텍처를 시장에 선보였지만 암흑기를 겪어야 했다.

AMD의 부활은 2014년 리사 수Lisa Su가 CEO에 취임한 뒤에야 이루어졌다. 리사 수는 MIT 석박사 출신으로 텍사스인스트루먼트, IBM, 프리스케일을 거쳐 AMD에 입사했다. IBM에서 반도체 배선을 알루미늄에서 구리로 바꾸는 것을 주도했는데, 지금 구리 배선은 업계 표준으로 사용된다. 40여 개 반도체 논문을 저술했을 정도로 뼛속까지 엔지니어라는 평가를 받는다.

리사 수 체제하의 AMD는 APU(CPU+GPU)를 개발하고 플레이스테이션, 엑스박스 등 콘솔 게임에 적용하면서 경쟁력 회복의 가능성을 보였다. 2017년에는 젠 아키텍처 기반 라이젠 1세대 칩을 선보였다. 라이젠 CPU는 인텔의 칩과 비교해 성능이 비슷하지만 가격은 50~60% 저렴했다. 곧 가성비 좋은 CPU로 입소문을 탔고, 이후에는 칩 성능도 인텔을 뛰어넘었다.

AMD는 TSMC 파운드리를 채택하면서 미세공정에서도 이미 인텔을 앞섰다. AMD의 데이터센터 시장 점유율도 점점 상승 중이다. GPU 시장에서는 라데온으로 한때 25%의 점유율을 차지했지만, 엔비디아의 아성을 넘기에는 무리였다. 리사 수 CEO는 만년 2등 CPU 업체라는 AMD의 꼬리표를 떼내는 성과를 올렸다. 'CPU는 라이젠', 'GPU는 라데온'이라는 브랜드 각인에도 성공하고 세계

FPGA 1위 기업 자일링스도 인수했다.

최근 5년 동안 AMD 주가 상승률은 주목할 만하다. 그러나 AMD의 향후 전망을 장밋빛으로만 볼 수는 없다. 엔비디아, 인텔 등과의 경쟁이 치열하게 전개되고 있고, 구글, 테슬라, 아마존, 마이크로소프트 등 빅테크들의 반도체 설계 진출이 잇따르고 있기 때문이다. 또한 보유 엔지니어의 역량 면에서 엔비디아, 인텔에 밀린다는 평가를 받는 데다 자금력도 상대적으로 부족한 점도 해결해야 할 과제로 안고 있다.

GPU 시대를 연 엔비디아

👤 GPU, 그래픽 장치의 새지평을 열다

엔비디아는 AMD에서 CPU 설계를 담당했던 대만계 미국인 엔지니어 젠슨 황Jensen Huang이 1993년에 창업한 회사다. 그가 엔비디아를 설립할 당시만 해도 컴퓨터는 주로 일을 할 때 업무용으로 사용되었다. 하지만 그는 앞으로 컴퓨터가 게임이나 동영상을 즐길 수 있는 멀티미디어 기기가 될 것이라고 생각했다.

젠슨 황은 이런 비전을 가지고 야심차게 멀티미디어 PCI 카드 NV1을 출시했는데, 결과는 대실패였다. 이 일로 회사가 휘청일 정도로 심각한 위기를 맞게 되었지만, SEGA가 투자해준 자금 덕분에 겨우 살아났다. 이런 실패를 딛고 엔비디아는 이후 NV3 성공으로 재기했다.

	CPU	GPU
특징	고성능 코어 2~4개 소량으로 배치 직렬 처리 방식	상대적 저성능 코어 수백~수천 개 다량 배치 병렬 처리 방식

구조	

*ALU는 Arithmetic Logic Unit의 약자로 '산술 연신 징치'를 뜻한나.
© PavelNajman

1999년, 엔비디아는 지포스256을 처음 선보이며 '세계 최초의 GPU'라는 캐치 프레이즈를 내걸었다. 이전까지 그래픽 처리 장치는 영상 전환 어댑터 수준에 불과했지만, 엔비디아의 GPU가 등장하고 나서 CPU와 같은 프로세서의 하나로 자리매김하게 되었다.

현재 엔비디아는 PC 게이밍 시장에서부터 슈퍼컴퓨팅, 자율주행차, 데이터센터 시장에서까지 존재감을 높이고 있다. 자동차에도 GPU가 상당량 장착되지만 데이터센터에 훨씬 더 많은 GPU가 들어간다.

디지털 트윈 기술의 메타버스 '옴니버스'는 엔비디아가 자사의 GPU를 쓰는 고객들에게 무료로 제공하는 플랫폼이다. 자사 제품과 서비스를 이용하는 기존 고객들이 떠나지 못하도록 하는 잠금 효과를 노린 것이다.

엔비디아는 게임 업체들에 자금을 지원하며 적극적인 협력체제를 구축했고, 그 결과로 '친 엔비디아' 성향의 게임들이 대거 나오면서 제품 판매를 위한 생태계가 조성되었다. 엔비디아는 이렇게 게임 GPU 시장을 장악할 수 있었다.

앞으로 엔비디아가 인공지능, 자율주행차 시장에서도 게임 시장에서와 같이 성공하게 된다면, 그 요인 중 하나는 생태계 조성 능력이 될 것이다. 지금도 엔비디아의 전체 매출에서 게임향 판매 비중은 절반을 넘는다. 이에 비해 산업용 GPU 쿼드로는 15%의 비중을 차지하고 있다. 엔비디아는 2023년부터 GPU에 5나노미터 미세공정을 본격 적용할 계획이다.

🎗 CPU를 잡을 엔비디아의 무기 GPGPU

엔비디아의 쿠다가 출시되기 전까지 프로그래밍은 그래픽 언어를 공부한 사람만 할 수 있었다. 하지만 쿠다가 나오면서 상황이 달라졌다. C/C++ 등 일반 컴퓨터 언어를 공부한 사람도 GPU에 프로그램 설계를 쉽게 할 수 있게 된 것이다. 심지어 인공지능을 개발하는 일도 가능해졌다. 엔비디아는 쿠다의 생태계 조성에 뚜렷한 강점을 보이고 있으며, 앞으로 인공지능의 표준을 제공하는 기업으로 더욱 굳건히 자리매김할 것으로 보인다.

최근 CPU 기반에서 GPU 기반 서버로 전환하는 회사가 증가하는 움직임이 있는데, 이 덕분에 엔비디아의 데이터센터 분야 매출 비중이 점점 늘어나게 되었다. 2015년에 7%에 불과했던 비중은 2020년에 27%로 증가했다. 자율주행차 분야에서도 엔비디아는 두각을 나타내고 있다. 자동차에 고성능 GPU가 필요해졌기 때문이다. 실리콘 밸리에서는 자율주행차를 개발하려면 엔비디아의 영토를 밟지 않으면 안된다는 이야기가 나올 정도다.

엔비디아의 GPU는 암호화폐 채굴과 떼려야 뗄 수 없는 관계다. 암호화폐 시세가 좋을 때는 GPU 공급이 부족해 난리가 난다. 그러나 가격이 떨어지면 중고 GPU가 시장에 쏟아진다. 암호화폐 폭락 때 엔비디아는 재고 소진에 3분기라는 시간이 걸릴 정도로 어려움을 겪기도 했다. 비트코인은 ASIC(주문형 반도체)로 채굴이 이뤄지고 있지만, 이더리움 채굴에는 엔비디아의 GPU가 많이 쓰이는 추세다.

GPU는 여전히 CPU를 보조하는 역할에 그치고 있다. 이에 따라 엔비디아는 연산 능력을 강화한 범용 그래픽 처리 장치 GPGPUGeneral-Purpose computing on Graphics Processing Units를 출시했다. CPU를 넘어설 GPU인 셈이다. GPU는 코어가 수백 개에서 수천 개 배치된 칩으로, 데이터를 병렬로 처리한다. 이에 비해 GPGPU는 코어의 그래픽 처리 능력은 낮추고 연산 능력을 극대화하여 CPU를 대신할 수 있다. 이런 점으로 GPGPU는 향후 인공지능 연구에 큰 역할을 담당할 것으로 기대된다.

🏆 치열한 경쟁이 펼쳐지는 외장 GPU 시장

최근 인공지능, 자율주행차 산업에서 가장 주목받는 회사가 바로 엔비디아다. 기존 완성차 업체들은 자율주행차 시대에 테슬라에 대항하기 위해서는 엔비디아 AP가 대안이라고 생각한다. 모바일 혁명 때 구글 안드로이드 운영체제와 퀄컴 AP 역할을 향후 엔비디아가 담당할 것이란 관측이다.

배터리에 이어 전장 부품까지 내재화한 중국의 BYD도 AP는 엔비디아 칩을 쓸 수밖에 없었다. 사실 중국의 전기차 업체 대부분이 엔비디아의 '드라이브 하이페리온'을 채택하고 있는데, 이것은 고성능 컴퓨팅과 센서 아키텍처를 제공하는 것으로 알려졌다. 내연기관 자동차 업체들은 엔비디아 기술을 빨리 탑재하지 않는다면 모바일 시대의 노키아나 모토로라처럼 될 수 있다는 공포에 빠져 있다. 중국의 인공지능, 자율주행차 산업을 꺾기 위해 미국 정부가 엔비디아 칩 수출을 금지한 것도 이런 맥락에서다.

엔비디아의 독주 속에 구글의 웨이모, 모빌아이, 앱티브 등도 대항마가 될 가능성이 점쳐지고 있다. 엔비디아는 이미지 딥러닝 기술 부문에서 가장 앞서 있다는 평가다. GPU 솔루션에서 가장 많은 경험과 노하우를 보유하고 있기 때문이다. 자동차 업체와의 관계에서 엔비디아가 갑의 위치로 올라서는 것도 시간문제다.

외장 GPU 시장도 엔비디아가 80%의 압도적인 점유율로 꽉 잡고 있다. 이 시장은 2021년에는 254억 달러였지만 2028년에는 2465억 달러로 무려 10배가량 커질 것으로 전망된다. 핵심 수요처는 게임, 그래픽, 인공지능 및 데이터센터 등인데, 얼마 전부터 암호화폐 채굴까지 더해졌다.

이런 배경으로 엔비디아 제품의 가격은 매년 치솟고 있다. 엔비디아의 RTX3080은 출시 권장 가격이 699달러였지만, 암호화폐 채굴 수요로 두 배 이상 비싼 가격에 거래되기도 했다. 암호화폐 붐이 한창일 때 엔비디아 그래픽카드의 중고 거래가격은 RTX 3080가 약 200만 원, 최상위 모델 RTX3090가 약 350만 원, 저사양 RTX3060가 약 100만 원 수준이었다.

엔비디아의 독주체제에 먼저 제동을 걸고 나선 회사는 AMD다. AMD의 라데온은 TSMC 7나노미터 공정에서 만들어졌지만, 가성비를 무기로 엔비디아의 지포스에 도전장을 던졌다. 최근에는 인텔이 '아크'라는 이름의 외장 GPU를 내세우며 참전을 선언했다. 인텔 아크는 TSMC 6나노미터 공정에서 생산된다. 최근 인텔은 아크의 1세대 모델 '알캐미스트'를 출시했다.

현재 인텔은 내장 GPU 시장의 62%를 차지하고 있지만, 외장과 내장 GPU의 성능에는 10년 이상의 격차가 있다고 해도 무방하다. 이런 상황에서 인텔이 외장 GPU 시장에 비교적 연착륙할 수 있는 것은 2017년에 AMD 외장 그래픽카드 부문 수석 부사장 출신 라자 코두리Raja Koduri를 영입한 효과라고 할 수 있을 것이다.

엔비디아, AMD, 인텔, 이 세 업체 간 그래픽카드 경쟁은 고대역 메모리HBM, High Bandwidth Memory[27] 수요를 견인할 것으로 기대된다. 현재 그래픽카드에는 HBM2가 주로 사용되고 있는데, 향후 HBM2E, HBM3가 점진적으로 적용될 것으로 보인다. 엔비디아는 데이터센터 CPU 시장에 진출하며 맞불을 놓는 등 인텔, 엔비디아, AMD 간 영역 파괴 경쟁은 현재 더욱 가속화 양상을 보이고 있다.

---

27 삼성전자, AMD, SK하이닉스 등에서 생산하는 3D 스택 방식의 D램에 필요한 고성능 램 인터페이스다.

인공지능이 사는 집, NPU

딥러닝deep learning은 머신러닝machine learning의 한 갈래 기술이다. 머신러닝이란 기계가 프로그램 없이 스스로 배울 수 있는 기능을 부여하는 기술인데, 이 용어는 1959년 미국의 컴퓨터 과학자 아서 사무엘Arthur Samuel이 처음으로 소개했다. 딥러닝은 머신러닝이 진화한 형태로, 기계가 사람처럼 학습하고 추론하는 능력을 갖도록 한다. 현재 시각, 촉각, 후각 등 감각을 기반으로 판단하는 방법까지 연구하고 있다. 텍스트 같은 정형 데이터뿐 아니라 이미지, 사운드 등 비정형 데이터도 활용한다.

NPUNeural Processor Unit(신경망 처리 장치)는 인간의 뇌처럼 동시다발적인 연산에 최적화된 프로세서다. NPU가 가장 먼저 적용된 분야는 스마트폰으로, 애플은 2017년에 출시한 아이폰X용 AP A11 바이오닉 칩에 처음 NPU를 적용했다. 화웨이도 비슷한 시기에 기린 970 AP에 NPU를 탑재했다. 삼성전자는 2018년 갤럭시10용 AP 엑시노스9820에 NPU 넣기 시작했다. 삼성전자는 2030년까지 NPU 연구 인력을 10배 늘린 2000명 수준으로 확대할 계획이다. 스마트폰은 데이터가 많고 테스트베드test bed[28]가 잘 갖추어져 있다. 애플 시리, 삼성 빅스비, 구글 어시스턴트 등 인공지능 비서 서비스도 활성화되어 있다. 생체 인식 기술과 카메라에도 인공지능이 대거 접목되는 추세다. 요즘 웬만한 스마트폰 카메라는 풍경, 인물 등을 인식하고 스스로 적합한 화질을 구현한다. 야간 촬영에도 NPU

---

28 신제품이나 신기술, 새로운 서비스의 성능과 효과를 시험하는 시스템을 말한다.

프로세서는 큰 역할을 하는데, 향후에는 자율주행차뿐 아니라 스마트 가전에도 NPU가 적용될 전망이다.

하지만 현재 인공지능 기술에는 한계도 존재한다. 특히 클라우드 인공지능의 경우 트래픽 증가 시 성능 저하, 개인 정보의 보안, 높은 탄소 배출량 등과 관련해 풀어야 할 숙제가 산적해 있다. 이런 문제 해결이 쉽지 않은 만큼 클라우드 인공지능은 그 단점을 보완한 온 디바이스 인공지능On Device AI으로 발전할 것으로 보인다.

NPU는 인공지능이 사는 집이다. 현재 아이폰의 시리는 클라우드에 살고 있지만, 향후 온 디바이스 인공지능이 정착하면 우리 손안으로 들어올 가능성이 높다. 영화 〈아이언맨〉의 '자비스'처럼 말이다. 사람들은 점점 더 많은 디바이스를 사용하며 데이터를 상호교환하게 될 것이다. 이에 따라 멀티 아이덴티티multi identity와 멀티 디바이스multi device[29]가 자연스럽게 안착될 것으로 보인다.

인공지능 기술 발달은 반도체 산업의 진화 없이는 이루어지기 힘들다. 기존의 폰 노이만 구조Von Neumann architecture[30] 컴퓨팅은 각 시스템이 분절되어 있는 탓에 연산을 할 때마다 시간과 에너지 소모가 크고, 이런 단점으로 인해 인공지능 구현에 어려움이 있다. 인공지능 성능을 끌어올리려면 인간의 뇌처럼 연산과 메모리를 일체화해야 하는데, 이때 사용할 수 있는 것이 인간의 뇌 구조를 모방한 뉴로모픽 반도체neuromorphic chip다.

문제는 뉴로모픽 반도체가 기존 D램과 S램으로는 읽기 속도나 집적도 등에서 한계를 보인다는 것이다. 향후 물질 내 전기 저항 변화

---

29 사용자가 인터넷상의 서비스나 콘텐츠를 PC나 스마트폰, 태블릿과 같이 다양한 디바이스로 이용할 수 있는 환경을 말한다.

30 미국의 물리학자 존 폰 노이만(John von Neumann)이 제시한 컴퓨터 구조로, 주기억 장치, CPU, 입출력 장치로 이루어진다. 오늘날 사용하고 있는 대부분 컴퓨터의 기본 구조다.

를 이용한 저항변화램ReRAM, 물질 내 저항 변화에 따른 상변이를 이용한 상변화램PRAM, 강유전체 소재의 커패시터를 이용한 강유전체램FeRAM 등 새로운 메모리 소자를 적용해 보다 완성도 높은 인공지능 반도체가 개발될 전망이다.

메인 메모리의 최종 지향점은 뉴로모픽 반도체로 넘어가는 것이고, 스토리지 형태는 DNA 형태로 진화하는 것이다. 메모리 발전은 P나노미터Processor Near Memory에서 PIMProcessor in Memory으로, 그다음 CIMComputing in Memory으로 이어질 전망이다. P나노미터는 하나의 패키지 안에서 패키지 투 패키지package to package로 연결되는 기술로 캐시 메모리와 유사하다. 이것은 지금 하나의 패키지 안에 다이 투 다이die to die로 CPU와 메모리가 연결되는 PIM 구조로 진화하고 있다. PIM에서 진화한 CIM은 하나의 다이에 메모리와 CPU가 공존하는 형태다.

예정된 성장, 인공지능 반도체에 주목하라

4차 산업혁명 시대에 디지털 전환은 선택이 아닌 필수다. 모든 사물이 통신으로 연결되는 초연결 사회는 이미 눈앞에 다가와 있으며, 디지털화를 위한 가장 기초적인 인프라가 바로 반도체다. 초연결 사회는 우리 삶에 어떤 의미가 있을까? 디지털화와 연결이라는 기술의 목적 중 하나는 사람들의 행동 반경과 업무 환경의 가시화를 이루는 것이다. 가시화를 이루면 빠르고 정확한 의사 결정을 할 수 있고 나의 경험을 통한 지식과 실제 상황에서 발생하는 정보의 차이가 줄어든다. 인류가 경험하지 못했던 디지털 시대의 특징이다.

예를 들어 나는 코스트코에서 쇼핑하는 것을 좋아하는데, 이곳은 항상 사람들로 붐비기 때문에 마감 1시간 전인 저녁 9시에 간다. 이는 나의 경험에서 나온 지식이다. 그런데 가끔 이 시간에 사람들이 많아 긴 줄을 서는 경우가 있다. 이때 가시화라는 기능이 엄청난 도움이 된다. 구글맵을 이용하면 실시간 코스트코 고객 이용률을 평소와 비교할 수 있다. 즉, 경험으로 인한 지식이 아닌 명확한 데이터로 의사 결정을 하는 것이다. 이때 '리얼 타임Real Timem'이라는 기술이 중요하다.

리얼 타임은 시스템에 데이터가 발생하면 즉시 계산을 처리하고 그 결과를 데이터 발생 지점으로 되돌려 보내는 정보 처리 방식이다. 이를 공장에 적용하면 스마트 팩토리가 되고, 도시 전체에 적용하면 스마트 시티가 된다. 이런 시스템에서는 업무 및 생활 환경 주변을 센서가 감지하고, 취합된 데이터를 온라인으로 보내준다. 빅데이터를 의미 있게 분석하고 해석할 수 있는 인공지능 플랫폼도 필요한데, 반도체와 이를 운용할 소프트웨어가 모든 기초 인프라가 된다.

자율주행차는 현재 최첨단 인공지능 기술의 집약체라 할 수 있는데, 리얼 타임으로 작동하지 않으면 사고가 발생할 위험이 있다. 리얼 타임을 채택한 테슬라의 자동차는 사고 발생률이 다른 자동차 대비 10분의 1 수준에 불과하다. 무선통신으로 소프트웨어를 업데이트하는 OTAOver The Air(무선 업데이트)를 자동차에 적용하는 일은 굉장히 기술 난도가 높지만, 테슬라는 자체칩 설계, 소프트웨어 설계, 운용 플랫폼 등을 전부 내재화하고 있어 가능하다. 자율주행차가 개발이 진전되고 있고 실제로 도로를 달리게 될 날이 다가오고 있는 만큼, 앞으로 이를 위한 고성능 칩이 더 많이 필요해질 것으로 관측된다. 현재 상태에서는 엔비디아가 자율주행차 시대에 운영체제와 AP를 제공하는 역할을 담당할 가능성이 높아 보인다.

인텔은 인공지능 시장에 적응하기 위해 자체적 기술보다는 외부의 기술에 눈을 돌리고 있다. 2019년에는 20억 달러에 인수한 이스라엘의 스타트업 하바나 랩스를 통해 인공지능 전용칩 가우디2 프로세서를 출시했다. 엔비디아 소프트웨어 플랫폼 쿠다에 대응해 관련 소프트웨어 개발에도 집중하고 있다. 하바나 랩스는 가우디 인공지능 훈련용 프로세서 출시하며 그 제품이 엔비디아보다 빠른 연산 속도를 제공한다고 설명했다. 이들은 또 인공지능의 알고리즘 기반 추론 작업에 특화된 칩 그레코를 내놓기도 했다.

06

기술력이 비즈니스 판도를 바꾼다

시스템 반도체는 왜 중요할까?

시스템 반도체는 미래 유망 산업 및 서비스 창출과 직결되는 핵심 부품으로 최근 경제, 산업에 미치는 파급 효과가 굉장히 크다. 보통 적용되는 제품에서 핵심적인 역할을 하는 것이 바로 시스템 반도체이므로, 새로운 서비스를 구현하기 위해서는 반드시 관련 기술을 확보해야 한다. 시스템 반도체는 메모리 반도체에 비해 산업 규모가 크고 변동성이 낮은 편이기에 경제적인 측면에서 더욱 무시할 수 없는 중요성을 지닌다.

시스템 반도체는 현재 세계 반도체 시장의 70%라는 큰 비중을 차지하고 있고, 메모리 반도체는 30%에 불과하다. 시스템 반도체 시장의 60%는 퀄컴, 엔비디아, AMD, 텍사스인스트루먼트 등 미국 기업 차지다. 아시아 반도체 강자 중 하나인 대만의 기업 중에는 미디어텍, 노바텍, 리얼텍 등이 이 시장에서 공고히 자리잡고 있다. 미국의 견제에도 불구하고 하이실리콘, 유니SOC, ZTE마이크로일렉트로닉스 등의 중국 기업들도 약진을 거듭하고 있다.

최근에는 사물인터넷, 스마트카, 웨어러블 디바이스 등 ICT 융합이 본격화되면서, 시스템 반도체 중에서도 특히 소프트웨어가 융합된 지능형 반도체intellectual semiconductor[31]가 주목받고 있다.

🎙 국내 팹리스 현황을 알아보자

국내에서는 삼성전자 시스템LSI, LX세미콘, 어보브반도체, 동운아나텍, 텔레칩스, 칩스앤미디어(설계자산 제공) 등의 기업들이 팹리스 사업을 영위하고 있다. 이런 기업들의 주요 생산품은 DDI,[32] CIS, AF 드라이버 IC,[33] PMIC 등이다.

삼성전자 시스템LSI는 모바일 AP 엑시노스 시리즈를 설계하는데, 삼성전자의 스마트폰 갤럭시 시리즈에 주로 공급하고 있다. 엑시노스 AP는 한때 퀄컴의 스냅드래곤과 함께 프리미엄 안드로이드 스마트폰

---

31 인간과 기기 간의 소통을 도모하거나 인간의 지적 기능을 대신하기 위해 인공신경망을 하드웨어에 직접 구현하는 새로운 개념의 반도체다.
32 Display Driver IC. 디스플레이를 구성하는 화소들을 조정해 다양한 색을 구현토록 하는 구동칩이다.
33 Auto Focus Driver IC. 피사체에 초점을 자동으로 맞추는 기능을 하는 구동칩이다.

시장을 주도했지만, 지금은 발열 등 문제로 허우적거리고 있는 실정이다. 삼성전자 시스템LSI는 카메라에 쓰이는 CIS 아이소셀 시리즈도 설계하며, 이 분야에서 소니에 이어 세계 2위 자리를 차지하고 있다. DDI는 세계 1위다.

LX세미콘은 단일 기업으로는 국내 최대 팹리스다. TV용 디스플레이뿐 아니라 모바일용 DDI를 주로 설계한다. 중소형 OLED용 DDI는 LG디스플레이를 통해 애플에 공급하고 있다. LX세미콘은 PMIC 등 신성장 동력 확보에 집중하고 있으며, 최근 텔레칩스의 지분 10.93%를 확보했다.

어보브반도체는 2006년에 매그나칩에서 독립한 업체로, 가전용 MCU를 주로 설계한다. 최근 성장 동력 확보를 위해 급속 충전기용 MCU뿐 아니라 전자 담배용 MCU 시장에도 진출했다. 동운아나텍은 카메라 모듈 핵심 부품인 자동초점 액추에이터 IC를 주로 설계한다. 손떨림 방지 IC, 햅틱 IC 등으로 시장에 진출하여 부가가치를 높이고 있는데, 중국 스마트폰 매출 비중이 높은 편이다. 또 텔레칩스는 차량용 인포테인먼트 IC를 주로 설계하고 있으며, 칩스앤미디어는 텔레칩스의 자회사로 비디오 설계자산을 팹리스 업체에 공급한다.

휴대폰 시장이 피처폰에서 스마트폰 시대로 전환되면서 국내 팹리스 업체들은 상당한 어려움을 겪었다. 현재 살아남은 업체들은 자신만의 영역을 개척하는 등 경쟁력을 강화하고 있는데, 향후 급성장할 자율주행차, 사물인터넷 시장에서 기회를 잡으려는 노력이 필요하다. 설계 인력 확보의 어려움 또한 우리 팹리스 산업이 장기적으로 풀어야 할 숙제다.

글로벌 팹리스 시장은 2010년 635억 달러에서 2020년 1300억 달러로 10년 만에 두 배 이상 급증하는 빠른 성장세를 보이고 있다. 대만 팹리스 업계는 미국에 이어 세계 2위 수준의 경쟁력을 확보하고 있는데, TSMC는 미디어텍과 같은 자국 팹리스 기업과 끈끈한 협력 관계에 있다. 이런 상황에서 SK하이닉스의 생태계 전략이 주목된다. SK하이닉스는 국내 팹리스 업계 수준에 맞춰 DDI, PMIC, MCU 등 8인치 팹 생산능력 확대에 집중하고 있다. 8인치 특화 파운드리 기업인 키파운드리도 완전히 인수하는 데 성공했다.

🎙 스마트폰의 두뇌, 애플리케이션 프로세서

AP는 스마트폰의 두뇌 역할을 하는 반도체로서 현재 쓰이는 반도체 중 미세공정 수준에서 가장 앞서 있다. CPU, GPU, NPU, ISP Image Signal Processor(이미지 시그널 프로세서), BP baseband processor(통신 프로세서) 등 여러 기능이 SoC system on a chip(시스템 온 칩)[34]로 하나의 다이 위에 구현되어 있는 형태다.

AP 관련 대표적인 브랜드는 삼성전자의 엑시노스 시리즈, 퀄컴의 스냅드래곤 시리즈, 애플의 A 시리즈, 미디어텍의 헬리오 시리즈 등이 있다. 화웨이의 자회사 하이실리콘이 설계한 기린 AP 시리즈도 한때 세계 10위권 순위에 들었지만, TSMC의 첨단 파운드리 서비스가 끊기

---

34 여러 가지 반도체 부품이 하나로 집적되어 한 개의 칩에 하나의 시스템이 들어 있는 것을 뜻한다.

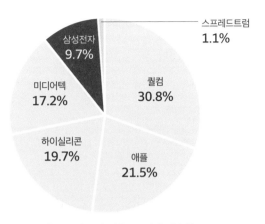

2022년 글로벌 스마트폰 AP 시장 점유율

*출처: 스트래티지애널리틱스

면서 몰락했다.

AP 성능이 좋아질수록 D램과 낸드플래시 성능도 개선되는 특징이 있다. 현재 AP 시장에서 가장 강력한 칩은 애플 A 바이오닉 시리즈다. 아이폰14 프로 시리즈에 적용된 A16 바이오닉 칩셋에는 애플이 자체 설계한 CPU, GPU, NPU가 적용되었다. 이 칩셋은 TSMC 4나노미터 공정으로 만들어진다.

애플은 2010년에 독자 설계한 AP A 시리즈를 선보였는데, CPU 설계를 내재화한 것이 특징이었다. 이어 2014년에는 GPU 세미커스텀을 시작하여 CPU에 이어 GPU 설계까지 내재화하게 되었다. 2017년에 애플은 CPU, GPU, NPU 등 3개 프로세서 블록을 독자기술로 설계했다. 이후 모바일 시장에서 애플 AP 성능을 따라잡은 팹리스 업체는 없다. 경쟁사들 입장에서 다행인 점은 애플 A 시리즈의 칩이 자사 제

AP를 구성하는 반도체들의 기능과 특징

구성	기능과 특징
CPU	컴퓨터는 X86 계열 CISC을 사용하는 데 비해 모바일은 ARM RISC를 사용한다. 클럭, 코어, 제조 공정 수치가 성능을 좌우하는데 클럭과 코어수는 높을수록, 공정은 낮을수록 바람직하다. 이를테면, 2.3기가헤르츠 쿼드 코어 14나노미터 공정보다 2.9기가헤르츠 헥사 코어 5나노미터 공정이 좋다.
GPU	2D, 3D 등의 그래픽을 처리한다. 삼성전자는 AMD GPU 채택하고 있고 퀄컴은 자체 GPU 아드레노를 사용 중이다. 그래픽 성능을 가속하는 그래픽카드에 탑재되어 게임 사용자들에게 가장 중요한 부품 중 하나로 여겨진다.
NPU	인공지능 구현에 쓰이는 신경망 반도체다. 0.1~1초 이내 연산 처리를 하여 사진 촬영 시 노출, 선명도, 색감 등을 순식간에 보정할 수 있다.
모뎀	3세대 이동통신 기술, LTE, 와이파이 등 통신을 담당한다. 퀄컴은 모뎀칩을 AP로 원칩화 해 크게 성공했다.
VPU(Visual Processing Unit)	비디오 프로세싱 유닛으로, 초고화질 영상 처리를 담당한다. 4K 영상을 끊김 없이 재생할 수 있다. 현재 GPU에 통합되는 추세다.
DSP (Digital Signal Processor)	오디오, 영상 신호 처리 등을 담당하는 디지털 시그널 프로세서다. 최근 오디오 성능이 중요해지면서 별도 DAC(Digital to Analog Converter, 디지털 투 아날로그 컨버터) 칩이 추가되기도 한다.
ISP	CIS에서 들어오는 로 데이터를 가공한다.
GPS(Global Positioning System)	인공위성을 이용해 위치를 알아내는 시스템으로 모든 스마트폰에 탑재되어 있다.

품에만 쓰인다는 것이다.

안드로이드 계열에서는 퀄컴이 가장 강력한 AP 설계기술을 보유하고 있다. 스냅드래곤 시리즈는 삼성전자 갤럭시S22 같은 프리미엄 스마트폰에 주로 채택되고 있다. 현재 퀄컴은 8세대 스냅드래곤 제품에 주력하고 있다.

삼성전자 엑시노스 시리즈는 초기 갤럭시S 시리즈에서는 강력한 성능을 자랑했지만, 점점 힘이 약해지고 있다. 10나노미터 이하 공정부터 발열 문제를 잡지 못한 탓이다. 이번 갤럭시S22에 적용된 엑시노스2200은 AMD의 RDNA2 GPU 설계까지 채택하면서 부활을 노렸지만 결과는 그리 좋지 않았다. 고성능 게임 가동 시 자동으로 성능이 다운그레이드 되는 GOS Game Optimizing Service 문제로 인해 크로스 플랫폼 긱벤치의 벤치마크 테스트에서 제외되는 수모를 겪었다. 퀄컴의 스냅드래곤 8세대와 엑시노스2200는 모두 삼성전자 파운드리 5나노미터 공정에서 만들어졌다. 엑시노스2200은 NPU를 채용하고 있지만, 스냅드래곤은 다른 반도체가 NPU 역할을 담당하는 차이점이 있다.

대만의 미디어텍은 주로 저가용 AP를 설계하는 업체라는 오명을 가지고 있었다. 그러나 최근에는 상당한 전성비(전력 대비 성능)를 보이며 약진 중이다. 삼성전자 스마트폰에 탑재되는 비중은 2020년 16%에서 2021년 37%까지 증가했다. 중국 스마트폰 시장에서는 하이실리콘이 몰락한 반사이익도 톡톡히 누리고 있다. 한때 35%의 점유율로 세계 AP 시장 1위를 달성하기도 했고, 2021년 5월에는 시총 약 70조 원으로 TSMC에 이어 대만 증시 시총 순위 2위에 올랐다.

화웨이의 자회사 하이실리콘이 설계하는 AP인 기린은 2020년 화웨이의 메이트40에 마지막으로 적용된 후 몰락의 길을 걷고 있다. 7나노미터 공정을 담당하던 TSMC 파운드리 이용이 막힌 탓이다. 자국 SMIC에서 14나노미터 핀펫 공정을 적용한 기린 AP를 개발 중인데, 중국인들의 애국심에 기댄다고 해도 재기 가능성은 낮아 보인다. 구글이 화웨이 스마트폰에 대해 안드로이드 운영체제 업데이트 서비스를 중단함에 따라 자체 개발한 하모니 운영체제를 사용 중인 것도 문제점이다.

🦅 주문형 반도체 ASIC와 CMOS 이미지센서

의류에 비유하면 특정 용도 표준 제품인 ASSP Application Specific Standard Product 는 기성복, 주문형 제품인 ASIC Application Specific Integrated Circuit 는 맞춤복에 비유할 수 있다. ASIC는 개발 단계 비용이 비싼 편으로 애플 M1, 구글 TPU가 대표적인 예다.

프로그래머블 반도체 FPGA는 고객이 반도체를 산 뒤 회로를 직접 설계할 수 있다는 점에서 DIY 키트에 비유할 수 있다. 항공, 우주, 방위 산업, 통신 장비 분야 등 고성능 반도체가 필요한 특수 영역에서 쓰여 그 수요는 제한적이다.

인공지능 기술이 무르익으면 지금처럼 GPU를 쓰기보다는 최적화된 ASIC 반도체를 쓸 가능성이 높은데, 2025년부터 인공지능 반도체의 ASIC화가 본격화될 것으로 보인다.

CIS(CMOS 이미지센서)는 시스템 반도체의 일종으로 카메라 렌즈로 받아들인 빛을 전기 신호로 변환하여 처리 장치에 전달한다. 스마트폰 등 다양한 IT 기기에서 눈 역할을 하는 것이다. 현재 휴대폰의 카메라를 넘어 보안, 로봇, 자율주행, VR(가상현실)과 AR(증강현실) 등 다양한 분야로 확장되고 있다.

2021년을 기준으로 살펴보면 세계 CIS 시장은 소니가 40%, 삼성전자가 22%, 옴니비전이 12%, ST마이크로가 6%, 갤럭시코어가 4%, 온세미컨덕터가 4%, SK하이닉스가 2%의 비중을 차지하고 있다.

삼성전자는 1위 자리에 있는 소니를 추격하기 위해 세계 최소 픽셀 크기인 0.64마이크로미터, 5000만 화소의 아이소셀 JN1을 출시했다.

그 뒤 2021년 9월에는 0.7마이크로미터 픽셀의 1억 800만 화소 제품을 선보이기도 했다. 소니의 최신 기술은 0.8마이크로미터 픽셀, 6400만 화소 수준이다. 시장조사 업체 IC인사이츠에 따르면 CIS 출하량은 2025년에 135억 개로 확대되며, 연평균 20% 성장률을 기록할 것으로 관측된다.

🎙 드라이버 구동칩 DDI와 전력 관리칩 PMIC

DDI는 디스플레이 전기 신호를 빛 에너지로 전환하여 '화면을 통제하는 마술사'라는 별명으로 불리기도 한다. 카메라에 쓰이는 CIS와 반대의 역할이라고 볼 수 있는데, 우리 가정에 있는 TV나 모니터 패널의 위아래에 붙어 있다. 화면 테두리, 즉 베젤이 좁아지면서 칩을 위로 구부려 넘기는 방식으로 처리된다.

DDI는 PDDI(대형 디스플레이용)와 MDDI(모바일 디스플레이용)로 구분된다. 타이밍 컨트롤러 칩에서 입력된 화상 정보가 신호로 전환되면 이에 따라 디스플레이의 화소들을 구동하고 조절하는데, 통상 모바일용 DDI에는 타이밍 콘트롤러가 들어가 있다. 우리나라는 세계 DDI 시장 점유율에서 2002년부터 부동의 1위를 차지하고 있다.

PMIC Power Management Integrated Circuit는 전자기기의 각 부분에 필요한 전력을 정확하고 효율적으로 공급해주는 칩으로 아날로그 반도체의 일종이다. 하나의 디바이스에는 다양한 반도체가 필요한데, 요구 전압이나 전류가 제각각이다. 배터리가 저수지라면, PMIC는 각 부분에 전기를 보내주는 배수관 역할을 한다.

통상 스마트폰에는 10개 정도 PMIC가 적용되는데, 고사양 스마트폰일수록 채택 수량이 많아진다. AP같은 SoC에는 전력이 바로 공급되어야 성능이 좋아진다. PMIC의 역할이 매우 중요한 이유다. 무선충전 같은 기능과 배터리 잔량 게이지도 PMIC에서 지원한다.

스마트폰 등의 기기에 적합하도록 접속 단자를 얇게 만든 마이크로 USB의 단자는 C타입인데, 여기에도 PMIC의 지원이 필요하다. 스마트폰뿐 아니라 애플 에어팟 같은 소형 웨어러블 기기에도 PMIC가 반드시 필요하다. 쉽게 이야기하면 배터리가 있는 곳에는 PMIC가 필요하다고 할 수 있다.

쇼티지의 대명사, 차량용 반도체

자동차용 MCU를 주로 생산하는 업체는 NXP, 르네사스, 인피니언 등이다. 차량용 반도체는 기능을 기준으로 센서, 컴퓨팅, 액추에이터로 분류된다. 얼마 전까지 공급 부족이 심각했던 쪽은 액추에이터용 MCU다. 퀄컴이 NXP를 인수하려 한 이유도 액추에이터용 MCU에 있다. 퀄컴의 칩은 컴퓨팅 성능은 뛰어나지만, 센서와 액추에이터 기술은 부족한 편이다.

현재 주요 차량용 반도체 업체들은 70% 정도는 자체 팹에서 생산하고, 30% 정도는 파운드리를 이용 중이다. 최근 8인치 팹 파운드리 쇼티지 문제로 차량용 반도체 생산에 차질을 빚는 일이 있었다. 2021

년 세계 3위 차량용 반도체 업체인 일본 르네사스의 팹에 화재가 발생해 수급이 더욱 빡빡해졌다. 인텔이 차량용 반도체를 생산해서 공급하겠다고 했지만, 결국 물량이 풀리고 상황이 안정되기까지는 상당한 시간이 소요되었다.

🎙️ 차량용 반도체 공급 부족 사태의 이유

차량용 반도체 공급 부족 사태가 일어난 것은 2020년부터 시작된 코로나19 팬데믹 이후 완성차 업체들의 전망이 완전히 어긋났기 때문이다. 코로나19 이전 차량용 반도체는 역성장하는 산업이었다. 완성차 업체들은 코로나19 창궐로 차량용 반도체 수요가 더 크게 감소할 것으로 생각하고 수요 계획을 대폭 축소했다. 그런데 이런 예상과 달리 2020년 하반기부터 자동차 판매량이 크게 늘어나면서 수급 불일치 상황이 심화된 것이다.

파운드리 업체들은 차량용 반도체 발주 감소로 IT용 칩 생산에 집중했는데, 예상 외로 빠른 속도로 자동차 수요가 회복되면서 모든 상황이 꼬였다. 텍사스인스트루먼트, 인피니언, ST마이크로 등의 시스템 반도체 업체들은 몇 년 전부터 생산시설을 줄이는 '팹 라이트fab-lite' 움직임을 보여왔고, 이렇게 부가가치가 낮은 칩을 파운드리에 맡겨놓던 탓에 생산을 탄력적으로 조정하기 힘들었다.

차량용 반도체는 진입 장벽은 높은데 가격은 자동차 원가의 1~2% 수준에 불과해 과소평가되어 왔다. 마진율도 낮았다. 시스템 반도체 업체 입장에서는 '재미없는' 시장이었던 셈이다. 파운드리 업체 입장에서도 마진율이 좋은 서버, 모바일 등의 비중을 줄이고 차량용으로 투입량을 늘릴 이유가 없다. 신뢰성이 까다로운 점도 차량용 반도체 비중 확대를 꺼리는 이유다. TSMC도 차량용 반도체 생산 비중이 4%에 불과하다.

일반 내연기관 자동차에 탑재되는 반도체로는 8인치 파운드리 중 40나노미터~65나노미터 MCU 공급이 가장 부족한데, TSMC와 UMC가 주로 담당하는 공정이다. 차량용 반도체 부족으로 완성차 제조업이 직격탄을 맞은 유럽 각국은 대만 정부에 SOS를 보내기도 했다.

현재 자율주행 기술이 일부 적용된 전기차에는 1000개 이상의 반도체가 필요하다. 기존의 저성능 차량용 반도체가 자율주행 기술 발전으로 고성능 반도체로 전환되는 추세다.

지금으로서는 차량용 반도체 시장이 규모가 크지 않고 하이테크 산업도 아니지만, 향후에는 시장도 점점 커지고 고성능 컴퓨팅 파워가 필요해질 전망이다. 그런데 차량용 반도체는 8인치(약 200밀리미터) 웨이퍼에서 생산하기 때문에 신규투자를 하기도 쉽지 않아 구형 팹의 중고 장비를 사서 설치해야 한다는 어려움이 있다. 이런 상황에 중국이 구형 8인치 중고 장비를 블랙홀처럼 빨아들이면서 글로벌 재고도 점점 줄어들고 있다.

모빌리티 구독 서비스의 본격화에는 빅데이터 확보가 무엇보다 중요한데, 이를 위해서는 고성능 반도체 장착이 필수다. 예전에는 자동차를 살 때 오디오 기능이 어떤지, 지붕이 열리는지, 시트가 어떤지 등의 이야기를 했다. 하지만 이제는 자율주행차 옵션이 제일 중요하다.

스마트폰에 들어가는 반도체 개수가 10개 이상에 불과하다는 점을 차치하고 자율주행차용 반도체를 스마트폰으로 치환하면 연간 약 18억 대의 수요가 새로 생기는 것이다. 전에는 자율주행차를 '바퀴 달린 스마트폰'으로 불렀지만, 지금은 '바퀴 달린 서버', '바퀴 달린 슈퍼컴퓨터'로 보고 있는 이유다.

기존 자동차 업체들이 테슬라로부터 살아남으려면 동력원을 배터리로 바꾸는 것도 중요하지만, FSD(완전자율주행) 기술도 따라잡아야 한다. 기술이 안 되면 비용을 투입하는 수밖에 없다. 즉 하드웨어 스펙을 크게 높이는 수밖에 없다는 얘긴데, 중국 니오 전기차가 바로 이런 방법을 쓰고 있다. 니오 전기차 하드웨어를 보면, 8메가 픽셀 카메라 11개, 1200만 원짜리 라이다, 밀리미터파 레이다 5개, USS 초음파 12개를 채택했다. 데이터를 처리하기 위해 엔비디아의 고성능 칩셋 오린도 적용했다. D램만 22기가바이트에 이른다. 현재 배터리 사양에 따라 자율주행 옵션도 구독 시스템을 적용하고 있으며, 향후 C-V2X를 적용하면 퀄컴 통신칩을 채택할 것으로 예상된다.

삼성전자, 차량용 반도체 공략 속도를 올리다

전기차 확산과 인포테인먼트, 자율주행 기술의 발전으로 차량용 반도체 교체 주기가 7~8년에서 3~4년으로 단축될 것으로 보인다. 이에 따라 삼성전자는 고성능 차량용 반도체의 라인업 강화에 나서고 있다. 2021년 11월 삼성전자는 폭스바겐에 차량용 시스템 반도체를 공급한다고 발표했다.

삼성전자의 엑시노스 오토 V7은 인공지능 연산 기능을 제공하고, 인포테인먼트용 프로세서도 적용되었다. NPU가 탑재되어 가상 비서, 음성, 얼굴, 동작 인식 기능 등을 제공한다. 엑시노스 오토 V7은 ARM 코어텍스 A76 코어 8개, 말리 G76 코어 11개가 적용되어 있으며, 최대 4개의 디스플레이를 동시에 제어할 수 있고 12대의 차량 카메라도 지원한다.

삼성전자는 테슬라 등 자율주행차 업체에 고성능 SSD, 그래픽 D램 등 메모리 반도체도 공급한다. 차량 인포테인먼트용 PCIe 3.0 NVMe 256기가바이트 SSD, 2기가바이트 DDR4 D램, 2기가바이트 GDDR6 그래픽 D램 등 3종을 선보였으며 자율주행차용 2기가바이트 GDDR6 그래픽 D램, 128기가바이트 UFS Universal Flash Storage(범용 플래시 저장 장치) 2종도 공개했다. 삼성전자의 차량용 반도체는 품질 기준 AEC-Q100 인증을 받았다.

🦿 차량용 반도체 설계에 착수한 현대차

현대차도 차량용 반도체 설계의 중요성을 인지하고 내재화에 착수했다. 현대모비스는 2021년 3월 현대오트론으로부터 1332억 원에 반도체 부문을 인수했다. 우선 기술 난도가 낮은 PMIC와 MCU 국산화를 시도하고 있다. ADAS Advanced Driver Assistance Systems(운전자 지원 첨단 시스템) 반도체와 SoC인 인포테인먼트용 AP는 장기적인 계획으로 개발을 진행할 예정이다.

현대차가 차량용 반도체 내재화에 성공하려면 무엇보다 파운드리 문제 해결이 관건이다. 삼성전자는 10나노미터 이하 고성능 파운드리에 집중하고 있으며, 일반 차량용 반도체 생산라인에 투자할 가능성은 낮다. 현재 세계 차량용 반도체 파운드리의 70%를 TSMC가 담당하고 있는데, 공급 부족 사태 때는 팹리스들이 거의 줄을 서 있을 정도였다. 현대차로서는 TSMC에 맡기려 해도 가격 협상이 어려울 수도 있다. 의뢰할 물량 자체가 그리 많지 않기 때문이다.

이런 배경에서 현대차가 DB하이텍 인수에 나설 것이란 전망이 나오고 있다. DB하이텍이 보유한 8인치 파운드리와 현대차의 설계 능력이 시너지 효과를 낸다면 차량용 반도체의 내재화 가능성은 좀 더 높아질 것이다.

차세대 반도체에는 어떤 것들이 있을까?

인공지능 시대가 본격화되면서 기존의 폰 노이만 구조 컴퓨팅의 한계를 뛰어넘을 수 있는 반도체가 요구되고 있다. 인공지능은 동시다발적으로 많은 데이터를 처리해야 하므로 GPU나 NPU 같은 프로세서가 필요하다. 프로세서에 대량의 데이터를 한꺼번에 보내려면 D램과 낸드플래시만으로는 한계가 있다. 이에 따라 PC램, Re램, STT-M램 등 새로운 차세대 메모리가 주목받고 있다.

인공지능과 함께 에너지 분야에서도 반도체 혁신이 요구된다. 화석연료를 줄이고 탄소 제로 정책을 시도하는 것은 글로벌 트렌드다. 이런 흐름은 태양광, 풍력 등 신재생에너지 개발에 그치지 않는다. 전기차 비중의 확대로 기존 실리콘 반도체를 넘어선 화합물 반도체를 개발해야 할 필요성도 커졌다. 이렇게 화합물 반도체 시장이 커지면서 새로운 강자들이 쏙쏙 등장하고 있다. 반도체 기술 독립에 나선 중국도 화합물 반도체를 미래 핵심 산업으로 집중 육성하고 있다.

🎙 D램과 낸드플래시의 한계를 넘는 차세대 메모리

차세대 메모리는 기존 D램과 낸드플래시의 기술적 한계를 넘어서는 가능성을 제시하고 있다. 그동안 공정상의 한계, 높은 생산 비용이라는 단점 탓에 상용화의 벽을 넘지 못했지만, 인공지능 반도체 수요가 늘어남에 따라 차세대 메모리가 새로운 애플리케이션에 적용될 것으로 보인다. 미국의 전기전자학회 IEEE에서 진행하는 학술행사 'IMW2022International Memory Workshop2022'에서는 STT-M램 애플리케이션의 확대 가능성이 제기되기도 했다.

현재 차세대 메모리로는 PC램, Re램, STT-M램 등이 손꼽히는데, 모두 저항의 높낮이로 0과 1로 구분하여, 커패시터 내 전하의 유무로 0과 1로 구분하는 기존 메모리와 차이를 보인다.

PC램은 결정질일 때 저항이 낮고 비정질일 때 저항이 높다. 또 전압을 가하면 결정질이 비정질로 바뀌는데, 이런 성질을 이용해 0과 1을 구분하는 것이다. Re램 소자 내부에는 전류가 흐르는 필라멘트가 있다. 이것이 끊어져 있으면 저항이 높고, 연결되어 있으면 저항이 낮은 특성을 보인다. STT-M램은 자석과 같은 물질을 이용한다. 소자 내 두

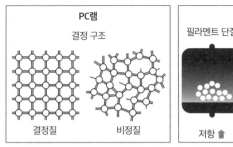 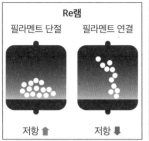 

PC램	Re램	STT-M램

PC램 — 결정 구조 — 결정질 / 비정질

Re램 — 필라멘트 단절 / 필라멘트 연결 — 저항 ⬆ / 저항 ⬇

STT-M램 — 극성이 다를 때 — 저항 ⬆

PC램, Re램, STT-M램의 구조 비교

개의 자석이 서로 다른 극성을 나타내면 저항이 높고, 같은 극성을 나타내면 저항이 낮다.

🏅 두 가지 이상의 원소로 만드는 화합물 반도체

화합물 반도체는 실리콘, 저마늄 같은 단원소 반도체와 달리 두 종류 이상의 원소로 구성되는데, 가장 많은 주목을 받고 있는 제품은 질화갈륨GaN과 실리콘카바이드SiC를 사용한 반도체다.

GaN 반도체는 화합물 반도체 중 가장 경제성이 뛰어나다. 스위칭 속도가 빠르고 밴드 갭이 높아 RF 장비와 레이더 산업에 많이 쓰인다. 청색 LED에 주로 쓰여 현존 화합물 반도체 중 가장 큰 시장을 보유하고 있다. GaN 전력 반도체를 쓰면 스마트폰, 노트북 PC 충전기의 크기를 40% 이상 줄일 수 있고 고속 충전이 가능하다. 하지만 집적도가 높은 IC회로 제작에 한계가 있다는 단점이 있다. GaN 반도체에 대한 기대감은 아직까지 상용화로 이어지지 못했다. 5세대 이동통신 기술 인프라 등 전방 시장 수요가 생각보다 약한 탓이다.

SiC 반도체는 실리콘 반도체 대비 10배의 전압과 2배 이상의 고열에서도 작동한다. 또 전력 손실을 획기적으로 절감할 수 있다. SiC 반도체는 6인치가 메인 웨이퍼로, 몇몇 업체들만이 생산을 담당하고 있어 공급 자체가 제한적이다. 이런 점으로 SiC 반도체 사용이 확산된다면 해당 업체들은 매우 크게 수혜를 입을 수 있다. 현재 SiC 반도체는 스마트 그리드, 친환경 전력 생산, 송배전 시스템에 필수적이다.

SiC 반도체의 또 다른 수요처로 주목하는 시장은 전기차다. 이것을 전기차 전력변환 모듈에 쓰면 배터리 효율을 10% 이상 끌어올릴 수 있다. 또한 실리콘 반도체 기반 인버터를 SiC 반도체 기반으로 바꾸면 부피와 무게 모두 축소할 수 있다. SiC 반도체를 채택한 테슬라 인버터가 대표적 예다. 이런 장점으로 SiC 반도체는 전기차, ESS Energy Storage System(에너지 저장 시스템) 수요가 확실하다는 판단이다. 이뿐 아니라 신재생에너지, 산업 시스템, 통신 인프라 등 다양한 분야에서도 활용도가 높아지고 있다. SiC 반도체를 의미있게 공급하는 업체는 울프스피드, 온세미컨덕터, ST마이크로, 투식스 등 4곳 정도다. SK실트론이 SiC 웨이퍼 사업에 굉장히 관심이 많은 편이다.

한편, 도요타는 덴소와 공동으로 SiC 전력 반도체를 개발해 현재 하이브리드 자동차 PCU(파워 컨트롤 유닛)에 적용하고 있다. 이렇게 해서 10% 연비 개선과 5분의 1 수준의 부피 소형화에 성공했다. 이들은 1989년부터 히로세 공장에서 차량용 반도체를 직접 생산해왔는데, 2013년에는 SiC 전용 반도체 클린룸을 확장했다. 세계 자동차 업체 중 반도체 설계 역량과 생산 공장을 보유한 유일한 회사인 만큼, 도요타의 핵심 무기를 전고체 배터리와 SiC 전력 반도체 두 가지로 꼽기도 한다.

이와 같이 화합물 반도체는 전기차, ESS 등 열과 전압이 많이 걸리는 영역에 주로 쓰인다. 몇 년 전까지만 해도 스마트폰 등 IT 디바이스는 발열 문제가 그리 큰 이슈가 아니었고 서버는 냉각 시스템이 워낙 잘되어 있었다. 하지만 전기차, 신재생에너지 등 새로 부각되는 산업은 열과 전압이 굉장히 높아졌다. 현재 이 시장은 인피니언, 온세미컨덕터, 로옴 등이 주도하고 있다. 글로벌 기업들은 8인치 웨이퍼 상업화에 돌입한 상태지만, 국내 업체들은 아직 6인치 생산을 시도하고 있어 국내외 기업 간의 기술 격차가 존재한다. 화합물 전력 반도체 활용 시 국내에서만 연간 5기가와트시의 전력량을 절감할 수 있는 만큼, 그 앞으로 사용 확대가 기대된다.

♟ 아이멕과 엑시트론이 구현한 고전압 GaN

반도체 연구기관 아이멕과 장비 업체 엑시트론은 200밀리미터 웨이퍼에서 1200볼트 고전압 GaN 반도체를 구현하는 데 성공했다. 그동안 이런 작업은 SiC 기반으로만 가능했었다. 독일의 엑시트론은 MO-CVD metalorganic CVD(유기 금속 화학증착) 장비를 생산하는 회사다. 현재 미국의 비코와 함께 MO-CVD 장비 분야를 선점하고 있다. SiC, GaN 기반 반도체는 실리콘 반도체 대비 3배 이상 밴드 갭이 커 10배 이상 고전압에 견딜 수 있다. SiC는 고전압에 버틸 수 있는 능력이 커서 전기차 인버터, 태양광 인버터, 고속 충전 등에 사용되고 있는데,

GaN보다 비싸다는 단점이 있다.

🎙 기술 국산화가 추진되는 SiC 반도체

포스코가 SiC 웨이퍼 소재를 개발 중이고, 현대차는 SiC 전력 반도체를 설계해 파운드리에 맡길 계획에 있다. 현재 아이오닉5에 적용된 인버터 파워모듈은 인피니언이 공급하고 있는데, 현대차는 향후 독자 개발한 SiC 반도체를 적용할 계획이다. 실질적인 개발은 현대차의 자회사 현대오토에버에서 담당할 것으로 보인다.

국내에서 유일하게 화합물 반도체 웨이퍼를 생산할 수 있는 곳이 SK실트론이다. 2020년 SK실트론은 듀폰으로부터 관련 사업부를 인수했다. SiC 기판 시장은 미국 크리가 40%, 일본 로옴이 35%를 차지하고 있다. 예스파워테크닉스는 한국전기연구원이 개발한 트렌치 구조 SiC 반도체 'MOSFET' 기술을 이전받아 보유하고 있다. 현재 SiC 반도체는 6인치 웨이퍼가 주력인데, 2025년쯤 8인치 전환이 유력한 상황이다. 이때가 되면 전력 반도체가 본격적으로 성장기에 진입할 것으로 보인다.

🎙 중국이 몰두하는 3세대 반도체

최근 중국은 SiC, GaN 기반 반도체 개발에 집중하고 있다. SiC는 높은 열에 잘 견딘다. 실리콘 반도체가 섭씨 175℃까지 견딘다면 SiC 반도체는 400℃에서도 끄떡없다. 전압도 실리콘보다 높게 견딜 수 있고, 크기도 기존보다 10분의 1로 줄어든다. GaN도 열과 전력에 견디는 한계가 SiC 수준과 비슷하다.

SiC는 고전력 분야, GaN은 고주파 전력 분야에 유리하다는 평가를 받는다. SiC는 자동차, 고속철도, 우주항공, 군사 등에, GaN은 5세대 이동통신 기술이나 LED 분야에서 사용될 수 있다.

두 소재는 실리콘으로 반도체를 만들던 기존의 공정을 그대로 이용할 수 있다는 장점도 있다. 다른 소재들을 제치고 차세대 반도체 재료로 조명받는 이유다. 차세대 반도체는 아직 확실한 주도권을 가진 곳이 없다. 실리콘 웨이퍼보다 제작 과정이 훨씬 더 까다로워서다. 물론 지금도 두 소재로 만든 반도체가 있지만 생산이 어려워 상용화와 보급은 더딘 상황이다.

만일 중국이 개발에 성공해 시장을 선도하면 미국의 반도체 패권에 맞서 싸울 무기를 얻을 수 있을 것이다. 현재 3세대 반도체 기술을 장악하고 있는 국가는 아직 없다고 할 수 있다. 중국이 이 분야에서 연구에 가속을 붙인다면 경쟁이 가능하다. 이게 바로 중국의 도박이다.

🎗 소이텍이 생산하는 특수 웨이퍼

소이텍은 프랑스 소재의 저전력 구현 특수 웨이퍼 생산 업체다. 고객사는 ST마이크로, 타워세미컨덕터, TSMC, 삼성전자, 인텔, 글로벌 파운드리스, 퀄컴 등이다. 주력 제품은 FD-SOI Fully Depleted Silicon On Insulator 웨이퍼다. 이것은 얇은 산화막을 형성해 트랜지스터 하부를 완전히 밀폐하는 역할을 하며, 누설 전류를 크게 감소하는 효과를 낸다. 작동 전압이 낮아 저전력 특성도 뛰어난 편이다.

소이텍은 5세대 이동통신 기술 관련 수요 증가 수혜를 톡톡히 누리고 있다. 캐시카우는 8인치 RF-SOI Radio Frequency SOI 웨이퍼인데 최근에는 12인치 RF-SOI 웨이퍼 성장률이 돋보인다. 소이텍은 2019년 벨기에 기업 에피간을 인수해 GaN 기술을 확보했다. 안테나 튜너, 이미지 시그널 프로세서, 내장형 M램, 저잡음 증폭기 등을 만들고 있다. 중장기 먹거리는 POI Piezoelectric On Insulator 웨이퍼, GaN-on-SiC 에피 웨이퍼 등이며 경쟁사는 크리, 투식스 등을 꼽는다. 국내에서는 SK실트론이 화합물 반도체 웨이퍼 사업 진출을 선언한 바 있다.

반도체 공정 소모품, 파츠

반도체 장비의 진공 챔버 내 환경은 고온, 고압, 케미컬 등으로 굉장히 가혹한 편이다. 따라서 공정 소모품은 보통 짧게는 2주마다, 길게는 6개월마다 교체해야 한다. 파츠 parts에 쉽게 손상되지 않는 높은 내구성이 요구되는 이유다.

반도체 부품용 소재로는 쿼츠, 실리콘카바이드 SiC, 알루미나 AL2O3, 질화알루미늄 AlN, 그라파이트 등 세라믹 재료가 사용된다. 전공정 장비에 쓰이는 파츠는 웨이퍼를 잡아주는 포커스링, 가스 케미컬 분사를 도와주는 일렉트로드, 일렉트로드를 지지하는 가이드링 등이 있다. CMP Chemical Mecanical Polishing(화학적·기계적 연마) 패드, 히터 블록, 정전척 등의 부품도 전공정 파츠다.

2021년 기준 세계 반도체 파츠 시장은 6조 원 이상의 규모로 추산된다. 공정별로는 마모율이 높은 식각 부문 파츠가 60%로 가장 높은 비중을 차지한다. 폴리실리콘 식각은 쿼츠, 옥사이드 식각은 실리콘, 메탈 식각은 알루미나를 주로 사용한다. 시장 규모는 쿼츠 4조 원, 실리콘 1조 원, 알루미나 5000억 원, 실리콘카바이드 3000억 원 정도로 추정된다.

회로 미세화로 인해 반도체 공정 환경이 더욱 혹독해지면서, 파츠 수요는 빠른 속도로 증가하고 있다. 그 대표적인 경우가 식각공정인데, D램 커패시터의 종횡비 상승, 낸드플래시 적층 단수와 채널 길이의 증가 등으로 인한 영향이다. 부품 마모 속도가 빨라져 교체 주기가 짧아졌고, SiC 포커스링 같은 내구성 좋은 신규 부품이 나와 수요가 증가하고 있다. SiC링은 실리콘링보다 2.5배 비싼데, 교체 수명은 50% 이상 길다. 이것이 SiC링을 독점 공급하던 티씨케이 주가가 고공행진을 했던 이유다.

♟ 현재 파츠 시장 상황을 알아보자

파츠 시장은 장비 업체에 공급하는 비포 마켓before maket과 삼성전자 등 반도체 소자 업체에 공급하는 애프터 마켓after maket으로 구분된다. 장비 업체들은 반도체 소자 업체에 납품할 장비에 쓰이는 파츠를 비포 마켓에서 사고, 소자 업체들은 납품받은 장비의 파츠가 소모되면 애프터 마켓에서 산다.

보통 비포 마켓에서는 까다로운 인증을 거친 정품이 유통되지만 애

실리콘링과 SiC링 비교

기준 \ 하부 포커스링	실리콘링	SiC링
평균판매 단가	80만~100만 원	260만~280만 원
교체주기	10~12일	15~20일
시장 규모	4000억 원(하부 기준)	2800억 원
관련 기업	하나머티리얼즈, 실펙스, MMC, SKC 솔믹스, 월덱스	티씨케이, 케이엔제이, 하나머티리얼즈

*출처: 삼성증권 추정 (2020년 기준)

프터 마켓에서는 이를 대체할 수 있는 품질을 확보한 저렴한 가격의 제품이 유통된다. 그래서 통상 비포 마켓 판매 가격이 애프터 마켓에 비해 20% 이상 높은 편이다. 최근에는 애프터 마켓 확대 흐름이 두드러진다. 반도체 소자 업체들이 원가 절감을 위해 월덱스, 케이엔제이 같은 애프터 마켓 업체에 러브 콜을 보내고 있다.

세정, 코팅 등을 통한 부품 재활용율 증가 움직임도 주목된다. 원익QnC, 코미코, 아이원스 등 파츠 업체들이 세정, 코팅 사업을 신성장 동력으로 키우고 있다. 메모리용 인터페이스 보드, 시스템 반도체용 로드 보드 등 후공정 테스트 소모품 시장도 점점 커지는 추세다. 티에스이, ISC, 테크윙 같은 업체들이 관련 사업을 진행 중이다.

파츠 제조에는 기계 가공, 표면 가공, 세정, 용접, 검사 등이 필요하다. 이 과정은 보석 세공과 비슷해 컴퓨터 정밀제어 기술과 다이아몬드 톱이 있어야 한다. 유전체[35] 식각(도쿄일렉트론 비중 60% 이상)은 일반적

---

35 전하는 통과할 수 없지만 대전될 수 있는 물질, 즉 부도체를 말한다. 공기, 일부 가스, 유리, 고무, 플라스틱, 폴리에틸렌 등이 이에 속한다. 영어로는 'dielectric'이라고 한다.

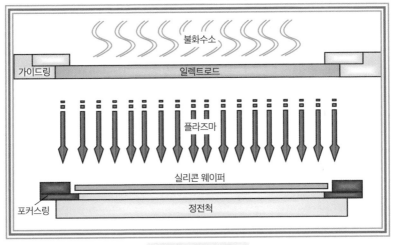

*출처: 신한금융투자

으로 D램 쪽에서 쓰며 실리콘링을 주로 사용한다. 이에 비해 전도체 식각(램리서치 비중 50% 이상)은 낸드플래시에서 주로 사용한다. 이때는 SiC링을 적용하는 추세다. 낸드플래시가 다른 반도체에 비해 훨씬 강한 식각이 필요하기 때문이다.

한편, 반도체 파츠의 세정과 코팅은 전에는 전문 외주 업체가 주로 담당했다. 파츠 업체들이 장비에서 파츠를 수거한 후 전달하면 전문 업체들이 세정과 코팅을 진행해 반환하는 식이었다. 하지만 최근에는 파츠 업체들이 사업 확장의 일환으로 이 시장에 진출하고 있는데, 반도체 미세화로 기술 진입 장벽이 점점 높아지고 있는 추세다.

🔩 파츠의 소재와 종류를 알아보자

① 쿼츠

석영 유리 소재로 CVD(화학적 기상증착), 확산공정, 산화공정 및 플라즈마 식각공정에 사용된다. 공정 진행 및 이송 소모품으로도 쓰이며, 특수 과학 장비로 활용되기도 한다. 쿼츠quartz는 실리콘으로 만들어진 반도체 웨이퍼와 화학적 성질이 가장 유사한 덕분에 공정에서 가장 많이 쓰이는 소재이기도 하다. 웨이퍼를 충격 및 불순물로부터 보호하거나 담는 용기 역할도 하는데, 화학 반응에 노출되어 2~3개월마다 교체해야 한다.

② 실리콘

실리콘은 일렉트로드, 실리콘 포커스링, 가이드링 등의 파츠 제조에 쓰이는 소재다. 일렉트로드는 식각공정에서 웨이퍼 표면에 플라즈마를 균일하게 분사시켜 미세회로를 식각할 수 있도록 한다. 가이드 링은 일렉트로드와 웨이퍼를 평행하게 고정하고, 포커스링은 플라즈마가 정확한 위치에 모이도록 하는 역할을 한다.

③ 실리콘카바이드

SiC(실리콘카바이드)는 플라즈마 내화학성, 내마모성이 좋은 재료다. 자연계에 존재하는 물질 중 다이아몬드와 탄화붕소 다음으로 단단하다. 실리콘, 알루미늄 등과의 확산이 없는 것도 장점이다. SiC링은 파티클particle(이물질) 문제 해결을 위해 CVD 공정으로 제조된다. SiC링 대표 업체는 티씨케이다. 현재 시장 점유율 80% 이상을 티씨케이가 장악하고 있는 가운데, 하나머티리얼즈, 케이엔제이 등 업체들이 시장에 진입했다.

④ 블랭크 마스크

블랭크 마스크blank mask는 포토마스크를 만드는 원재료로, 쿼츠 위에 금속 박막과 감광막을 얹은 형태다. 노광, 식각, 감광막 제거 과정을 거쳐 회로 패턴을 지닌 포토마스크로 만든다. 신에츠와 아사히글라스가 주로 반도체 블랭크 마스크용 쿼츠를 공급하고, 호야와 울코트가 블랭크 마스크 산업을 주도하고 있다. 국내에서는 에스앤에스텍, SKC 등이 국산화 노력을 하고 있는 중이다.

⑤ 펠리클

펠리클pellicle은 마스크를 보호하는 소모성 부품으로 필름 커버와 같은 역할을 한다. 수억 원에 달하는 마스크를 파티클로부터 보호해 사용 주기를 늘려준다. 이 파츠는 폴리머, 실리콘, 실리콘카바이드 계열 물질을 소재로 만드는데, 상용화를 위해서는 높은 투과율과 내열성이 요구된다. 현재 EUV 노광공정 확대로 그 수요가 빠른 속도로 증가하고 있다.

반도체 파츠 핵심 기업 소개

티씨케이

SiC링, 그라파이트 등 반도체 파츠를 생산하는 업체다. 일본 도카이카본이 자본을 투자해 1996년 '한국도카이카본'이라는 이름으로 설립한 회사로, 현재의 사명은 '도카이카본코리아'의 약자를 딴 것이다. 원래 SiC링 시장을 독점했지만, 하나머티리얼즈, 케이엔제이 등의 업체가 이 시장에 진입했다. 경쟁사들을 대상으로 장기간 특허 소송을 벌였지만 진출을 막지 못해 주가가 크게 밀렸다.

독점 구조는 깨졌지만 여전히 SiC 시장에서 강력한 영향력을 발휘한다. SiC 파츠 수요는 꾸준히 증가하고 있어 경쟁사 진입에도 실적 흐름은 훼손되지 않고 있다. 2022년 4월, 343억 원의 설비투자를 단행한 것만 봐도 수요에 대한 걱정은 크게 하지 않는 듯하다. 낸드플래시 고단화 수혜주로 손꼽힌다.

하나머티리얼즈

주로 실리콘링, SiC링, 일렉트로드 등 반도체 파츠를 생산한다. 원래 실리콘을 소재로 한 파츠가 주요 생산품이었지만, SiC 시장에도 진출했다. 최근 SiC 매출 비중이 빠른 속도로 상승하고 있다.

2021년 기준으로 매출 비중은 실리콘링 47%, 일렉트로드 44%, SiC링 7%로 나타나고 있다. 생산라인별 공급 비중은 D램 50%, 낸드 플래시 40%, 파운드리 10%다. 고객사를 살펴보면, 도쿄일렉트론 관련 매출 비중이 70%를 넘을 정도로 긴밀한 협력 관계를 구축하고 있다.

2022년 4월에는 1000억 원을 투자해 아산 제2 공장 신설을 발표했다. 현재 생산능력으로 가능한 연간 매출은 3000억~4000억 원 수준으로 추정된다. 증설이 완료되면 1조 원 이상의 매출 달성이 가능해질 것으로 기대된다.

원익QnC

쿼츠 소재 파츠 분야에서 국내 1위 기업이다. 세계 시장 점유율은 20% 수준으로 추정된다. 웨이퍼의 보호 및 이송 용도로 사용되는 소모성 부품인 쿼츠웨어를 주로 생산한다. 쿼츠는 반도체뿐 아니라 태양광, LED, OLED 등으로 사용처가 확대되고 있다. 디스플레이 패널 지지 및 고정용 부품인 세라믹 웨어도 공급하고 있다.

미국 첨단 소재 업체 모멘티브의 쿼츠 사업부를 인수해 원재료 수직계열화에 성공했다. 최근 인플레이션으로 소재 가격이 인상되면서 대부분 파츠 업체들이 타격을 입었다. 그러나 원익QnC는 모멘티브 수직계열화의 효과를 톡톡히 누렸다. 모멘티브를 미국 자회사로 두게 된 덕분에 미국 반도체 굴기 수혜도 기대된다.

원익QnC는 최근 코팅, 세정 사업을 성장 동력으로 규모를 키우고 있다. 2018년 파츠 코팅기술을 보유한 나노원을 인수하기도 했다. 2022년 4월에는 595억 원 규모의 쿼츠 제조 공장 증설을 발표했다.

월덱스

일렉트로드, 가이드링, 포커스링 등 반도체 파츠를 공급한다. 2021년 매출 기준으로 실리콘 60%, 쿼츠 25%, 알루미나 17%의 비중을 보이고 있다. 월덱스 매출의 90% 이상은 애프터 마켓에서 발생한다. 비포 마켓 파츠 업체들에 비해 이익률은 떨어지지만, 다양한 고객사를 보유한 것이 상당한 강점이다. 삼성전자, SK하이닉스 같은 국내 업체뿐 아니라 마이크론, 키옥시아, 히타치, 인텔, TSMC, 글로벌파운드리스, UMC 등 글로벌 업체와 거래하고 있다.

2009년에는 실리콘 잉곳 및 쿼츠를 생산하는 미국 업체 WCQ를 인수해 수직계열화를 구축했다. 월덱스 역시 이로써 미국 반도체 굴기의 혜택을 입을 것이라고 기대된다. 월덱스는 생산능력 증대와 관련하여 굉장히 긍정적인 모습을 보이고 있다. 2021년 9월에 제5 신공장 양산이 시작된 덕분에 연매출 기준 생산능력은 1500억 원에서 2000억 원으로 증가했다. 400억 원을 투자한 제6, 제7 신공장은 2022년 4월, 7월에 순차적으로 완공되었다. 신공장이 모두 가동되면 연간 최대 매출액은 3000억 원 수준이 될 것으로 관측된다.

코미코

반도체, 디스플레이용 파츠 세정 및 코팅 서비스를 제공한다. 국내에서 가장 오래된 업력을 갖고 있으며, 해외 고객사 다변화도 잘 이루어져 있다. 주요 고객사는 삼성전자, SK하이닉스, 인텔, TSMC 등이다.

반도체가 미세화되면서 난이도가 높은 건식 세정이 점차 확대되고 코팅 방식도 산화알루미늄 피막 코팅, 에어로졸 증착 코팅, PVD 등으로 다변화되는 추세다. 코미코의 실적 성장이 두드러지는 배경이다. SK하이닉스가 인텔 낸드플래시 사업을 인수한 덕분에 수혜를 볼 가능성이 높아졌다. 코미코는 SK하이닉스 내 세정, 코팅 부문에서 점유율 1위를 기록 중이기 때문이다.

현재 인텔 내 세정, 코팅 서비스는 중국 업체가 주력으로 공급 중이지만, 코미코는 싱가포르 법인을 통해 인텔 다롄 낸드플래시 팹에 이 서비스를 제공하고 있다. 신규 코팅 제품군 PVD 매출이 증가하는 것도 긍정적이며, 미국 힐스브로 신공장 가동으로 기대감이 점점 높아지고 있기도 하다. 기존 오스틴 공장과 함께 완전 가동할 경우 700억 원까지 매출이 가능할 것으로 보인다. 코미코 또한 미국 반도체 굴기 수혜 기업으로 거론되는 대표 업체 중 하나다.

서버 교체 사이클을 주도할 DDR5 D램

D램Dynamic Random Access Memory은 '임의로 접근 가능한 동적 메모리'라는 의미다. 메모리는 크게 휘발성인 D램과 비휘발성인 낸드플래시로 구분된다. D램은 빠른 속도로 읽고 쓸 수 있지만, 전원이 차단되면 데이터가 날아가는 휘발성을 띤다. 그래서 CPU로부터 전송된 데이터를 임시 보관하는 주 기억 장치 역할을 한다.

D램 발전사는 CPU의 발전과 궤를 같이한다. CPU 성능이 좋아지면 데이터를 더 빨리 처리할 수 있고 D램도 고도화되기 때문이다. 과거 SD램Synchronous DRAM(동기식 D램)은 펜티엄 PC 시절 느린 속도의 주범으로 거론되었다. 이를 극복하기 위해 쓰기, 읽기를 동시에 할 수 있는 DDR Double Date Rate(이중 데이터 전송률)이 등장했다. 이전까지는 한 번의 CPU 클럭에 한 번 데이터 전송이 이루어졌다면, DDR은 한 번의 클럭에 두 번 데이터를 전송한다. 현재 DDR은 2, 3, 4세대를 거쳐 5세대가 본격화되고 있다.

휴대폰의 개발과 함께 LPDDR Low Power DDR도 세상에 나오게 되었다. 휴대폰은 배터리에서 전력을 공급받기 때문에 저전력이 가능한 LPDDR이 필요하다. LPDDR은 말 그대로 저전력 DDR이다. 현재 LPDDR5는 고급 스마트폰에 적용되고 있으며, 개량 버전인 LPD-DR5X까지 출시되었다.

한편, 컴퓨터에 쓰이는 휘발성 메모리는 D램 외에 S램Static DRAM(정적 D램)이 있다. S램은 데이터에 굉장히 빠른 속도로 접근할 수 있어 CPU

DDR5 세대로 교체 시 수혜 가능 국내 업체

소모품	업체	특이 사항
번인 테스터	디아이	디아이 본사는 삼성향, 자회사 디지털 프론티어는 하이닉스향 집중
	유니테스트	SK하이닉스 비중이 크며 하이닉스향으로 복합 번인 장비 납품이 특징
번인 소켓	마이크로컨텍솔	국내 메모리 업체향 번인 소켓 대응
	오킨스전자	국내 메모리 업체향 번인 소켓 대응
	ISC	러버 타입 번인 소켓으로 점유율 확대 중(번인은 여전히 미미)
핸들러	테크윙	SK하이닉스 및 해외 OSAT 위주로 대응
	세메스	삼성전자 위주 대응
모듈 테스터	엑시콘	D램 모듈 테스터

*출처: 삼성증권 추정

캐시 메모리로 쓰이는데, 여러 개의 트랜지스터가 하나의 셀을 구성한다. 이 때문에 집적도가 낮고 회로 구조도 복잡해 대용량으로 만들기 어렵다.

🎗 새로운 D램 사이클이 불어온다

최근 서버에서 D램 원가 비중이 점점 높아지고 있다. 고성능 컴퓨팅 분야에서는 더욱 그렇다. 통상 서버 한 대에 CPU 2개, 250기가바이트 이상 D램이 채택된다. 1테라바이트 이상의 용량이 요구될 때도 있다. 심지어 이것도 부족해 외장 D램 CXL 512기가바이트를 더 부착하기도 한다. 인공지능용 데이터 처리 시 병목 현상을 줄이기 위해서다. 서버가 'D램 덩어리'라고 불리는 이유다. 삼성전자가 D램에서 벌어들이는 수익만 해도 TSMC의 전체 이익을 넘어선다. 그럼에도 불구하고 삼성전자, SK하이닉스가 저평가되는 이유는 뭘까? 바로 변동성 때문이다.

과거 슈퍼사이클 때 20조 원가량 수익을 내던 SK하이닉스가 사이클이 하락세에 접어들자 이듬해 이익이 8분의 1 토막 나기도 했다. 하지만 이번 DDR5 교체 사이클은 과거와 다를 것이라는 기대감이 있다. 우선 삼성전자와 SK하이닉스의 행보가 달라졌다. 최근 두 회사는 팹이 완성되어도 설비를 바로 채우지 않는다. 수요가 증가했다고 해서 공급을 늘리다가 가격이 폭락하는 상황을 여러 번 겪었기 때문이다.

이제는 메모리 업체들이 돈을 버는 중에 투자를 결정하는 경향이 강해졌다. D램 가격이 떨어지면 투자 결정을 서두르지 않는데, 이는 메모리 반도체의 가격 변동성이 축소되는 데 큰 영향을 미치고 있다.

마이크론도 삼성전자, SK하이닉스와 마찬가지로 수익성 중심 경영을 강화하고 있다. 2022년 하반기부터 이들의 서버용 DDR5 출하가 본격화되고 있다. AMD 젠4 에픽 제노아, 인텔 사파이어 래피즈 등 DDR5를 지원하는 서버용 신규 칩셋이 그때부터 2023년 상반기까지 잇따라 출시되기 때문이다. 인텔은 2022년 5월 '인텔 비전Intel Vision' 행사에서 사파이어 래피즈의 초도 물량이 출하 중이라고 공식 발표하기도 했다. DDR5는 DDR4보다 약 4배 더 커진 용량, 2배 더 커진 대역폭을 자랑한다. 현재 최대 속도는 초당 6.4기가비트 수준인데, 초기 제품은 초당 약 4.8기가비트 정도였을 것이다.

2022년 하반기에 시작된 DDR5 D램 사이클은 스마트폰, PC 등 소비재가 아닌 서버가 중심이다. 아이폰 원가 중 메모리 비중은 채 10%

가 안 되며 D램은 5% 정도다. 그러나 서버는 이야기가 완전히 다르다. 2018년 서버에서 D램 원가가 차지하던 비중은 5%에 불과했지만, 최근에는 30%까지 올라왔다. 700만~800만 원짜리 서버 한 대에 D램 비용만 250만 원가량이 들어간다. 시장조사 업체 옴디아에 따르면, 현재 308억 7700만 달러(약 43조 원)에 이르는 서버용 D램 시장은 2026년에는 662억 4000만 달러(약 92조 원)로 성장할 것으로 보인다.

D램 사이클이 과거와 차이를 보이는 점은 데이터센터 매출 비중이 크게 늘어났다는 것이다. DDR5는 DDR4 대비 설계 변경폭이 큰 편이다. 메인 보드에서 담당했던 전력 관리 기능 일부가 모듈로 올라온다. 온도 센서, RCD Register Clock Driver(레지스터 클럭 드라이버), 데이터 버퍼 IC 등 반도체도 대거 탑재된다. DDR3에서 DDR4로 설계가 바뀔 때는 구조 변화가 크지 않았다. 그래서 파이널 테스트용 소켓, 후공정 장비 일부만 수혜를 봤다.

하지만 DDR5로의 전환은 구조에서 큰 변화가 있을 뿐 아니라 기판도 업그레이드되며, MSAP Modified Semi-Additive Process(모더파이드 세미-어디티브 프로세스) 등 첨단공정이 활용될 것으로 관측된다. 이에 따라 수혜 업체도 더 확대될 것이기에 프로브카드, 소켓 등 후공정 테스트 소모품을 납품하는 티에스이, ISC, 마이크로컨텍솔, 마이크로프랜드 등이 기대감을 느껴도 좋을 듯하다. 후공정 테스트 장비 업체로는 유니테스트, 엑시콘, 테크윙, 디아이 등이 수혜를 볼 전망이다. 또한 심텍, 코리아써키트, 티엘비, 해성디에스, 대덕전자 등 기판 업체와 DDR5용 메탈 파워 인덕터를 공급하는 아비코 전자도 혜택을 볼 것으로 보인다.

🎙 데이터센터를 위한 차세대 인터페이스 CXL D램

현재 D램은 DDR이라는 인터페이스를 사용 중이다. 서버 구조상 1개의 CPU에 최대 16개 D램 모듈만 쓸 수 있다. 최신 제품에 속하는 PCIe 4.0은 초당 64기가바이트, PCIe 5.0은 초당 128기가바이트 속도가 한계다. 인공지능, 고성능 컴퓨팅 시대가 도래하면서 서버가 감당해야 할 데이터 양은 폭증함에도 D램 용량을 늘리는 데 한계가 있는 셈이다.

CXL Compute Express Link(컴퓨트 익스프레스 링크) D램은 CPU와 함께 가속기, 메모리, 저장 장치 등을 효율적으로 활용하기 위해 고안된 인터페이스로, 확장성을 최대 장점으로 한다. 이것은 이기종 메모리 간 공유는 물론 테라바이트급까지 용량 확장이 가능하다. 따라서 기존 서버를 교체하지 않고 인터페이스 개선만으로 시스템 내 D램 용량을 크게 늘릴 수 있다. CXL D램은 SSD와 유사한 모양새다. SSD 생산에 쓰이는 폼팩터를 사용해서 만들었기 때문이다.

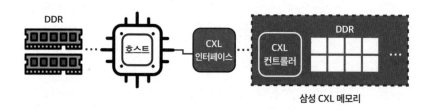

삼성전자 CXL 메모리 활용의 예

*출처: 삼성전자
**CXL 인터페이스를 통해 호스트의 메인 메모리 D램과 CXL D램을 함께 활용할 수 있어 시스템의 메모리 용량과 대역폭을 획기적으로 확장할 수 있다.

🏅 그래픽카드에 특화된 D램, GDDR

GDDR Graphics DDR은 그래픽카드에만 쓰이는 특화된 D램이다. 엔비디아가 GPU를 출시한 이후 그래픽 처리에 적합한 빠른 메모리가 필요해졌다. 2000년대 초반 GDDR 규격이 탄생한 이유다. 2004년에 GDDR3이 시장에 나왔고 이를 시작으로 GDDR이 본격적으로 쓰이게 되었다. JEDEC 규격으로 정식 채택된 것도 이때다.

DDR3 규격은 2007년에 나왔다. GDDR5도 샘플도 2007년 독일의 키몬다(2011년 폐업)에서 처음 나왔다. GDDR4, GDDR5 모두 DDR3 기반으로 만들어졌다. GDDR5과 DDR3를 비교하면, 가장 큰 차이점은 데이터 버스bus[36]의 비트 구성이다. GDDR5는 32비트, DDR3는 16비트를 기본으로 한다. DDR은 데이터 버스의 읽기와 쓰기 통로가 나뉘어 있지 않다. 그러나 GDDR은 읽기와 쓰기가 전용으로 분리되어 있다. 즉, 데이터가 빨리 나가고 들어올 수 있다는 뜻이다.

DDR5는 업데이트가 느린데, CPU 제조사와 메인 보드 제조사 같은 여러 파트너가 얽히고설켜 있기 때문이다. 반면에 GDDR은 그래픽카드와 GPU만 염두에 두고 만들어져 쉽게 업데이트할 수 있다. GDDR의 문제는 대역폭을 늘리기 위해 여러 가지를 붙이다 보니 비용이 증가하고 전력 소모와 발열이 심한 편이라는 것이다. 그래서 콘솔 게임기에는 쓸 수 있지만, 다양한 작업을 하는 PC에 대거 쓰기는 힘들다. HBM의 등장으로 GDDR의 미래가 불투명해진 측면이 있다.

---

36 CPU와 주 기억 장치, 입출력 장치 사이에서 정보 전송이 이루어질 때 공용으로 사용되는 전기적 통로를 말한다.

🎙 고대역 메모리 HBM의 장단점

D램 칩을 HBM으로 실장할 경우 최대 97%까지 면적을 줄일 수 있는데, 이러한 점은 큰 장점으로 꼽힌다. 삼성전자의 HBM2는 초당 307기가바이트의 데이터를 처리할 수 있다. 기존 DDR5 D램 대비 9.6배 빠른 속도다. GDDR6에 비해서도 4.3배 큰 대역폭을 자랑한다. 전력 소모에서도 유리하다. TSV(실리콘 관통 전극) 기술을 사용해 칩을 적층해야 하므로 제품이 두껍고, 기존 D램 대비 2~3배 비싸다는 것이 단점이다.

현재 HBM은 그래픽 D램 시장에서 7%의 비중을 차지한다. 향후 인공지능, 빅데이터 시장 확대에 따라 빠르게 성장할 것으로 보이는데, 가격 하락폭이 커질 경우 더욱 빠른 점유율 상승이 따를 것이다.

HBM1은 AMD와 SK하이닉스가 개발했지만, HBM2부터는 시장의

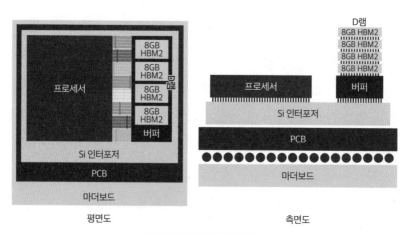

HBM2가 탑재된 칩셋 구조

*출처: 삼성전자

패러다임을 엔비디아와 인텔 등 고객사가 주도하고 있다. HBM3도 인텔이 주도할 것으로 보인다. CPU, GPU 등 프로세서는 점점 멀티 코어화되고 있다. 작동 속도 향상에 발맞춰 메모리 성능 향상이 요구되는데, 메모리 병목 상태를 보이는 폰 노이만 구조의 한계 때문이다.

반도체 업체들은 공정 미세화의 한계로 후공정 기술에 관심을 보이고 있다. 이러한 배경에서 DDR5, HBM3, 3D 크로스포인트 등이 나왔다. HBM은 작은 폼팩터를 갖추고 전기 소모가 적은 고대역폭을 구현할 수 있다. D램 다이를 여러 개 적층해 TSV와 마이크로 범프Micro Bump(전도성 미세돌기)로 연결한다. 실리콘 인터포저를 사용하는 경우도 많다.

2008년에 AMD는 그래픽 병목 현상을 해결하기 위해 기술 개발을 시작했고, 결국 인공지능, 슈퍼컴퓨터로 꽃을 피우게 되었다. 당시 AMD는 사실 기술 제안만 했을 뿐 TSV 패키징 기술, 수율 등 핵심적인 문제는 반도체 업체가 떠맡았다. 삼성전자는 당초 시장 진입을 꺼릴 정도로 HBM에 부정적이었고, 2013년 SK하이닉스가 먼저 8기가비트 HBM 양산을 시작했다. 이후 삼성전자는 2016년 HBM2부터 시장에 진입했다. 마이크론은 HBM 프로젝트에 참여하지 않고 10나노미터 GDDR6 쪽에 무게 중심을 두었다. 인텔과 P램 기반 3D 크로스포인트로 협력하다가 포기한 것도 시장 진입이 늦었던 이유다.

🎙 모바일 HBM은 어떻게 사용될까

5세대 이동통신 기술의 밀리미터파 상용화가 시작됨에 따라 스마트폰이 처리해야 할 데이터도 폭증하고 있다. 인공지능을 처리하기 위해 스마트폰에 NPU 블록이 내장된 SoC가 적용되었다. 애플 A 시리즈와 M1, 삼성전자 엑시노스가 그 예다.

폴더블폰으로 화면이 커지고 8K 해상도가 채택되면 그래픽 성능역시 크게 상향된다. 이런 상황에서 대역폭 부족은 시간문제다. 이에 저가형 HBM을 개발하여 PC 그래픽카드를 적용하는 가능성도 제기된다. HBM은 머신러닝 인공지능 기능이 적용된 자율주행차, 첨단 가전 등에 적합하다.

엔비디아는 삼성전자와 협력해 고성능 GPU에 HBM2E 규격 메모리 4개를 사용할 예정이다. 삼성전자 LPDDR5-PIM은 데이터센터와 연결 없이 휴대폰에서 독자적으로 인공지능 기능을 수행한다. 이 '온디바이스 인공지능' 음성 인식, 번역, 챗봇 등에서 2배 이상 성능이 향상되었고, 60% 이상 에너지를 절감할 수 있다.

DDR5 D램 핵심 기업 소개

디아이

웨이퍼 테스터, 번인 테스터 장비 등을 공급한다. D램용 번인 테스터 장비 시장에서는 1위를 차지하고 있으며, DDR5 전환 수혜가 기대된다. DDR5는 속도, 전압, 칩 사이즈 변화폭이 과거보다 큰 만큼 교체 수요 또한 클 것으로 예상된다. 낸드플래시용 웨이퍼 테스터 장비도 생산 중인데, 주로 삼성전자에 공급한다. 이 분야에서는 일본의 어드반테스트, 국내의 와이아이케이와 경쟁하고 있다. 원래 일본의 업체가 독점했지만, 와이아이케이와 디아이가 국산화에 성공한 분야다.

최근에는 2차전지 사업을 성장 동력으로 삼아 공격적인 영업을 벌이고 있다. 디아이비(지분 51% 보유)를 통해 2차전지 공정 자동화 장비를 개발하는 한편, 브이텐시스템(지분 60% 보유)을 통해 2차전지 머신비전 소프트웨어와 검사 장비 개발에도 힘쓰고 있다. 여러 자회사를 통해 전자파 차폐제를 제조하는 부품 사업, 수처리 사업, 음향·영상 기기 사업 등도 진행 중이다.

테크윙

반도체 핸들러 전문 기업이다. 핸들러는 후공정 파이널 테스트 단계에서 사용되는 장비다. 패키지된 칩을 양품과 불량으로 구분해주는 장비가 테스터인데, 이것을 보조하는 장비가 핸들러다. 테크윙은 메모리 핸들러 시장에서 70%의 비중을 차지하며, 시스템 반도체 핸들러 시장을 성장 동력 삼아 점유율을 확대하고 있다. 시스템 반도체 핸들러 시장은 메모리 시장보다 2배 이상 크다. 주요 고객사는 SK하이닉스, 키옥시아, 마이크론, 앰코테크놀로지 등이다.

테크윙은 DDR5 교체 수혜주로 손꼽힌다. DDR5는 DDR4보다 칩 사이즈가 15% 커지면서 더 긴 테스트 시간을 필요로 할 것이다. 이에 따라 테스터 수요가 늘어나면 핸들러 수요도 늘어날 것으로 보인다. 핸들러 장비가 팔리면 체인지오버키트, 인터페이스 보드 등 소모품 매출도 발생한다. 이런 점은 실적 변동성이 큰 장비 업체 입장에서는 현금 흐름에 큰 도움이 된다.

SSD 번인 테스터는 테크윙의 신성장 사업으로 주목된다. SSD 업체들은 발열 문제를 줄이기 위해 번인 테스터를 새로 도입하는 추세다.

새 아파트처럼 고층이 좋은 낸드플래시

낸드플래시는 비휘발성, 큰 저장 용량을 특징으로 하는 메모리 반도체다. 물리적으로 10년 동안 데이터 저장이 가능하다. 데이터를 쓰고 지우는 데 20볼트 수준의 높은 전압이 필요한데, 전기가 끊겨도 데이터가 지워지지 않는 이유다. 다만, 읽기 쓰기 속도가 다소 느린 편이다. CPU나 AP에 비해 1만분의 1, 100만분의 1 수준으로 느리다.

지금까지 PC, 서버에는 HDD가 주로 사용되었으나 현재 낸드플래시를 적용한 SSD로 전환되는 추세다. 이 외에도 낸드플래시는 모바일에 사용되는 eMMC Embedded Multi Media Card(내장형 멀티미디어 카드), UFS, 구형 디지털 카메라에 사용되는 CF Compact Flash(콤팩트 플래시)에 적용되고 있다. 이 외 USB, 마이크로 SD카드, 표준 SD카드에도 낸드플래시가 적용된다.

과거 낸드플래시도 D램처럼 미세공정을 중심으로 발전해왔다. 삼성전자는 14나노미터, SK하이닉스와 마이크론은 15~16나노미터 수준까지 상용화했다. 2013년에 삼성전자가 세계 최초로 셀을 수직으로 쌓은 3D 낸드플래시 생산에 나서면서, 낸드플래시 기술 경쟁은 미세공정에서 고단화로 옮겨갔다. 24단부터 시작한 게 지금은 200단을 넘어설 정도로 고단화 기술이 발전했다. 삼성전자는 동종 제품 기준 경쟁사 대비 데이터 셀 높이가 15% 낮고, 35%가량 체적을 줄였을 정도로 최고 공정기술을 보유하고 있다.

삼성전자에 이어 2위인 낸드플래시 업체는 일본의 키옥시아다. 이 회사는 도시바의 낸드플래시 사업에서 분사해 설립되었다. 2위 업체지만 상황은 녹록지 않다. 키옥시아는 공정 전환을 할 때마다 생산능력이 줄어 시장 점유율이 떨어진다는 문제가 있다. 일본 요카이치에 5개, 기타카미에 1개의 팹이 있는데, 향후 기타카미 팹의 생산능력을 늘려야 한다. 대다수 낸드플래시 업체와 다른 표준도 키옥시아의 약점이다.

♟ 업계 2위 키옥시아의 위기

현재 주류 낸드플래시가 128단인 것과 달리 키옥시아는 112단이 메인이다. 구형 장비로 생산하는 탓이다. 차세대 낸드플래시가 176단인데 키옥시아는 162단으로 전환할 계획이다. 지금 구도로는 키옥시아가 원가 경쟁력에서 앞설 수 없다. 기업공개를 성공시켜 자금을 확보해야 할 상황이다.

2022년 1월 키옥시아와 미국 기업 웨스턴디지털의 합작 공장인 요카이치, 기타카미 팹에서 오염이 발생해 생산 차질을 빚었다. 원인은 전공정 전반부 습식 세정용 소재의 배합 불량으로 파악된다. 이로 인해 2022년 낸드플래시 생산량이 8% 감소할 것이라는 추정이 나오기도 했다. 웨스턴디지털은 용량 기준으로 최소 6.5엑사바이트 이상 공급 차질을 발표했다. 1분기 공급량 48.9엑사바이트 대비 13% 수준이다. 이런 소식은 2분기 낸드플래시 가격에 긍정적 영향을 미쳤다. 대만의 시장조사 업체 트렌드포스는 당초 2022년 2분기에 낸드플래시 가격이 전 분기 대비 5~10% 하락할 것이라고 전망했지만, 이 사건으로 5~10% 상향 조정하기도 했다.

키옥시아와 웨스턴디지털의 공급능력은 웨이퍼 50만 5000장 수준으로 전 세계 공급량의 30%를 차지한다. 삼성전자의 공급능력은 61만 5000장 수준이다. 키옥시아의 낸드플래시 공급 차질로 인한 최대 수혜 기업은 SK하이닉스다. SK하이닉스는 인텔 낸드플래시 사업 인수를 계기로 매출과 이익이 모두 증가했다. 게다가 고부가 컨트롤러 IC 설계 능력 내재화로 고객 수요에 빠르게 대응할 수 있게 되었다. SK하이닉스의 연간 실적 추정치 상향 조정이 예상된다.

마이크론도 꽤 수혜를 봤다. 삼성전자도 이런 상황에서 이득을 얻지만, 전사 매출이나 이익 면에서 낸드플래시의 영향은 제한적이다. 키옥시아 사태는 YMTC 등 중국의 반도체 업체에도 기회가 되었다. YMTC는 이번 사건을 계기로 128단의 수율 안정화, 생산능력 확대를 도모하고 있다. 현재 YMTC의 공급능력은 월 30만 장으로 추정되며 연간 생산 가능액은 약 100억 달러 수준이다.

키옥시아 사태는 일시적인 공급 차질이므로 낸드플래시 업체들은 당초 계획보다 설비투자를 늘리려는 움직임은 보이지 않았다. 다만 가동률을 끌어올려 비트그로스를 늘리려 했을 것으로 추정된다. 낸드플래시의 128단에서 176단으로의 전환은 가속화될 것으로 보인다. 이런 움직임은 증착 소재, 식각 파츠 소재의 수요 증가에 긍정적이다. 소모품인 프로브카드, 인터페이스 보드와 스크러버 장비 수요의 증가에도 좋은 영향을 미칠 것으로 보인다.

🎙 낸드플래시 시장 구도 재편은 호재

현재 낸드플래시 생산 업체로는 삼성전자, 키옥시아, 웨스턴디지털, SK하이닉스, 마이크론, 인텔 등 6개사가 있다. 이 중 웨스턴디지털과 키옥시아는 합병 이야기가 계속 나오고 있다. 키옥시아는 자금이 부족해 도쿄증시에 상장하는 방안도 생각하고 있다. SK하이닉스는 인텔 낸드플래시 사업 인수로 19%의 시장 점유율로 점프업했다.

낸드플래시 시장이 D램처럼 과점체제로 바뀌면 국내 업체들이 수혜를 볼 것으로 예상된다. 과거 D램 시장 변동성은 굉장히 컸지만, 치킨게임을 거친 후 과점체제로 바뀌면서 변동성이 대폭 줄었다. 특히 다운사이클 때 하락폭이 크게 완화되었는데, 공급 업체들이 가격 하락기에 생산량을 줄이는 방식으로 대응했기 때문이다. 현재 낸드플래시는 6개의 업체가 경쟁하는 탓에 변동성에 취약한 편인데, 4개 업체로 재편된다면 다운사이클 변동성이 완화될 것으로 기대된다.

🎙 고단화 기술이 전부는 아니다?

낸드플래시의 고단화는 중요하지만, 단수 증가가 기술력의 모든 것을 입증하는 것은 아니다. 효율적으로 쌓는 방법을 확보하여 원가 경쟁력을 갖추는 일이 매우 중요하기 때문이다.

셀을 수직으로 쌓은 후에는 엘리베이터처럼 전자가 이동할 수직통로가 필요한데, 식각으로 구멍을 뚫고 이곳을 금속으로 채운다. 삼성전자는 128단을 한 번에 뚫는 싱글 스택 식각기술을 보유한 유일한 회사다. SK하이닉스, 키옥시아, 마이크론 등 경쟁사들은 98단까지만 싱글 스택 식각기술이 활용이 가능해서, 128단부터는 더블 스택 공정을 적용하고 있다.

이것이 삼성전자와 삼성 외 업체들의 원가 구조가 다른 이유다. 삼성전자가 경쟁사들보다 20~30% 원가 효율이 높다. 또 삼성전자가 생산한 낸드플래시는 경쟁사 제품보다 높이가 15% 정도 낮다. 이 점도 낸드플래시 고객사들이 선호하는 포인트다.

최근 마이크론도 128단 싱글 스택 기술을 확보한 것으로 알려졌지만, 양산 수준에 이른 기술인지 검증이 필요하다는 것이 업계 전문가들의 시각이다. 마이크론이 삼성전자가 싱글 스택에서 선점한 비용 효율 시스템을 추격하는 데 시간이 필요하다는 이야기다.

24단부터 시작한 3D 낸드플래시는 현재 6세대 128단이 주류다. 앞으로 7세대 176단, 8세대 225단, 9세대 300단 이상으로 기술 로드맵이 진행될 것으로 보인다. 7세대 176단부터는 삼성전자도 더블 스택 식각공정을 적용해야 한다. 싱글 스택을 더블 스택으로 전환하면 150일 걸리는 공정이 최대 250일까지 늘어나게 된다.

데이터 셀을 쪼개서 쓰는 것도 원가 경쟁력을 높이는 방법이다. 초기 낸드플래시는 한 개의 셀로 0과 1을 구현하는 SLC Single Level Cell(싱글 레벨 셀)였다. 이후 데이터 셀 하나를 둘로 쪼개 쓰는 MLC Multi Level Cell(멀티 레벨 셀)로 원가 경쟁력을 높였고, 지금은 셋으로 나눈 TLC Triple Level Cell(트리플 레벨 셀)도 쓰고 있다. TLC에서 넷으로 나눈 QLC Quad Level Cell(쿼드 레벨 셀)로 전환하면 낸드플래시 원가가 20~30% 더 떨어질 것으로 예상된다.

구분	SLC	MLC	TLC	QLC	PLC
용도	높은 저장 속도와 내구성 위주	적절한 속도, 내구성, 약간 낮은 용량 위주	용량과 속도, 내구성의 균형	대용량 위주	보급용
읽기	NOR보다 느림	SLC보다 느림	MLC보다 느림	TLC보다 느림	QLC보다 느림
쓰기	단일 비트 저장으로 빠름	2비트 동시 기록으로 약간 빠름	3비트 동시 기록으로 느림	4비트 동시 기록으로 더 느림	5비트 동시 기록으로 매우 느림
수명	최대 약 10만 회	최대 약 3만~1만 회	최대 약 1만~1천 회	최대 약 1000회~100회	최대 약 100회
가격 (용량 대비)	초고가	고가	보통	저가	초저가

*PLC(Penta Level Cell)는 하나의 데이터 셀을 다섯 쪽으로 나눈 방식이다.

데이터 셀을 쪼개 쓰는 데는 단점도 있다. 데이터 안정성이 떨어지고, 읽기 쓰기 횟수가 감소하는 등 낸드플래시 수명에도 영향을 미친다. 이런 문제를 잘 해결하기 위해서는 컨트롤러 IC 기술이 중요하다.

🔍 낸드플래시 컨트롤러 IC

낸드플래시가 정보를 보관하는 창고라면, 컨트롤러는 그 보관물을 어디에 두고 언제 꺼내볼지 관리하는 창고지기라고 할 수 있다. 또 컨트롤러는 에러 및 불량 섹터 발생을 막아 제품 수명을 연장해주고, 셀과 셀 사이의 간섭 현상을 줄이는 신호 처리 등도 담당한다.

2021년에는 파운드리 공급 부족 탓에 낸드플래시 컨트롤러 IC 수급에도 부정적 영향이 미쳤다. 먼저 스마트폰용 eMMC 컨트롤러 IC 공급 부족이 발생했고, 이후 클라이언트 SSD용 컨트롤러 IC 공급난도 발생했다.

초대규모 빅데이터 또는 클라우드 컴퓨팅에 적합한 하이퍼 스케일 서버용 낸드플래시 컨트롤러 IC 기술은 삼성전자와 인텔 두 회사만 보유하고 있다. SK하이닉스는 서버용 낸드플래시 컨트롤러 IC 개발에 1조 원을 투입했는데 결실을 보지 못했고, 인텔 낸드플래시 사업 인수로 마침내 기술 확보에 성공했다.

🧍 SK하이닉스-인텔 낸드플래시의 합병

주요국 승인이 마무리된 2021년 말을 기점으로 SK하이닉스는 인텔 낸드플래시 사업을 인수했다. 인수된 사업부는 중국 내 설비자산 법인(FabCo), 인수 절차가 완료되는 2025년까지 인텔이 운영을 담당할 법인(OpCo), FabCo에서 웨이퍼를 구매해 SSD를 제조하고 판매할 법인(솔리다임)으로 나뉘었다.

현재 CTF Charge Trap Flash[37] 진영에서는 QLC를 활용한 저가 시장에 소극적이다. 만들기도 어렵고 가격도 낮아 수익성을 담보하기 쉽지 않기 때문이다. 이런 사정으로 QLC 시장은 인텔의 플로팅게이트 기반 낸드플래시가 장악하고 있는데, 이것은 가격 경쟁력 덕분에 HDD 대체에 유리하다는 평가를 받고 있다.

기술적 시너지는 명확하다. SK하이닉스는 인텔의 엔터프라이즈 SSD 기술을 흡수할 수 있다. 인텔 낸드플래시 사업 부문에는 SK하이닉스의 약점을 보완해줄 수 있는 기술들이 의외로 많은데, 특히 컨

---

37 '차지 트랩 플래시'란 부도체에 전자를 입력해 메모리로 활용하는 기술로, 도체에 전자를 입력하는 플로팅게이트와 달리 셀 간섭 문제가 발생하지 않는다.

트롤러 IC 기술을 주목할 만하다. 현재 대다수 낸드플래시 업체들이 CTF 기술로 전환한 것과 달리 인텔은 여전히 플로팅게이트 기반 기술을 이어가고 있다. 그 기술을 활용한 QLC 제품의 마진은 꽤 괜찮은 수준이다.

SSD는 빠른 속도로 HDD를 대체하고 있다. SSD는 HDD에 비해 속도가 빠르고 전력 소모가 적으며 가볍다는 특징이 있다. 기업용 서버에 주로 사용되는데, 자율주행차, 메타버스 등 수요 시장 확대로 성장성이 크다. 2021년에는 SSD의 시장 점유율이 처음으로 HDD의 점유율을 앞서기도 했다. SSD 시장은 2025년까지 연평균 21% 성장할 것으로 기대되는데, 빅테크들의 데이터센터 서버 구축 수요가 이에 큰 역할을 할 것으로 보인다. SSD용 낸드플래시는 TLC 기반에서 QLC, PLC로 전환될 전망이다.

SK하이닉스의 인수 후에도 2025년 3월까지 팹 운영과 적용될 기술 개발은 인텔이 담당한다. 플로팅게이트 기반 팹은 144단 이후에도 2~3세대 공정 전환이 가능할 것으로 분석된다.

SK하이닉스는 CTF 기반 176단 낸드플래시 양산을 확대하고 있는데, 인텔 엔터프라이즈 솔루션과 접목할 것으로 보인다. 인텔 낸드플래시 사업 인수로 12인치 웨이퍼 기준 월 8만 장의 생산능력을 더 확보해 총 생산능력이 약 40% 증가하게 되었다. 시장 점유율은 19% 수준이다. 현재 낸드플래시는 삼성전자만 돈을 버는 사업이 아니냐는 시각이 있다. 하지만 앞으로 SK하이닉스는 엔터프라이즈 SSD 부문에서 지금보다 더 큰 이익을 올릴 것으로 보인다. D램에서 낸드플래시로 사업 포트폴리오를 확대하는 효과도 기대된다.

당장은 SK하이닉스와 거래하는 후공정 장비 및 테스트 업체의 수혜 속도가 가장 빠를 것으로 보인다. SK하이닉스는 인텔 다롄 팹을 통해 웨이퍼를 공급받는데, 이 물량에 대응하기 위한 후공정 투자가 필요할 것으로 보인다.

♟ SSD 인터페이스의 종류

PCI는 컴퓨터의 CPU와 스토리지 등 주변기기가 통신할 수 있게 해주는 로컬 버스로, 통신 규격에는 SATA와 NVMe 두 가지가 있다.

SATA는 HDD 시절부터 써온 인터페이스interface[38]로, CPU와 통신하는 언어를 전달하기 위해 컨버터가 필요하다. 상대적으로 속도가 느린데, 하나의 통로만 이용해 데이터 정체 현상이 생기기 때문이다.

NVMe는 한 번에 통신이 되고 통로도 여러 개다. 4차선, 6차선 같이 전달하는 원리다. SATA가 지원되는 노트북에 NVMe를 꽂으면 작동이 안 되기 때문에 PC가 어떤 SSD 인터페이스를 지원하는지 확인해야 한다. 보통 기업용 엔터프라이즈 SSD는 SAS 인터페이스를 사용하는데, 이것은 보안과 신뢰성이 강화된 기능을 제공한다.

---

[38] 사물들 사이 또는 사물과 인간 사이의 소통을 위한 물리적 매개체나 프로토콜을 뜻한다.

낸드플래시 및 SSD 핵심 기업 소개

네오셈

반도체 후공정 테스터 전문 업체다. 현재 5세대(PCIe 5.0) SSD 테스터 시장에서 사파이어 래피즈 기반 업체는 네오셈이 유일하다. 2020년 기준 매출 비중은 SSD 테스터 81%, 번인 테스터 12%, 상품과 용역 6%로 파악된다. 유니테스트, 엑시콘, 디지털프론티어 등 타 후공정 테스트 업체와 유사한 사업 구조다.

2021년 실적은 기대에 못 미쳤다. 인텔 사파이어 래피즈의 출시 지연에 따른 5세대 SSD 테스터로의 전환 지연, 4세대 SSD 테스터 투자 공백까지 겹친 탓이다. 하지만 사파이어 래피즈 출시를 앞두고 SSD 테스터 투자가 재개되면서 네오셈이 다시 주목받고 있다.

네오셈은 DC 테스터 분야로 사업 확장을 모색하고 있다. DC 테스터는 전공정을 거친 반도체의 전기 특성이 예상 성능과 동일한지 검사하는 장비다. 이런 검사는 주로 번인 테스터 전에 수행한다. 2023년 DC 테스터로 네오셈의 신성장 동력 확보가 기대된다.

덕산테코피아

낸드플래시 증착용 전구체 공급 업체다. D램용 하이 케이High-K, 실리콘, 메탈 소재 등도 일부 공급하고 있다. 원래 OLED 중간체를 합성해 공급하는 사업이 주력이었으나 이제 반도체 전구체 사업 비중이 더 커졌다. 삼성전자 평택캠퍼스 P3에 본격적으로 증착용 전구체를 공급하게 되면서 반도체 소재 매출이 꾸준히 상승하고 있다. 덕산테코피아는 500억 원을 투자해 2차전지 전해액 첨가제 사업도 진행 중이다.

반도체를 연결하고 보호하는 기판

2021년 주식 시장을 주도한 섹터 중 하나는 반도체 기판이다. 심텍, 대덕전자, 해성디에스 등의 기판 업체 주가는 50~100% 상승했다. 하지만 주식 시장 경험이 많은 투자자들은 반도체 기판 등 PCB Printed Circuit Board(인쇄회로 기판)[39] 섹터 이야기만 하면 절레절레 고개를 흔드는 경우가 많다. 사실 사이클에 따른 변동성이 컸고, 오랜 기간 불황을 겪었기 때문이다. 이렇게 선입견을 가지는 이들도 있기는 하지만, 반도체 기판 시장은 기업들이 투자를 늘리고 있는 만큼 눈여겨볼 만한 투자처라 할 수 있다.

♟ 반도체 기판의 암흑기

반도체 기판은 PCB의 한 종류로 칩을 패키징하는 데 쓰이며 메인 보드와 반도체 칩 사이의 다리 역할을 한다. 칩과 메인 보드는 회로 선폭 차이가 크기 때문에 반도체 기판을 사용해 연결한다. 이 시장은 2000년대 중후반 PC와 모바일 붐을 타고 성장세를 기록했지만, 2010년 이후 10년이라는 긴 침체기를 겪었다. 이 기간 동안 성장은 기대하기 어려웠고 시장 규모 10조 원 대를 유지하는 것도 버거웠다. 당시 PC 시장은 성장이 제한적이었고, 수요를 견인하던 스마트폰 부문에서는 반도체 기판을 위협하는 신기술이 등장했다. 애플이 아이폰

---

39 집적회로, 커패시터 등을 고정하는 얇은 판으로, 대부분의 컴퓨터에 사용되는 회로는 여기에 설치한다.

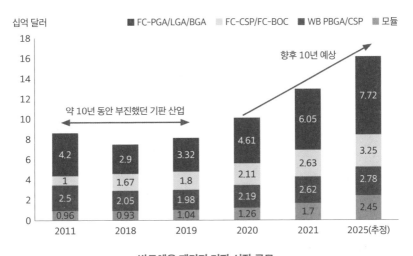

십억 달러

■ FC-PGA/LGA/BGA　■ FC-CSP/FC-BOC　■ WB PBGA/CSP　■ 모듈

향후 10년 예상

약 10년 동안 부진했던 기판 산업

반도체용 패키지 기판 시장 규모

*출처: 삼성증권 (2020년 기준)

7용 AP에 PCB가 없는 FO-WLP(팬아웃 웨이퍼 레벨 패키지)를 채택하면서 기판 업체들은 더욱 위축될 수밖에 없었다.

FO-WLP에는 PCB 기판 대신 재배선층RDL, Re-Distribution Layer이 적용되었는데, 작은 사이즈와 적은 층수로 기존 FC-CSPFlip Chip Chip Scale Package(플립칩 칩스케일 패키지) 패키징보다 높은 칩 성능을 구현할 수 있었다. PC에도 SoC, SiPSystem In Package(시스템 인 패키지)[40] 등 기술이 채택되면서 대당 FC-BGAFlip Chip-Ball Grid Array(플립칩 볼그리드 어레이)[41] 수요가 3개에서 1개로 줄어들었다.

40　SiP란 여러 개의 칩을 하나로 패키징하여 독립된 기능을 하도록 한 것을 뜻한다.

41　CPU, GPU 등 반도체 칩을 메인 보드와 연결해주는 반도체용 기판으로, 와이어 방식보다 신호 손실이 적고 전달력이 빠르다.

이렇게 어려운 시기를 보내는 동안 적극적으로 투자에 나서는 기판 업체는 거의 없었다. 과거 상승 사이클에서 공격적인 투자를 단행했던 업체들은 사업을 철수하거나 시장에서 퇴출되었다. 하지만 반도체 기판 업체들로서는 다행스럽게 FO-WLP 기술은 모바일 AP 외에는 대량생산되는 경우가 드물었다. 결론적으로 찻잔 속의 태풍에 불과했던 셈이다. SoC는 모바일에는 상당한 장점이 있지만, 인공지능 등 고성능 컴퓨팅을 구현하기에는 발열에 취약한 면이 있다.

🏅 서버, 반도체 기판 시장을 부활시키다

2019년, 반도체 기판 시장은 긴 잠에서 깨어나 다시 성장하는 모습을 보였다. 서버용 CPU를 중심으로 FC-BGA 수요가 크게 늘어났고, 이런 변화에 발맞추어 이비덴과 신코가 대규모 투자에 나섰다. 신코는 그해 전년 대비 107% 증가한 설비투자를 집행했고, 이비덴은 전년 대비 125% 증가한 설비투자를 집행했다. 신코의 증설된 투자 규모는 3년간 1500억 엔에 이를 것으로 보인다. 대만의 UMT도 2019년에서 2022년 사이 총 3조 6000억 원(990억 대만달러)을 쏟아부으며 투자 금액을 늘렸다.

우리나라 기업들 또한 변화된 시장 상황에 대응하기 위해 투자 규모를 키우고 있다. 대덕전자는 2022년 이후 4000억 원을 추가적으로 투자하기로 했으며, 심텍은 2021년에서 2022년 사이 2000억 원 투자했다. 또한 삼성전기는 2021년부터 2년간 1조 원을, LG이노텍은 2022년 이후 1조 원을 투자하기로 했다.

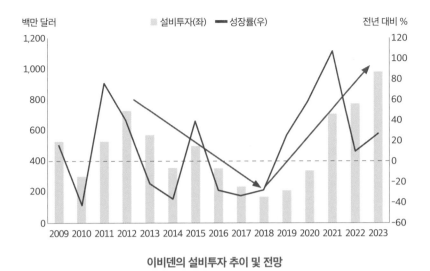

이비덴의 설비투자 추이 및 전망

*출처: 블룸버그, 삼성증권

이런 기판 시장의 부활은 미세공정 난이도가 높아지자 인텔, AMD, 엔비디아, TSMC 등의 업체들이 패키징을 통한 성능 개선에 집중한 덕분이다. 인텔은 현재 이비덴, 신코 등과 서버용 FC-BGA와 관련해 수조 원 단위의 투자 계약을 하며 공급망 관리에 나서고 있다. 이렇게 확보한 자금으로 이비덴은 2024년부터 가동 예정에 있는 오가키 가마 지역 신규 공장에 3년간 약 2조 원(1800억 엔) 규모의 투자를 단행하기로 했다.

통상 서버용 기판은 PC용에 비해 9배 이상 면적이 크다. AMD의 칩렛과 인텔의 헤테로지니어스heterogeneous 구조[42] 도입은 FC-BGA 수

---

42 서로 다른 역할을 하는 코어를 통합한 프로세서를 뜻한다. 이와 달리 멀티 코어 CPU나 GPU 와 같이 동일한 성격을 띠는 코어를 모은 프로세서를 '호모지니어스(homogeneous)'라고 한다.

요를 폭증시켰다. 이런 방식은 하나의 기판 위에 여러 칩을 실장하므로 기판 면적이 넓어지고 층수도 많아진다. 예를 들어, 하나의 다이를 실장하는 기존 기판이 4층이라면, 칩렛용 기판은 이종칩 간 시그널이 복잡해지기 때문에 6층으로 높아진다. 이렇게 서버용 기판 수요 또한 증가하면, 기존 기판 생산능력이 축소될 가능성이 있다. 실제로 이비덴, 신코 등 글로벌 선두 기판 업체들은 벌써부터 서버 시장에 집중하고 있고, 공급량에 비해 수요가 폭증하면서 삼성전기, 대만의 유니마이크론 등이 신규로 시장에 진입했다.

🎙 애플의 M1, 예상치 못한 수요를 만들다

애플이 맥북에 인텔의 칩 대신 자체칩을 적용한 것은 FC-BGA 시장에 영향을 주었다. '괴물칩'으로 불리는 M1 반도체는 다이 크기가 큰데다 D램 등 이종칩을 하나의 패키지로 구현하고 있다. M1 프로, M1 맥스, M1 울트라 등의 성능이 개선되면서 칩 크기는 점점 더 커졌다. 최근 출시된 M2의 경우 M1보다 칩 크기가 25% 증가했다. 칩 사이즈가 커지고 성능이 좋아진 만큼 기판의 고다층화, 대면적화는 필수적이다. 이런 배경으로 고사양 FC-BGA 가격은 꾸준히 오르고 있다. 호황에 따른 공급망 확장으로 국내 업체들의 수혜가 부각되는 상황인데, 애플은 차세대 반도체 M2용 기판을 삼성전기로부터 공급받기로 했다.

🎙 브레이크 없는 성장, FC-BGA

2025년까지 서버용 기판은 PC용 대비 면적 3.6배, 층수 2.5배 증

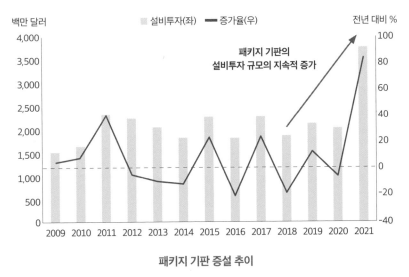

*출처: 블룸버그, 삼성증권

백만 달러 　 설비투자(좌) ━ 증가율(우) 　 전년 대비 %

**패키지 기판의
설비투자 규모의 지속적 증가**

패키지 기판 증설 추이

가할 것으로 전망된다. 기판 업체들이 공격적인 투자를 단행한다고 해도 FC-BGA 수요 증가 속도를 따라가기는 쉽지 않을 것으로 관측된다. 시장조사 업체 프리스마크에 따르면, 2020년 반도체 기판 시장은 100억 달러(11조 원)로 전년 대비 23.2% 성장했고, 2021년에는 19% 성장했다. 또한 2025년까지 연평균 10% 성장률을 기록할 것으로 전망된다.

국내 FC-BGA 업체 실적도 최근까지 상승세를 기록 중이다. 일각에서는 FC-BGA 공급투자 확대로 공급 과잉 발생 가능성을 걱정하기도 한다. 그러나 실질적인 공급 증가는 2023년 이후에나 가능할 것으로 보인다.

FC-BGA 시장을 뜯어 보면 업체 간 주력 분야가 다른 것을 알 수 있다. 선두 기업인 이비덴과 신코는 서버나 네트워크에 집중하는 데 비해, 삼성전기와 대만의 유니마이크로는 PC CPU가 주력이다. 또 대덕전자와 코리아써키트는 다품종 소량생산인 전장(대덕전자), 통신 부품(코리아써키트) 등의 시장을 타깃으로 한다. 한편, LG이노텍 등 신규로 진입한 업체들의 물량은 2023년 이후부터 시장에 풀릴 것으로 관측된다.

기판 제조 장비 수급 여건이 만만치 않아서 업계의 실제적인 양산 스케줄은 늦어질 가능성이 높은데, 새로운 FC-BGA 수요처는 빠르게 늘어나고 있다. 대표적인 예가 차량용 FC-BGA 수요다. 기존 차량용 반도체는 리드 프레임으로 패키징했지만, 테슬라와 같은 자율주행 2~3레벨 자동차에는 FC-BGA 기판이 대거 쓰인다.

🎙 우리 기업이 주도하는 SiP, AiP 기판

모바일용 기판 수요도 새삼 주목받고 있다. 스마트폰 시장은 이미 성숙기에 접어들었지만, 웨어러블 디바이스와 메타버스 디바이스가 신규 수요를 견인하고 있다. 스마트워치에 쓰이는 쓰이는 SiP(시스템 인 패키지), AiP Antenna in Package(안테나 인 패키지)[43] 기판이 대표적이다. AR, VR, MR 등 메타버스 디바이스 시장도 성장하여 SiP, AiP 수요를 더욱 가속화할 것으로 보이는데, 이는 이형 커팅, 레이저 홀 가공 등 고급 장비 수요를 촉발시킬 전망이다.

---

43 여러 전자 부품과 통신 모뎀, 안테나를 하나의 패키지로 만든 기판으로, 방대한 데이터 처리에 용이한 초고주파수 밀리미터파 대역을 지원한다.

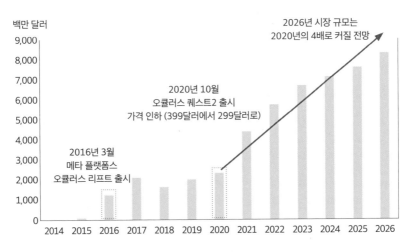

글로벌 VR 헤드셋 매출 추이와 전망

*출처: SA, 삼성증권

애플은 2020년에 출시한 아이폰12 프로 시리즈 밀리미터파 모델에 AiP 기술을 적용했다. AiP 기판은 삼성전기, LG이노텍이 선점하고 있다. SiP 기판 시장도 애플의 수요 증가 영향을 직접적으로 받는다. 애플워치용 S1 반도체에 SiP 기판이 사용되었다.

최근 RF칩들이 복잡다단하게 하나의 기판에 적용되는 추세에 있는데, 이는 경박단소화에 유리하기 때문이다. RF칩과 회로는 지붕을 씌워 EMI Electro Magnetic Interference(전자파 간섭) 쉴드로 전파 간섭으로부터 차폐되어야 한다. 이렇게 해서 만든 제품을 RF-SiP Radio Frequency System in Package(무선주파수 시스템 인 패키지)라고 한다.

🎖 FC-BGA 호황은 PCB 산업 전반에 훈풍

FC-BGA 시장의 호황은 반도체 기판 산업 전반에 낙수 효과를 불러왔다. 저부가 기판라인을 고부가 FC-BGA로 전환하는 업체도 늘었다. 이는 공급 과잉 상태였던 저부가 기판 시장 수급을 빠른 속도로 개선시켰다. 최근 FC-CSP, 메모리 기판 가격이 상승 흐름을 보이고 있다. 메모리 기판은 FC-BOCFlip Chip Board on Chip(플립칩 보드 온 칩) 등이 주로 쓰이는데, DDR5 전환으로 칩당 기판 면적이 30% 이상 증가했다. 국내 업체 심텍, 대덕전자 등이 이런 흐름의 수혜를 보고 있다. 통신 장비에 쓰이는 MLBMulti Layer Board(다층 인쇄회로 기판)도 데이터 전송 속도 상승으로 기판 고도화가 진행되고 있다. 중국 업체들의 저가 경쟁으로 몸살을 앓았지만, 지금은 본격화된 미중 패권 전쟁으로 인해 글로벌

연도별 전 세계 PCB 시장 상황과 전망

구분	2018년	2019년	2020년	2019~2020년 성장률	2024년 (전망)	2019~2024년 연평균 성장률
커뮤니케이션	174억 달러	172억 달러	175억 달러	1.60%	229억 달러	5.80%
컴퓨팅	149억 달러	145억 달러	162억 달러	11.10%	175억 달러	3.80%
반도체 패키지	76억 달러	81억 달러	100억 달러	23.20%	126억 달러	9.10%
소비·가전	84억 달러	80억 달러	77억 달러	-2.80%	96억 달러	3.80%
전장	75억 달러	68억 달러	61억 달러	-11.60%	86억 달러	4.50%
국방·항공	26억 달러	27억 달러	28억 달러	3.20%	31억 달러	2.90%
산업	29억 달러	26억 달러	25억 달러	-6.00%	31억 달러	3.00%
의료	12억 달러	13억 달러	13억 달러	-0.50%	15억 달러	13.00%
합계	624억 달러	613억 달러	640억 달러	4.40%	787억 달러	5.10%

*출처: 프리스마크

기업들이 탈중국을 지향하는 가운데 이수페타시스 등 국내 업체들이 반사적 수혜를 입을 것으로 기대된다.

🏅 반도체 기판의 종류에 대해 알아보자

① FC-BGA

FC-BGA 산업은 인텔 의존도가 높은 편이다. 인텔 신규 공정과 프로세서 기술 협력 여부에 따라 1, 2위 업체 사이의 양산 시점, 판가, 수익성 격차가 커진다. 경기 민감도가 크고 가동률에 따른 이익 레버리지 효과가 큰 셈이다. 사이클이 하락기에 접어들면 후발 업체 손실률이 상대적으로 커진다.

초기에 대규모 투자가 필요하고 기술 난이도도 높다. FC-CSP는 BT(비스말레이미드 트리아진) 소재를 기반으로 만들고, FC-BGA는 ABF(아지노모토 빌드업 필름) 소재를 기반으로 생산한다.[44] 두 제품의 생산 장비도 상당히 다르다. 패키지 기판 업체들은 FC-BGA를 기술적 정점으로 꼽는다.

현재 클라우드 컴퓨팅, 인공지능, 블록체인용 GPU 등으로 FC-BGA 신규 수요가 더해지는 상황이다. CPU, GPU, TPU Tensor Processor Unit(텐서 프로세서 유닛), ASIC 등의 신규 수요도 호조다. 멀티 칩 패키지, 10개 이상 이종칩 패키지의 흐름도 뚜렷하다. 칩 입출력 수를 늘리고, 복수칩 패키지 내에서 라우팅을 늘리려면 FC-BGA가 유리할 수밖에 없다.

---

44 BT와 ABF는 내열성이 강해 회로 간 간섭 현상과 발열을 막아주는 절연 소재로 쓰이는데, ABF는 일본 조미료 회사 아지노모토가 독점 생산하고 있다.

미세 선폭, 높은 층수, 많은 비아via[45] 등으로 FC-BGA의 판가가 인상되었다. FC-BGA는 전체 패키지 기판 시장에서 47%의 비중을 차지하는데, 서버향은 주로 이비덴, 신코가 공급하고 PC향은 삼성전기, 이비덴, 신코, 난야, 유니마이크론, AT&S 등이 공급한다. 삼성전기는 PC용 FC-BGA 선두 업체로 거래선 및 응용처 다변화의 장점이 있다. FC-BGA 시장 점유율은 15~20%, 2021년 매출 규모는 5300억 원 정도로 보인다.

최근 대덕전자와 LG이노텍이 대규모 투자 발표로 시장 진입을 선언했다. LG이노텍은 FC-CSP, 통신용 SiP, 밀리미터파 AiP 등에서 강

FC-BGA 기술 트렌드 (단위: ㎛)

	2015년	2018년	2021년
층 구성	6-4-6	9-2-9	11-2-11
빌드업 선폭/선 간격	10-12	8-10	5-8
빌드업 비아 직경	50	40-50	23-50
빌드업 유전체 두께	20	<18	<15
구리 두께	12-13	10-12	6-8
코어 선폭/선 간격	40-70	35-50	25-35
코어 비아 직경	100-200	100-150	100
코어 두께	400-800	200-800	200-400
최소 FC 단자 간격	130	85-130	50-100

*출처: 프리스마크, 키움증권

---

45 'Vertical Interconnect Access'의 약자로 각 기판의 층들을 연결해주는 통로를 뜻한다.

패키지 종류		용도
시스템반도체	FC-BGA	서버 CPU, PC CPU
	FC-CSP	스마트폰 AP
	SiP	통신칩
메모리	MCP	스마트폰 메모리
	BOC	PC, 서버 메모리

기판 낙수 효과

기판 제품별 낙수 효과 구조

*출처: 신한금융투자

점을 지니며, 미세회로 구현에 유리한 노광기술을 보유하고 있다. FC-BGA 시장에서는 기술 장벽이 낮은 통신, 전장 분야로 시작하고 있는 것으로 보인다.

FC-BGA 구조는 2018년까지만 해도 9-2-9가 최상급이었지만 지금은 11-2-11까지 생산된다. 플립칩 마이크로 범프 협피치화 흐름도 주목된다. 입출력 수는 1000~10000개 수준이다. FC-BGA는 메모리나 다른 패키지와 함께 패키지하는데, 고성능 패키지 기판은 면적도 기존에 비해 몇 배 커지는 추세다.

현재 PC는 주로 10층, 서버용은 16~18층을 쓴다. 면적은 노트북용이 37×37밀리미터, 서버용은 50×50밀리미터 또는 60×60밀리미터 정도다. 가격은 서버용이 2~3배 비싸다. 서버용 수요가 커질수록 생산능력 잠식 효과가 큰 이유다. 애플 M1 프로세서와 D램이 패키지된 FC-BGA는 3-2-3 구조에 35마이크로미터 선폭이다. 이런 제품은 이비덴, 삼성전기, 유니마이크론 정도만 제조할 수 있다.

② 플립칩 기판

성능, 원가 효율성 측면에서 뛰어나고 디바이스 경박단소화의 장점이 있다. 낮은 전압으로 동작하고, 열 성능 개선에도 유리하다. 1000개 이상의 입출력 고성능 패키지 구현에 적합하다. 2019년을 기준으로 살펴보면 IC 내 침투율 24%, 웨이퍼 면적 21%, 패키징 매출 33%를 차지한다.

③ 고성능 패키지 기판

FC-BGA, FC-CSP 외에 팬아웃, 2.5D/3D 솔루션을 포함한 고성능 기판은 전체 패키지 시장에서 수량 기준으로는 3%에 불과하다. 하지만 금액 비중으로는 25%가 넘는다. 멀티 패키징 솔루션 도입이 확산되며 매출 측면에서 높은 성장률을 기록 중이다.

④ 밀리미터파 기판

스마트폰에서는 RF-SiP가 주파수 대역만큼 복잡성이 증가하는데, 이는 다층 기판의 새로운 수요처로 밀리미터파 안테나와 AiP 모듈이 부상하는 이유다. 현재 배터리 소모를 줄이고, 메인 보드 면적을 축소하기 위해 여러 필터류와 부품을 SiP로 통합 설계하는 추세다.

하지만 밀리미터파는 초고주파로 직진성과 감쇠[46]의 특성을 보여서, 패키징 기술 변화가 수반되고 별도의 AiP 모듈이 있어야 한다. 트랜시버와 안테나가 신호 감쇠를 막기 위해 근접해야 하지만 사용자의 신체에 의해서도 쉽게 차단되어 2~4개의 AiP 모듈이 배치된다. 앞서 말했듯 애플의 아이폰12 프로 시리즈에 밀리미터파와 AiP가 적용되어 있는데, 자세하게는 2개의 수동 밀리미터파 안테나와 3개의 AiP가 탑재되어 있다.

AiP 기판은 LG이노텍, 삼성전기, 대만의 킨서스 등이 생산하고 있다. 밀리미터파 AiP 기판 시장은 LG이노텍과 삼성전기가 시장을 80% 가량 장악하고 있다. 세계 시장 규모는 2020년 1억 달러, 2021년 3억 5000달러, 2022년 6억 달러로 최근 몇 년간 매년 급성장하는 중이다.

삼성전기의 2021년 패키지 기판 매출은 1조 4400억 원(전년 대비 12% 증가)이며, 그중 FC-BGA는 5300억 원(전년 대비 19% 증가)으로 추

국내 패키지 기판 서플라이 체인 신규 투자 제품군 동향

기업	패키지 기판 투자 제품군
LG이노텍	SiP
삼성전기	FC-BGA, SiP
심텍	SiP
대덕전자	FC-BGA, FC-CSP
코리아써키트	FC-BGA

*출처: 신한금융투자

---

46 파동이나 입자가 물질을 통과할 때 에너지 또는 입자의 수가 감소하는 현상을 뜻한다.

정된다. LG이노텍은 패키지 기판 매출이 7400억 원(전년 대비 34% 증가) 수준으로 후발주자지만 빠른 속도로 성장하고 있다. LG이노텍은 FC-CSP, SiP, 밀리미터파 AiP 등을 생산하고 있으며, 앞서 말했듯 FC-BGA 시장에도 진출했다.

⑤ MSAP 기판

기존 식각공정을 통한 회로 패턴은 30마이크로미터 이하의 한계를 가진다. SAP Semi-Additive Process(세미-어디티브 프로세스)는 무동박 적층판에 시드 레이어를 만들고 도금 레지스트(감광) 패턴을 형성하는 방식으로 제조된다. 회로가 될 만한 부분만 도금하고 도금 레지스트와 시드 레이어를 제거해 회로 패턴을 만드는 것이다.

이런 방식으로 제작되는 SAP 기판은 동도금층과 레진 사이의 접착력이 떨어진다는 문제가 있는데, 이를 개선한 것이 미세화 구현에 용이한 MSAP 기판이다. 심텍은 MSAP 생산 기업 중 하나인데, 이 부문 월 생산능력은 가능 면적을 기준으로 2019년에는 3만 5000제곱미

기존 공정과 MSAP 공정의 차이

기존 공정 식각 언더컷으로 30㎛ 이하 구현 불가	전기동	노광	식각 박리	회로
MSAP 공정 회로 식각공정이 없어 미세회로 구현이 가능	시드 레이어	노광	전기동	박리 플래시 식각

터, 2020년에는 4만 제곱미터, 2021년에는 4만 5000제곱미터로 상승세를 보이고 있다. 자회사 심텍 그래픽스는 GDDR6용 MSAP 기판 위주 사업을 영위한다.

⑥ 글라스 기판

기존의 플라스틱 대신 유리를 기반으로 만든 기판이다. SKC가 AMD에 고성능 컴퓨터용 글라스 기판 공급을 추진하면서 주목받기도 했다. 2021년 SKC는 8000만 달러를 투자해 조지아주에 반도체 글라스 기판 공장을 만들기로 했다. 글라스 기판을 쓰면 패키지 면적과 전력 사용량이 절반으로 감소한다. 인터포저 등 중간 기판이 필요 없어 경박단소화 및 대면적에 유리하다. 다만 TSV 생태계는 잘 형성되어 있는데 비해 유리 관통 전극, 즉 TGV Through Glass Via 생태계가 미흡하다는 것이 약점이다.

🎙 기판 관련 기술에 대해 알아보자

① 인터포저

인터포저interposer는 반도체 기판 미세 선폭이 한계에 봉착하면서 고안된 기술이다. 복수의 이종칩 결합 패키징 기술로 프로세서 성능을 개선할 필요가 생겼는데, 인터포저는 칩뿐 아니라 전체 시스템 성능에도 도움을 주며 미세 선폭 구현에 강점을 가진다. 5마이크로미터 이하 선폭은 기존 기판 기술로는 구현하기 어렵지만, 인터포저로는 가능하다.

현재 FC-BGA 8~10마이크로미터, FO-MCM 2~3마이크로미터, 실리콘 인터포저 0.4~1마이크로미터, EMIB 등 브리지 칩이 2~3마이크로미터 수준이다. 모든 인터포저는 다이 간 연결을 1만 개 이상 가능하게 한다. 그러나 비싼 원가, 복잡한 조립 및 테스트, 제한된 공급능력 등이 단점이다.

TSMC는 CoWoS 기술로 실리콘 인터포저 시장을 주도하고 있다. CoWoS란 'Chip on Wafer on Substrate'의 약자로, TSMC가 자랑하는 2.5D 패키징 기술을 지칭한다. CoWoS는 CPU, GPU를 Substrate 위에 놓고 가장자리에 HBM을 배치하는 방식인데, 기존 패키징보다 실장 면적은 줄어들고 칩 사이의 연결은 빨라져 고성능컴퓨팅에 적합하다는 평가를 받는다. 여기서 Substrate는 '기판'을 뜻하는데, 이것은 반도체 칩이 패키징될 때 쓰이며 칩과 PCB를 전기적으로 연결하는 역할을 한다.

유기 인터포저는 실리콘 인터포저보다 원가 경쟁력이 뛰어나며 속도, 성능보다는 소형화에 초점을 둔 제품이다. 단, 고밀도 구현에는 한계가 있다. 유기 인터포저에 적극적인 국내 업체로는 삼성전자가 있다.

② 고밀도 FO-MCM

고밀도 FO-MCMFan Out Multi Chip Module(팬아웃 멀티칩 모듈)는 실리콘 인터포저 대신 FO-WLP 기술을 사용한다. 2개 이상의 다이를 2~3마이크로미터 선폭 재배선층으로 결합하고 FO-MCM을 FC-BGA에 장착한다. 2017년부터 TSMC가 사용 중인 기술이다.

이기종 다이 통합 방식

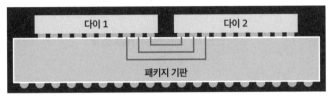

멀티칩 패키지

싼 원가, 성숙한 기술, 높은 신뢰도, KGD 검출 용이 등이 장점이나 다이-패키지 간 낮은 연결 밀도, 다이-다이 간 낮은 상호연결 밀도, 높은 소비 전력 등이 단점이다.

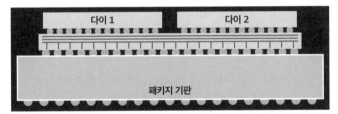

실리콘 인터포저

다이-인터포저 간 양호한 연결 밀도, 다이-다이 간 양호한 상호연결 밀도, 낮은 소비 전력 등이 장점이나 넓은 인터포저와 TSV공정에 따른 높은 원가, KGD 검출 어려움 등이 단점이다.

EMIB

다이-브리지 간 양호한 연결 밀도, 다이-다이 간 양호한 상호연결 밀도, 좁은 실리콘 브리지의 낮은 원가, 낮은 소비 전력 등이 장점이나 KGD 검출 어려움, 라우팅 길이 제한 등이 단점이다.

*출처: 인텔, 키움증권
**KGD(Known Good Die)란 본딩 준비가 되고 완전히 테스트를 마친 칩을 의미한다.

반도체 기판 핵심 기업 소개

심텍

반도체 기판과 모듈 PCB를 주로 생산한다. 전체 매출 비중은 반도체 기판 70%, 모듈 PCB 30%로 구성된다. 반도체 기판 사업으로는 멀티칩 패키지MCP, 보드 온 칩BOC, 플립칩 칩스케일 패키지FC-CSP, 시스템 인 패키지SiP 등을 생산한다. 모듈 PCB 사업으로는 서버, SSD, PC용 기판을 만든다. 최근 성장세가 두드러지는 쪽은 SiP, FC-CSP 등이다. 향후 DDR5 교체 수요 덕분에 메모리 기판 수혜에 대한 기대감도 있다.

FC-CSP는 보급형 스마트폰 5세대 이동통신 기술 AP, SSD 컨트롤러, 서버용 버퍼 IC 등에 주로 공급한다. SiP는 스마트워치, 무선이어폰 등 웨어러블 기기의 수요 증가 효과를 누리고 있다. 자회사 심텍그래픽스를 통해 GDDR6용 기판도 공급하며, 공격적인 투자로 고부가 기판에 쓰이는 MSAP 생산능력을 키우고 있다.

대덕전자

전통의 PCB 전문 업체로 반도체 기판, 모바일 SiP, MLB 등의 제품을 산한다. 원래 메모리 기판이 주력이었으나 최근 시스템 반도체 시장 공략을 위해 FC-BGA 관련 대규모 투자를 단행하는 추세다. 대덕전자의 FC-BGA는 전장용 기판 등 틈새시장을 공략하고 있으며 메모리 기판은 DDR5의 수혜를 기대하고 있다.

수익성이 악화된 스마트폰 메인 보드 HDI^{High Density Interconnection}(고밀도 다층 기판) 사업에서 철수하고, 카메라 모듈에 쓰이는 RF-PCB와 전장용 MLB에 대한 수익성 중심 공급 전략을 펼치고 있다. 수동소자 업체 와이솔을 인수하면서 RF 모듈향 FC-CSP 제품 관련 시너지 효과도 거두고 있다. 주요 거래 업체는 삼성전자, SK하이닉스, 스카이웍스, 파트론, 엠씨넥스, 앰코테크놀로지 등이다.

코리아써키트

전체 매출은 HDI 등 PCB 사업이 60%, 반도체 기판 사업이 40% 비중을 차지한다. 매년 반도체 기판 매출 비중이 높아지고 있다. 2023년에는 반도체 기판 사업 매출이 PCB 사업을 넘어설 것으로 전망된다.

코리아써키트의 반도체 기판 사업부는 CSP, FC-CSP, FC-BGA, BOC, BGA 등을, PCB 사업부는 HDI, 모듈 및 SSD, 디스플레이, RF-PCB 등을 생산한다. 코리아써키트가 생산하는 FC-BGA는 와이파이 및 셋톱박스 등의 통신기기에 주로 쓰인다. 시장 상황은 고밀도 및 고속 와이파이 수요 증가로 FC-BGA 수요 또한 증가하는 추세다. 자회사로 특수 PCB 업체 테라닉스(50% 지분), FPCB^{Flexible Print Circuit Board}(연성회로 기판) 업체 인터플렉스(30.56% 지분), 시그네틱스(시스템 반도체 OSAT 업체로 사실상 지배) 등이 있다.

티엘비

2011년 대덕전자에서 분사한 메모리 모듈 기판 업체다. D램 모듈이 54%, 낸드플래시 모듈이 44%의 매출 비중을 차지한다. 경쟁 업체로는 심텍, 코리아써키트, 트라이포드 등이 있다. 최근 티엘비의 모듈 기판에 레이저 드릴 빌드업 공법 등이 적용되면서 판매 가격이 올라가고 있다. 전력 효율성과 내구성이 개선되어 기존 메모리 모듈 대비 30% 이상 비싼 가격에 팔린다.

모듈용 기판 업체 중 가장 고정비가 작다고 평가되며, 생산하는 SSD 모듈용 기판도 점점 고도화되고 있다. 향후 DDR5 교체 수요로 영업 레버리지 효과가 클 것으로 기대된다. DDR5용 모듈 기판은 기존 DDR4 제품 대비 20~40% 가격이 높다. 현재 생산라인이 완전 가동 중이어서 신공장 투자 착공이 임박한 것으로 관측된다. 2023년부터 생산능력 확장 모멘텀이 기대된다.

중요한 역할의 조연, 수동소자

먹음직스러운 음식의 맛을 더하는 것은 그에 첨가되는 양념이다. 반도체가 음식이라면 깨소금과 같은 양념이 바로 수동소자다. 실제로 그 모양을 봐도 큰 반도체 회로 주변에 촘촘하게 붙어 있는 형태다.

스마트폰 등 전자기기에 반도체와 같은 부품의 수가 증가하고 회로도 복잡해지면서 수많은 전자파가 발생하고 부품 간 간섭(노이즈)도 심해졌다. 또 사용하는 전력량이 증가함에 따라 전류 안정화도 중요해졌다. 이때 반도체 같은 능동소자[47]가 제 역할을 할 수 있도록 보조하는 역할을 하는 것이 수동소자다.

🎙 수동소자는 한일전이다

수동소자는 스스로 전기 에너지를 발생시킬 수 없고, 소비 혹은 축적하거나 통과시키는 부품이다.

3대 수동소자로는 커패시터(콘덴서), 인덕터, 저항기를 꼽는다. 이 3대 소자를 조합해 노이즈를 저감해주는 SAW 필터, EMI(전자파) 필터, ESD(정전기) 필터 등을 만든다.

직류에서는 한 방향으로만 전류가 흐르지만 교류는 한쪽으로 흐르다가 반대로 흐르기도 한다. 이에 따라 직류에는 저항이 있지만, 교류에는 저항과 리액턴스reactance(위상차가 있는 저항)가 있다. 인덕터inductor는

---

47 입력과 출력이 있어 전기 에너지를 발생시키고 이를 증폭하거나 변환하는 부품으로, 다이오드, 트랜지스터, IC, 연산 증폭기 등이 대표적이다.

전류의 흐름을 제어하며 전류의 급격한 변화를 억제한다. 전자기기를 켰을 때 전류가 갑자기 흘러들어와 회로가 망가지는 일을 방지해주는 것이 그 역할이다. 또 전원을 껐을 때는 전류가 서서히 끊기게 해 회로를 보호해준다.

커패시터capacitor는 일정량의 전기를 저장했다가 필요할 때 방전하는 방식으로 전압의 흐름을 제어하는데, 회로 전반에 상당히 많이 쓰인다. 저항기resistor는 순간적인 과전압을 억제하는 역할을 한다. SAW 필터는 전기단자와 압전 기판 등으로 구성되며 표면 탄성파를 이용하는데, 특정 주파수 대역만 통과시키는 역할을 하며 RF회로에 주로 쓰인다. EMI 필터는 인덕터와 커패시터를 조합한 부품으로, 불필요한 유해 노이즈를 제거해 전자파를 방지한다. ESD 필터는 인덕터, 커패시터, 저항기, 다이오드를 조합해 만들며, 노이즈와 과전압을 제거하는 역할을 한다. EMI 필터와 ESD 필터는 카메라, 디스플레이, HDMI에 공통적으로 쓰인다.

그동안 수동소자 시장을 견인한 것은 스마트폰이었지만, 최근에는 자율주행차 등 차량 전장화가 수동소자 수요를 빠른 속도로 증가시키는 추세다. 세계 수동소자 시장은 일본 업체들이 꽉 잡고 있다. 무라타, TDK, 다이요유덴 등 일본 업체 점유율은 40%를 넘는다. 일본 업체들은 칩의 원천 소재부터 일괄 생산체제를 구축해 다른 업체가 쉽게 모방하지 못하게 하고 있다. 지속적인 연구 개발로 부품 효율을 개선해 자연스럽게 진입 장벽도 강화했다. 예를 들면, 무라타는 공정에 최적화된 유전체 재료를 미세입자로 조합하고 적층하는 기술 덕분에 초소형 고용량 MLCC Multi Layer Ceramic Capacitor(적층 세라믹 커패시터)를 만들 수 있다.

국내 수동소자 업체 중 1위는 MLCC를 생산하는 삼성전기다. 삼성전기는 스마트폰용 MLCC를 기반으로 전장 시장 공략에 속도를 내고 있다. 삼화콘덴서는 산업용 등 틈새시장 MLCC를 공략하고 있다. 인덕터, 저항기는 아비코전자가 국내에서 나름 성과를 내고 있다. 아모텍은 정전기 방지 칩바리스터, 저항기 등을 생산한다. 와이솔은 SAW 필터를 주로 생산하고 있다.

수동소자 핵심 기업 소개

아비코전자

1973년에 한일합작 법인으로 설립된 기업으로, 인덕터, 저항기 등 수동소자뿐 아니라 차량용 기판을 생산한다. 초창기에 리드 저항기 생산을 시작했고, 1989년에 리드 인덕터, 칩 저항기로 사업을 확장하고 1998년에는 칩 인덕터 사업을 시작했다.

아비코전자가 생산하는 인덕터는 크게 시그널 인덕터와 파워 인덕터로 나뉜다. 시그널 인덕터는 전기 신호 노이즈를 제거하는 역할을 하며 스마트폰에 주로 쓰인다. 무라타가 선점한 이 시장에 아비코전자가 진출했다. 파워 인덕터는 대형 가전에 들어가는 페라이트 타입과 반도체 및 스마트폰에 들어가는 메탈 타입이 있다.

이와 같이 아비코전자 인덕터 사업 부문은 메탈 파워 인덕터, 시그널 인덕터, 파워 인덕터, 리드 인덕터 등 다양한 제품을 생산한다. 메탈 파워 인덕터는 SSD 시장 성장으로 수요가 늘고 있고, DDR5 교체 수요에 대한 기대감도 크다. 아비코전자는 저항기 등 저부가 제품 생산라인을 베트남 공장으로 이전하면서 가격 경쟁력을 강화하고 있다.

2018년에는 회생절차 중이던 아비코테크를 인수해 전장용 PCB 시장에 진출했다. 자회사 아비코테크는 몇 년 동안 적자를 기록했지만, 최근 기판 업황이 개선되면서 4년 만에 흑자전환에 성공했다.

삼화콘덴서

종합 커패시터(콘덴서) 전문 기업이다. 특수 관계사인 삼화전기가 만드는 전해 콘덴서를 제외한 대부분의 제품을 생산한다. 주력 제품은 MLCC, 필름형 콘덴서 등이다. 삼화콘덴서는 MLCC 매출이 전체 매출의 절반을 넘어선다. 삼성전기와 함께 국내 MLCC 제조 업체로 손꼽힌다. 삼성전기가 스마트폰용 제품을 주로 생산하는 것과 달리 삼화콘덴서는 전장, 반도체, 통신 장비 등 틈새시장용 MLCC를 납품한다. 전장용 MLCC는 LG전자 VS 사업부에 주로 공급하고 있다. 그 외 생산 제품으로는 가전 등 일반 전자기기에 많이 쓰이는 단층 세라믹 콘덴서, 차량용 콘덴서 디씨링크(전장용 콘덴서), 전력용 콘덴서 등이 있다.

와이솔

2017년 대덕전자에 인수된 기업으로, SAW 필터, SAW 모듈 등 주파수를 분리해주는 통신 부품을 생산한다. SAW Surface Acoustic Wave(탄성 표면파) 필터는 기판 표면을 따라 전파되는 초음파가 동조되는 주파수만 통과시키는 특성을 활용한 RF 부품이다.

와이솔은 SAW 필터와 듀플렉서 등을 단품으로 공급하거나 안테나 등 부품과 RF 부품을 모듈화해 납품한다. 밀리미터파 통신을 적용한 스마트폰은 고부가 RF 필터 사용량이 많고, 전력 증폭기, BAW 필터 등 신규 부품을 필요로 한다. 와이솔은 5세대 이동통신 기술에 대응 가능한 체적 탄성파BAW, Bulk Acoustic Wave 필터 기술을 확보했다.

5세대 이동통신 기술을 이용하는 스마트폰은 4세대 이용 스마트폰에 비교하여 20% 이상 많은 SAW 필터가 탑재된다. 삼성전자 5세대 이동통신 기술 스마트폰에는 BAW 필터가 1~2개 탑재되는데, 향후 5개 이상으로 늘어날 것으로 보인다. 와이솔은 삼성전자 스마트폰 매출 비중이 전체 매출의 절반을 넘어선다. 오포, 비보, 샤오미 등 중국향 스마트폰 매출 비중도 꽤 높은 편이다. 최근 안드로이드 스마트폰 판매 부진 영향을 직격탄으로 맞았지만, 2023년 스마트폰 판매 회복의 기대감이 높은 편이다.

아모텍

ESD, EMI 방지 수동소자를 주로 생산하는 업체다. 스마트폰 안테나가 전체 매출의 절반 이상을 차지한다. 전장용 BLDCBrushless Direct Current(브러시리스 직류) 모터 사업에 대한 성장 기대감이 있다. MLCC 시장에 진출해 일부 양산에 돌입했다. 최근에는 스마트폰 시장 침체로 적자 행진을 이어오고 있다. 신규 사업 효과로 흑자전환에 성공할 수 있을지가 관건이었는데, 2022년 3분기에 흑자를 기록했다.

작업공정에 대한 확실한 이해가 필요하다

반도체 8대 공정이란?

반도체가 만들어지는 과정은 자세히 따지면 약 700~1000개의 단위 공정을 거친다. 하지만 SK하이닉스에서는 주요 과정 다섯 가지를 '5대 공정'이라고 부르고 삼성전자에서는 여덟 가지를 선정해 '8대 공정'이라고 부르고 있다. 여기서는 웨이퍼 제조, 산화공정, 노광공정, 식각공정, 증착·이온주입, 금속배선 공정, EDS 공정, 패키징과 테스트 공정으로 꼽히는 삼성전자의 '8대 공정'에 대해 알아보려 한다.

첫 번째, 웨이퍼 공정에 대해 살펴보자. '웨이퍼wafer'라는 이름은 웨하스 과자에서 유래했는데, 웨이퍼의 바둑판 모양이 마치 그 과자 모양과 같이 생겼기 때문이다. 웨이퍼는 반도체 집적회로의 주재료인데, 그 기본 재료는 모래에서 추출한 규소다. 웨이퍼를 만들려면 규소를 굳혀 실리콘 기둥 잉곳ingot을 만들고 그것을 얇게 잘라내면 된다. 웨이퍼 제조 공정의 핵심은 이렇게 만든 웨이퍼 표면을 유리처럼 맨질맨 질하게 갈아주는 것이다.

두 번째, 산화공정은 웨이퍼 표면을 처리해 보호막을 만드는 단계 다. 웨이퍼 그 자체는 부도체 상태인데 그 위에 산소, 수증기를 뿌려 산화막을 입히는 것이다. 이런 처리는 웨이퍼 표면을 보호하고, 앞으 로 그 위에 그려질 회로와 회로 사이에서 누설 전류가 발생하는 것을 막아준다.

세 번째, 노광공정이다. 이를테면 반도체 회로의 밑그림을 그리는 과정으로, 사진 현상과 원리가 비슷해 '포토리소그래피Photolithography 공 정'으로 부르기도 한다. '리소litho'는 석판을 의미해서 이는 쉽게 말하 면 '빛을 사용한 석판 인쇄술'이라는 뜻이다. 이 단계에서는 회로가 그 려진 석판 마스크를 이용해 웨이퍼에 회로를 전사한다.

네 번째, 식각공정은 회로 외의 불필요한 부분을 선택적으로 없애 주는 과정이다. 이때 회로 패턴을 만드는데, 습식 식각 혹은 건식 식각 방식을 쓴다. 최근 미세공정은 건식 식각이 대세로 자리매김했다.

다섯 번째, 증착·이온주입 공정이다. 증착은 웨이퍼에 쌓는 여러 층 의 전자회로가 서로 구분될 수 있도록 1마이크로미터(1000나노미터) 이 하의 얇은 박막을 만드는 과정이다. 이온주입은 순수한 실리콘에 붕소 나 인 등 불순물을 섞어 전기적인 성질이 생기게 하는 공정이다.

여섯 번째, 금속배선 공정은 쉽게 이야기하면 전기가 통하는 길을 만들어주는 과정이다. 알루미늄, 티타늄, 텅스텐 같은 금속 재료를 얇은 막으로 증착해 회로 내 소자를 작동할 수 있게 한다.

일곱 번째, 전기적 특성 검사가 이루어지는 EDS Electrical Die Sorting 공정은 '웨이퍼 테스트 공정'이라고도 한다. 웨이퍼에 형성된 칩이 양품인지 불량인지 전기 테스트로 걸러내는 과정이다. 웨이퍼에 미세한 침을 접촉시켜 전기를 흘려보낸 후 양품과 불량을 판별한다. 이 단계를 통해 전공정 수율을 알 수 있다.

마지막 여덟 번째는 패키징과 테스트 공정이다. 이때 웨이퍼 위의 반도체 칩(다이)을 전자기기에 사용 가능한 크기, 외부 환경에서 보호될 수 있는 형태로 만들고 방열 기능까지 더한다. 그 후 가혹한 고온 상태에서 작동을 검사하는 번인 테스트와 반도체 소자 수준에서 작동을 전기 검사하는 파이널 테스트를 진행한다.

두 번째 산화부터 여섯 번째 금속배선까지의 공정을 '전공정'이라고 하고, 이후 패키지와 테스트 과정을 '후공정'이라고 한다. 이어질 전공정과 후공정의 세부 내용은 국내 산업 비중이 크고 중요도가 높은 쪽에 무게 중심을 두고 썼다. 독자들의 실전 투자에 도움이 되는 게 중요하기 때문이다. 예를 들면, 세정공정은 8대 공정에 포함되지 않지만 국내 기업 비중이 크고 기술 혁신 속도도 빠르다.

반도체 회로를 그리는 전공정

🎙 노광공정, 빛으로 회로를 그리다

노광공정에서는 웨이퍼 산화막 위에 감광제PR, photoresist를 도포하고, 마스크를 통해 빛(DUV 혹은 EUV)을 통과시켜 회로도가 찍히게 한다. 앞서 소개했듯이 포토마스크의 원재료는 블랭크 마스크인데, 에스앤에스텍이 국산화에 성공했다. SKC도 국산화를 시도 중이다. 노광 작업을 거친 후에는 웨이퍼 위에 현상액을 뿌리면서 감광제가 양성이냐 음성이냐에 따라 빛을 받은 부분 또는 그렇지 않은 부분을 서서히 제거하는데, 이때에는 감광제 찌꺼기를 제거해주는 스트립strip 장비를 이용한다.

감광제 소재는 노광공정에서 중요한 포인트 중 하나다. 감광제는 웨이퍼에 도포되는데, 얇고 평평하게 펼쳐져야 하고 빛에 민감한 물성이 중요하다. 광원은 불화크립톤 KrF(248나노미터), 불화아르곤 ArF(193나노미터), EUV(14.3나노미터) 순으로 단파장으로 발전해왔다. 빛의 파장이 짧아질수록 더 미세한 회로를 그릴 수 있기 때문이다. EUV는 노광공정에 쓰이는 시간의 60%, 비용의 30%를 차지한다.

국내 업체 동진쎄미켐은 KrF, ArF 감광제를 양산하고 있으며, EUV 감광제 고객사의 승인 테스트도 받은 것으로 추정된다. 이 외에 이엔에프테크놀로지는 EUV용 감광제 원재료를 개발 중이며 경인양행은 감광제 원재료를 생산, 공급하고 있다.

EUV 공정용 건식 감광제 기술도 주목할 만하다. 삼성전자는 디엔에프와 손잡고 EUV 공정을 최적화해 경제성을 높이는 연구를 진행하고 있다. 기존 감광제를 건식 감광제로 바꾸면 EUV 공정 처리 시간을 획기적으로 줄일 수 있다. 쉽게 이야기하면 EUV 장비 1대로 1.7대의 효과를 낼 수 있다는 이야기다.

이제부터 EUV 노광공정과 관련한 주요 기업, 장비, 소재 등에 대해 좀 더 자세히 살펴보자.

① EUV 장비의 최강자, ASML

칩 하나에 나노미터 단위의 회로를 새기려면 매우 정밀한 노광 장비가 필요하다. 현재 반도체 노광 장비는 사실상 네덜란드의 ASML이 독점한 상태다. 최근의 경기침체에도 이 회사가 판매하는 EUV 장비를 사기 위해 TSMC, 삼성전자, 인텔, SK하이닉스 등 글로벌 반도체 기업들이 줄을 서서 기다린다. EUV 장비에 비하면 에르메스, 샤넬 백을 사기 위해 줄 서는 것은 장난인 수준이다.

사실 1990년대 초까지만 해도 노광 장비는 니콘, 캐논 등 일본 업체들이 선점한 시장이었고, 당시 ASML은 벤처 기업 정도에 불과했다. 하지만 ASML은 자체 기술만 고집하지 않고 협력을 강화하는 전략을 통해 성장했다. 독일의 칼 짜이스에 렌즈 생산을 의뢰하고, 미국의 레이저 광원 회사 사이머를 인수하는 등 세계 최고 수준의 지식 네트워크를 만들어나갔다. EUV 장비를 개발할 때는 삼성전자, 인텔, TSMC 등 글로벌 반도체 기업들이 천문학적인 투자를 해주기도 했다.

ASML이 한 해에 생산하는 EUV 장비 수량은 40~50대 수준에 불과하다. 생산량 중 절반은 TSMC 차지고, 25% 정도는 삼성전자에 할당된다. 현재 삼성전자 파운드리 라인은 월 10K(10000장)당 EUV 2대가 필요하다. 14나노미터 D램은 10K당 한 대 필요한 것으로 추정된다. 나머지 25% 물량을 확보하기 위해 인텔, SK하이닉스, 마이크론 등의 업체들이 피 튀기는 경쟁을 벌인다. 최근 중국의 반도체 업체들은 미국의 제재 탓에 단 한 대도 구매하지 못했다. 앞으로 미국은 네덜란드 정부와의 논의를 통해 ASML의 대중국에 판매 규제 품목 확대를 추진할 것으로 보인다.

ASML은 한국과 긴밀한 협력을 하는 반도체 장비 업체다. 1996년 설립된 ASML 한국지사에는 현재 1800명 정도의 직원이 있는데, 조만간 2000명을 돌파할 전망이다. 삼성전자, SK하이닉스 등 핵심 고객이 있는 만큼 한국과 좀 더 깊은 수준의 오픈 이노베이션을 지속하려는 의지다. 최근 ASML은 한국 내 투자를 결정하고 2400억 원 이상을 투입해 화성시에 노광장비 재제조 센터와 기술센터를 지을 계획이라고 밝혔다.

② EUV 공정 관련 소재

ASML의 EUV 장비 생산능력은 2020년 35대, 2021년 40대, 2022년 46대로 매년 큰 폭으로 늘어나고 있다. 그러나 수요 증가 속도를 못 따라가는 상황이다. 최근 부품 부족으로 장비 생산 리드 타임이 늘어난 것도 영향을 미치고 있다.

삼성전자 D램은 16나노미터에서 EUV 광원 1개의 레이어를 사용

글로벌 반도체 제조사 EUV 기술 현황

삼성전자	- 3나노미터 EUV 파운드리 공정 도입 - 14나노미터 EUV D램 양산 시작
인텔	- 아일랜드에 EUV 노광 장비 반입 - ASML에 첫 차세대 EUV 장비(하이-NA) 주문 - 2023년 판매할 제품에 첫 EUV 적용 예정
TSMC	- 2022년 시설투자에 약 56조~62조 원 투입 예정 - 현재 80대 내외 EUV 노광 장비 보유
마이크론	- 미국 R&D 설비에 ASML 최신 노광 장비 반입 - 일본 편에 EUV 엔지니어 채용 움직임 - 2024년 EUV 공정 구현 예정

*출처: 업계 종합

하지만 14나노미터에서는 4~5개의 레이어를 사용한다. SK하이닉스는 M16 팹에 EUV 광원 1개의 레이어를 사용하는 공정을 적용할 계획이다. 커패시터 종횡비 증가로 인한 하이-K[48] 전구체 재료와 ALD Atomic Layer Deposition(원자층 증착) 장비 수요 증가 및 국산화 흐름도 중요한 포인트다. 하이-K 소재는 과거 지르코늄 계열에서 현재 하프늄 계열로 캡 증착 물질이 변하고 있는데, 이에 따라 낮은 저항을 가진 메탈도 필요해진다.

기존 텅스텐과 TiN(질화티탄) 계열 메탈 게이트 재료도 바뀔 것으로 관측된다. 현재 거론되는 물질은 루테늄과 몰리브덴이다. 로직 반도체에서는 구리 배선을 코발트 재료로 바꾸는 작업이 진행 중이다. 이런

---

48 반도체의 게이트나 커패시터를 만들 때 사용하는 신물질로, 회로 미세화에 따른 전류 누설 문제를 해결해준다. 'High-K'라고 쓴다.

시도는 인텔 10나노미터 슈퍼핀 트랜지스터에 적용된 바 있다.

③ 마스크를 보호하는 EUV 펠리클

공정에 파티클이 들어가는 것을 방지하고 마스크를 오래 쓰기 위해서는 펠리클이 필요하다. EUV는 모든 물질에 흡수되는 특성을 가지며 심지어 공기에도 흡수된다. 그래서 공기 중이나 마스크에 먼지 한 톨이라도 있으면 빛이 굴절되고 만다. 마스크 위에 펠리클을 씌우면 이러한 문제를 해결할 수 있는 것이다.

마스크에 파티클이 묻으면 세정을 할 수는 있지만, 2~3번 정도 세정하게 되면 손상으로 폐기해야 한다. 하지만 파티클이 펠리클에 묻으면 세정하거나 버리면 된다. 펠리클은 EUV에 오래 노출되면 녹아버리기 때문에 원래 사용 기간이 2주 정도다. 일반적으로 마스크는 장당 가격이 5억~10억 원에 달하지만, 펠리클은 장당 약 2000만~3000만 원으로 알려져 있다.

D램에 EUV 적용 레이어 개수가 1개에서 4~5개로 늘어나면 펠리클이 없어서는 안 되는 필수 부품이 될 것으로 보인다. 7나노미터 미세공정까지는 펠리클이 옵션으로 쓰였지만 5나노미터에서는 필수다. 또 7나노미터에서 쓰는 펠리클은 5나노미터에서 쓸 수 없다. 펠리클 수요는 시스템 반도체 공정에서 훨씬 많은 편이다.

펠리클은 투과율이 최대 관건이다. EUV 펠리클에도 흡수되기 때문이다. 또한 열을 잘 견디고 월 1만~2만 장을 생산하는 공정도 버텨내는 내구성도 갖추어야 한다. 현재 개발 중인 펠리클의 투과율은 80%

중후반대 수준인 것으로 알려져 있는데, 90% 수준을 넘어야 상용화에 가까워질 것으로 보인다.

ASML은 미쓰이화학으로부터 투과율 83%의 펠리클을 공급받은 바 있다. 현재 에프에스티, 에스앤에스텍 등의 국내 업체가 EUV 펠리클 개발에 힘쓰고 있는데, 두 회사 모두 투과율 90% 수준에 근접한 것으로 추정된다. 상용화 단계 막바지에 이른 것이다. 에스앤에스텍은 단결정 실리콘을 사용한다. 그 위에 루테늄을 코팅해서 600℃까지 치솟는 EUV 온도의 열을 효율적으로 방출시키는 기술을 확보했다. 에프에스티는 SiC 기반 펠리클의 파일럿 라인을 운영 중이다.

④ EUV 장비로 나노미터를 넘어 옹스트롬으로

ArF 노광기는 대당 700억 원 수준인데 비해 EUV 노광기는 1500억~2000억 원에 달한다. 최신 노광기일수록 성능은 좋고 훨씬 비싸다. EUV 장비 성능이 점점 개선되면서 지금 보유한 장비가 금방 구형이 되는 경우도 많다.

초미세 공정은 2나노미터 이후 1.8나노미터, 1.4나노미터급으로 진입할 것으로 예상된다. 즉, 18옹스트롬Angstrom[49], 14옹스트롬 시대가 열리는 것이다. 이런 진보를 이루는 데는 EUV 장비가 필수적일 것으로 보인다. EUV는 멀티 패터닝patterning(회로 배선 구현)으로 인한 공정 추가나 정밀도 문제를 해결해주기 때문이다. 삼성이나 TSMC 등의 기업

---

49 빛의 파장이나 원자 사이의 거리를 재는 데 사용하는 길이의 단위로, 0옹스트롬은 0.1나노와 같다.

들이 고가의 EUV 장비를 앞다투어 확보하려는 이유다.

삼성전자 파운드리향 EUV 감광제는 일본 JSR과 벨기에 IMEC의 합작사인 RMQC가 공급한다. 국내에 EUV 감광제 생산라인을 구축한 듀폰도 일부 공급한다. 동진쎄미켐은 14나노미터 D램의 EUV 4~5개 마스킹 공정 중 1단계에 사용될 EUV 감광제를 공급하기로 했다.

⑤ 초미세 공정도 한 번에, 하이-NA EUV 장비

하이-Na EUV는 EUV의 개구수를 0.33NA[50]에서 0.55NA로 업그레이드한 장비로 기존 EUV 장비보다 70% 이상 비싸게 팔릴 것으로 예상된다. 2023년부터 본격적으로 판매될 것으로 보이는데, 이 장비를 사용하면 더 미세한 피치pitch(패턴 간 거리)의 반도체 공정이 가능해진다.

상면의 가로, 세로 축소 비율을 달리해 일정한 크기의 화면에 담는 아나모픽anamorphic 광학 시스템, 마스크와 웨이퍼의 이동 속도 증가 등이 필요해 장비 가격이 4000억 원 수준에 이를 전망이다. 마스크는 일본 호야, 감광제는 JSR, 마스크 검사 장비는 레이저텍이 공급한다.

⑥ EUV 공정 도입 확산에 따른 영향

EUV 공정이 적용되면 공정 과정과 비용이 감소한다. 이를테면 절연막 관련 CVD 증착, 식각의 스텝 수가 줄어드는데, 절연막 증착은 더블 패터닝에서 1회, 콰트러플 패터닝에서 2회 필요해진다. 원래 필

---

50 개구수(Numerical Aperture)란 광섬유 내 빛의 전파를 좌우하는 입사각을 결정하는 수치를 의미한다.

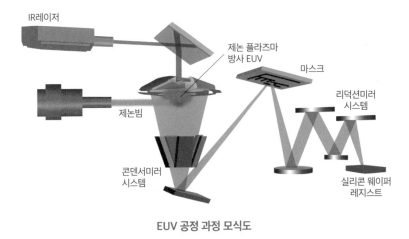

IR레이저

제논 플라즈마
방사 EUV

마스크

리덕션미러
시스템

제논빔

콘덴서미러
시스템

실리콘 웨이퍼
레지스트

EUV 공정 과정 모식도

*출처: 삼성전자

요하던 횟수가 절반씩 줄어드는 셈이다.

한편, ALD 증착공정 수요는 오히려 늘어난다. D램 테크 마이그레이션, 낸드플래시 고단화로 공정 스텝 수가 점점 증가하고 있다. 그러므로 최첨단 공정으로 전환될수록 생산능력 감소를 보완하기 위한 투자가 필요하다. D램 커패시터는 종횡비가 커질 수밖에 없고, 따라서 커패시터 절연막 두께를 1나노미터 이하 수준으로 얇게 증착하기 위해 ALD가 필요해진다.

세정 스텝 수도 증가하는데, 식각과 마찬가지로 습식보다 건식 방식이 확대된다. 구조물 종횡비가 높아질수록 화학 용액이 깊은 곳까지 닿기 어려워져 건식 세정이 유리하다. 공정 챔버 내 열처리 온도 상승으로 액화 물질이 기화하면서 유해 가스 발생량이 증가한다. 이를 정화할 스크러버 장비 수요가 증가하는 이유다.

ESG[51] 트렌드로 식각공정의 가스 처리를 위한 고성능 플라즈마 스크러버 채택 비율도 높아질 것으로 보인다. 2020년 기준, EUV 장비 보급 비중은 파운드리 90%, 메모리 10% 수준이다.

⑦ 동진쎄미켐 EUV 감광제 개발의 의미

감광제는 반도체 회로를 그릴 때 밑그림을 그리는 검은 잉크와 같은 역할을 담당한다. 축소 복사의 역할을 하는 셈이다. 이런 감광제는 그냥 액상으로 보이지만, 그 속에 플라스틱이 녹아 있는 액체라고 생각하면 된다.

감광제는 웨이퍼를 회전시키면서 페인트칠을 하듯 코팅을 하는 방식으로 사용되며, 이 방식은 '스핀 코터spin coater'라고 불린다. 감광제는 화학 반응을 잘 일으키도록 솔벤트, 광활성제, 계면활성제 등을 넣은 고분자 물질이다. 그래서 자외선을 쬐어 의도에 따라 화학 반응으로 녹거나 녹지 않도록 할 수 있다.

감광제는 거칠기Line Edge Roughness나 해상도, 감도가 모두 작아야 좋다.[52] 감광제 제조 업체들은 모두 작고 매끈한 패턴을 에너지를 적게 써서 만드는 것을 목표로 한다고 보면 된다.

---

51 환경(Environmental), 사회(Social), 지배 구조(Governance)의 머리글자를 딴 말로, 기업 성과에 환경, 사회적 책임 경영, 지배 구조 개선 등의 요소를 반영하는 성과 지표를 뜻한다.
52 이때 해상도가 작다는 말은 '두 점 사이의 최소의 거리'가 작다는 의미이며, 일반적으로는 해상도가 높다고 표현할 수 있다. 감도 역시 적은 에너지 양으로 패턴을 형성할 수 있을수록 좋다는 의미이다.

⑧ 탁월한 정밀도의 금속산화물 감광제

주석 감광제는 JSR에 합병된 미국의 전자 재료 기업 인프리아가 개발하고 특허를 낸 감광제로, 금속 산화물이 덜 무너지는 성질 때문에 활용된다. 이런 종류의 감광제에는 유기물과 무기물이 섞여 있다. 이후 공정이 진행되며 EUV에 의해 유기물만 제거되고 무기물이 엉켜서 남는데, 이것이 패턴을 새기는 데 활용된다. 기존 유기물에 비해 빛 흡수율이 4배 이상 높아 미세한 패턴도 잘 그릴 수 있다. ArF 노광공정 시 도포된 감광제의 두께는 통상 50~60나노미터 수준인데, 3나노미터 패턴이라면 EUV 감광제는 두께가 6나노미터 수준은 되어야 한다.

⑨ SK하이닉스의 선택, 램리서치의 건식공정

미국 기업 램리서치는 증착과 식각으로 패터닝을 진행하는 기술을 공개한 바 있다. 인프리아의 기술과 비슷한 방식으로 금속산화물을 이용하는데, 이런 건식공정의 장점은 용액을 활용하지 않아 표면 장력 문제가 발생하지 않는다는 것이다. 얼마전 SK하이닉스가 첨단 D램을 만드는 데 이 기술을 채택했다.

노광공정 소부장 핵심 기업 소개

동진쎄미켐

발포제 사업을 시작으로 반도체, 디스플레이 전자 재료 시장에 진출해 자리매김한 국내 대표 소재 업체다. 1989년 국내에서는 최초, 세계에서는 4번째로 감광제 개발에 성공했다. 3D 낸드플래시에 쓰이는 불화크립톤KrF 감광제 분야에서 세계 1위를 차지하고 있다. 또한 아베의 소부장 수출 규제 사태 이후 불화아르곤ArF, 불화아르곤이머전ArFi, 극자외선EUV 감광제 국산화에 성공했다.

현재 신너, CMP(화학적·기계적 연마) 슬러리, 반사 방지막, 하드마스크, 전구체 등 핵심 소재 기술을 보유하고 있다. 특히 신성장 동력 확보의 일환으로 2차전지 실리콘 첨가제 개발에 성공해 유럽의 노스볼트에 공급할 계획이다. 삼성으로부터 지분투자를 받기도 했다. 실적 성장은 의심의 여지가 없지만, 시장과 소통하지 않는 회사로 유명한 만큼 투자에 유의해야 한다.

에스앤에스텍

반도체, 디스플레이용 블랭크 마스크를 개발, 공급한다. 블랭크 마스크는 노광공정용 포토마스크를 만드는 원재료로, 석영 기판, 금속 박막, 레지스트 막으로 구성된다. 포토마스크는 블랭크 마스크를 이용해 노광, 식각, 감광제 제거 과정을 거쳐 만들어진다. 에스앤에스텍은 삼성전자향 시스템 반도체용 블랭크 마스크와 삼성디스플레이 QD OLED용 블랭크 마스크 판매 확대를 기대하고 있다.

EUV용 펠리클은 이 회사의 신성장 동력이다. EUV 펠리클 상용화를 위해서는 90%의 투과율을 달성해야 하고, 1만 시간 이상 쓸 수 있는 내구력을 확보해야 한다. EUV 공정이 늘어날수록 펠리클 수요도 급증할 것으로 기대된다. 에스앤에스텍은 EUV 펠리클 초도 양산능력 확보를 위해 대구 공장에 클린룸을 증설하기도 했다. 2022년 3월에는 200억 원을 투입하는 용인 신공장 신축 계획을 발표했다.

에프에스티

반도체, 디스플레이 펠리클 및 칠러chiller 장비를 공급하는 업체다. 주력 사업은 반도체 칠러 장비로 60%의 매출 비중을 차지한다. 나머지 40%의 매출은 펠리클 소재에서 나온다. 주가 측면에서 주목하는 것은 EUV 펠리클 시장 진출이다.

현재 에프에스티는 실리콘카바이드sic 소재를 기반으로 제품 개발에 힘쓰고 있다. 삼성전자가 요구하는 펠리클의 스펙은 90% 투과율과 500와트에서 견딜 수 있는 내구성인데, 에프에스티 제품이 에스앤에스텍이 개발 중인 단결정 실리콘 기반 제품보다 고온에서 내구성이 더 좋은 편이다.

에프에스티는 펠리클을 위한 프레임, 플라스틱 케이스, 마운트 장비(펠리클 교체 시 포토마스크 탈부착 장비), 파티클 검사 장비에 이르는 수직계열화를 추진 중이다. 오버레이를 공급하는 오로스테크놀로지(지분율 33.74%)를 자회사로 두고 있다. 오버레이는 웨이퍼의 회로 패턴 정렬을 검사하고 오차를 측정하는 장비다.

🎙️ 증착공정, 한 겹 한 겹 박막을 쌓아 올리다

증착deposition은 웨이퍼 위에 박막을 입히는 공정인데, 현재 박막 두께는 대부분 한 자릿수 나노미터 수준이며 옹스트롬 단위까지 내려가기도 한다.

증착 방식은 크게 PVD Physical Vapor Deposition(물리적 기상증착)와 CVD Chemical Vapor Deposition(화학적 증기증착)로 나뉜다. 지금은 CVD 방식이 대세를 이룬다. PVD보다 10배 표면 접착력이 높고, 대부분 표면에 적용이 가능하기 때문이다. 저기압, 고밀도, 얇은 박막을 구현할수록 부가가치가 높지만 난이도 역시 굉장히 높다. 진공 상태에서 낮은 압력으로 만들면 가스 분자끼리의 충돌이 적어 정밀하고 균일한 막질을 얻을 수 있다. 하지만 공정 시간이 길어지는 단점이 있다.

고진공 상태에서 기체 반응 속도를 떨어뜨리지 않으려면 웨이퍼 온도를 높여야 하는데, 이때 반도체 표면의 메탈층이 녹아내릴 수 있다. 이를 해결하기 위해 400℃의 저온공정으로 가능한 PE-CVD Plasma Enhanced-CVD(플라즈마 화학 기상증착)가 탄생했다. 이는 이름 그대로 플라즈마를 활용해 박막공정을 진행하는 것이다. 그러나 PE-CVD는 막질이 균일하지 않은 문제가 있다. 이에 따라 막의 품질이 떨어져도 무방한 곳에 사용한다. 이에 비해 HDP-CVD(고밀도 플라즈마 CVD) 방식으로는 치밀한 막질을 얻을 수 있다.

원자층 증착 ALD는 CVD의 파생 기술로 볼 수 있다. 이 기술은 한 개의 원자층을 쌓을 정도로 엄청나게 얇은 박막을 입힐 수 있다. 문제는 느린 공정 속도다. 하지만 EUV 공정 적용이 늘수록 마스킹 수가 줄

CVD 공정 방식의 분류

공정 방식	장점		단점	적용 물질
열 CVD	AP-CVD	- 간단한 장치 구성 - 두께 조절 용이		-파티클 문제 -낮은 쓰루아웃
	LP-CVD	- 우수한 스텝 커버리지 - 우수한 막질 특성		-높은 공정 온도 -느린 공정 속도
플라즈마 CVD	PE-CVD	- 낮은 공정 온도 - 높은 쓰루아웃		-스텝 커버리지 불량 -파티클 문제
	HDP-CVD	- 우수한 막질 특성 - 낮은 공정 온도 가능		-플라즈마 데미지 -복잡한 장치 구성

*출처: 산업자료, 미래에셋증권 리서치센터

어들어 ALD를 사용할 수 있게 되었다.

원래 CVD 시장은 LP-CVD Low Pressure Chemical Vapor Deposition(저압 화학 기상증착)와 열화학 기상증착의 강자인 도쿄일렉트론과 고쿠사이 일렉트릭이 70%의 점유율을 차지했다. 그런데 2014년부터 핀펫 트랜지스터가 본격화되었고, 3D 낸드플래시 등 반도체 구조 변화로 플라즈마를 이용한 PE-CVD가 사용되었다. 이때부터 AMAT와 램리서치가 CVD 시장을 주도하게 되었다. 이 과정에서 국내 원익IPS와 테스도 PE-CVD 국산화로 기회를 잡았다.

향후 10년 동안 엄청난 변화가 눈앞에 있다. 트랜지스터 구조가 GAA로 바뀌고, D램 커패시터에 ALD와 하이-K 전구체가 적용된다. 예전에 PE-CVD가 새로운 아키텍처와 장비 시장의 부흥을 불러왔던 사이클과 유사한 흐름이다. 앞으로 승부는 ALD 장비에서 판가름 날 것으로 보인다.

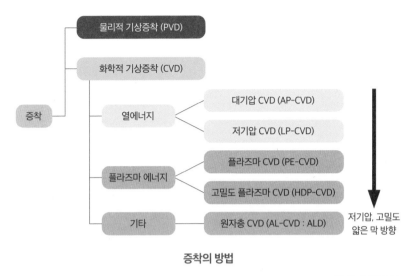

증착의 방법

*출처: SK하이닉스

차세대 장비로 주목받는 ALE Atomic Layer Etching(원자층 식각)와 선택적 ALE 기술의 근간은 결국 식각층을 형성하는 ALD 기술이다. 관련 기업 중 유진테크와 원익IPS는 고객군 면에서 유리하고, 주성엔지니어링은 순수 ALD 업체에 가깝다.

여기서 증착에 사용되는 박막과 증착공정 관련 국내외 기업에 대해 간단히 살펴본다.

① 반도체 박막의 종류와 역할

박막을 형성하는 물질은 크게 전극, 배선 형성에 사용되는 금속 물질, 그리고 분리, 틈새 메우기, 마스크 레이어 등에 사용되는 유전 물질로 나누어볼 수 있다.

반도체 공정에 쓰이는 박막의 종류와 역할

	종류	역할	소재	설비
금속 물질	선폭	디바이스 크기에 맞는 저항 확보	WSix W. CoWSix, NiSix, Al. Cu	CVD/ALD/EP
	오믹층	실리콘 계면 접촉 저항 확보	Wsix, Ti, Co, Ni	CVD
	배리어 층	메탈층의 확산 방지막	TiN, Ta, TaN, WN	CVD/ALD
	플러그 층	저 저항 접촉 물질	W, Al, Cu	CVD/EP
	접착제 층	접착력 강화를 위한 박막	TiN(W CVD)	CVD
	덮개층	반사 방지막	Ti/TiN, TiN	CVD
	전극	일함수 제어 박막	TiN, TaN, Ru	PVD/CVD
유전 물질	층간/금속간 유전체	메탈 선폭 간 분리 박막	SiO2, SiN, SiOC, SiCN	SOG/CVD
	보호막	내열, 습기 방지막	SiO2, SiN	PE-CVD
	하드마스크	식각 선택비 확보	SiO2, SiN, SiC, SiOC	PE-CVD
	희생층	식각 후 제거되는 막	USG, BPSG, SOG	SA-CVD/SOG
	평탄화층	막 증착 후 평탄화 가능한 막	SOG, USG	SOG

*출처: 산업자료, 미래에셋증권 리서치센터

② 국내외 증착공정 장비 업체 현황

유진테크는 ALD 장비 개발에 성공해 삼성전자에 공급할 계획이다. 기존에는 LP-CVD, 트리트먼트 장비를 주로 공급하던 업체였는데, ALD 장비 상용화로 한 단계 레벨업한 것으로 평가된다. 앞으로 ALD 시장에서 국내 원익IPS, 주성엔지니어링 등과 경쟁하게 될 것이다.

CVD 막질 대비 ALD 막질은 100배~1000배가량 얇다. ALD 막질 두께는 1옹스트롬 정도로 추정될 정도다. ALD 장비는 시간 또는 공간을 분할해서 처리하는 방식 등으로 분류된다. 미세공정 기술 발전 속도가 점점 빨라지면서 더 정밀하고 얇은 증착막이 요구되고 있다. 그동안 일본 고쿠사이일렉트로닉스는 삼성전자에 ALD 장비를 독점적으로 공급해왔다.

고쿠사이는 하이-K 공정에서 압도적인 경쟁력을 자랑하며, 나머지 분야에서는 도쿄일렉트론과 시장을 양분하고 있다. 커패시터에는 지르코늄, 하프늄, 타이타늄 등을 적층하는데, 타이타늄 관련 장비는 도쿄일렉트론이 공급한다. 당분간 지르코늄이나 하프늄을 ALD로 올리는 하이-K 공정에서는 고쿠사이 장비가 주류를 이룰 것으로 보인다. 국산 ALD 장비는 ILD Inter Layer Dielectrics(층간 유전막), IMD Inter Metal Deposition(층간 절연막)에 적용되는 실리콘나이트라이드 공정에 쓰일 것으로 관측된다.

주요 증착 장비 업체

장비명	기업	참고 기업 및 비고
LP-CVD	도쿄일렉트론, 램리서치, AMAT	#유진테크
PE-CVD	AMAT, 램리서치, 도쿄일렉트론	#원익IPS #테스 #주성엔지니어링
싱글 ALD	ASML(40%), 램리서치(27%), 원익IPS(12%), 주성엔지니어링(12%), 유진테크(3%)	괄호 안은 글로벌 시장 점유율
배치 ALD	유진테크	SK하이닉스 인증 완료, 삼성전자 테스트 진행 중

한때 AMAT가 고쿠사이를 인수하려다 독과점 이슈 때문에 무산된 바 있다. ALD 장비 시장 진출을 노리고 있던 국내 증착 업체들로서는 정말 가슴을 쓸어내릴 만큼 다행스러운 일이었다. LP-CVD 장비는 대당 40억~50억 원 수준인데, ALD 장비는 대당 70억~80억 원 수준의 고가다. 한편, 현재 ALD 관련 특허를 가장 많이 가지고 있는 기업은 순서대로 ASM인터내셔널(네덜란드), 램리서치, 도쿄일렉트론, AMAT 등이다.

증착공정 장비 핵심 기업 소개

테스

증착공정과 관련하여 국내 4대 업체로 손꼽히는 기업들이 있는데, 바로 테스, 유진테크, 원익IPS, 주성엔지니어링이다. 먼저 테스는 PE-CVD 증착 장비와 GPE Gas Phase Etching(가스 상 식각) 장비를 주로 공급하는 업체다. 낸드플래시의 매출 비중이 높아 고단화 수혜를 보고 있다. 현재 낸드플래시 주력 층수는 128단인데, 176단으로 진화하는 중이다. 테스의 PE-CVD 장비는 하드마스크 증착용 ACL Amorphous Carbon Layer(비정질 탄소층)과 반사 방지막 증착용 ARC Anti-Reflection Coating(반사 방지 코팅)에 주로 쓰인다.

GPE는 식각공정 후 파티클을 세정하는 장비다. HF(불화수소) 가스를 사용해 웨이퍼 표면의 산화막을 선택적으로 깎아낼 수 있다. 플라즈마를 사용하는 식각 장비보다 웨이퍼 표면에 충격을 적게 주고, 산화막만 깎아내는 장점이 있다.

유진테크

LP-CVD, 플라즈마 트리트먼트 장비를 주로 공급하는 회사다.

2017년, 독일 엑시트론의 ALD 및 CVD 사업부를 인수해 사업 영역을 확장했다. LP-CVD 장비는 CVD 장비 중 챔버 압력이 가장 낮고, 고온의 열 에너지를 사용해 반응을 유도한다. 플라즈마 트리트먼트는 웨이퍼 표면에 산화 및 질화 열처리 작업을 하는 장비다. 유진테크는 LP-CVD 등 주력 장비가 견조한 가운데 신성장 산업인 ALD 시장에도 진출해 매출 성장과 수익성이라는 두 마리 토끼를 잡았다.

ALD 장비는 웨이퍼를 한 장씩 처리하는 싱글 타입과 한 번에 여러 장을 처리하는 배치 타입이 있다. 유진테크는 한 번에 웨이퍼 150장을 처리할 수 있는 배치 타입을 개발하고, 스펙상 이런 장점을 가지고 있음에도 고쿠사이보다 저렴한 가격 정책을 펴 시장에 안착했다. 기존 고쿠사이의 장비는 약 80장의 웨이퍼 처리가 가능하다.

원익IPS

반도체, 디스플레이, 태양광 증착 장비를 주로 공급하는 업체다. 반도체 장비 상장 기업 중 가장 높은 시총을 기록하고 있다. 반도체 장비에서는 PE-CVD의 경쟁력이 높은 편이며, 디스플레이 장비에서는 건식 식각에 강점이 있다.

2019년에 테라세미콘을 합병해 열처리 장비 라인업을 추가했다. 반도체 장비 사업은 D램, 낸드플래시, 파운드리 등으로 제품 다각화가 잘 이루어져 있다. 다만 삼성전자 매출 의존도가 높고, 공동 개발 프로젝트가 많아 중국 수출은 제한적이다.

원익IPS는 그동안 주성엔지니어링, 유진테크 등 경쟁 업체에 비해 주가가 지지부진했다. 신성장 동력으로 기대를 모았던 ALD 상용화가 더뎠던 탓이다. ALD 장비 개발에만 상당한 투자금을 쓰고 있는 만큼 삼성전자 3나노미터 GAA, 14나노미터 D램 등의 수혜가 기대된다.

또한 도쿄일렉트론이 선점한 메탈 CVD 시장에 진출할 예정인데, 이도 새로운 성장 동력으로 주목받고 있다. 원익IPS는 금속배선 공정에 쓰이는 장비를 SK하이닉스 M15 팹의 128단 낸드플래시 라인에 공급한 바 있다. 점진적으로 삼성전자 화성캠퍼스, 평택캠퍼스에도 공급하게 될 것으로 기대된다.

주성엔지니어링

반도체용 CVD 및 ALD 장비, 디스플레이 및 태양전지용 PE-CVD, ALD 장비를 주로 공급하는 업체다. 주로 SK하이닉스, LG디스플레이에 납품하고 있다.

기존 주력 장비는 반도체 증착에 쓰이는 SDP-CVD Space Divided Plasma-CVD(공간 분할 플라즈마 CVD)인데, 이 장비는 D램 하이-K 공정에 적용된다. 최근에는 미세공정에 최적화된 TSD-CVD Time Space Divided CVD(시공간 분할 플라즈마 CVD) 장비도 공급한다.

디스플레이용 PE-CVD, 봉지공정Encap 장비에서도 활발한 움직임을 보인다. 최근 중국 반도체 업체들이 미국 장비 구입에 어려움을 겪으면서, 주성엔지니어링의 ALD 장비 판매가 굉장히 좋은 흐름을 보여주고 있다.

D램 커패시터 증착용 하이-K 소재가 지르코늄에서 하프늄으로 바뀌면서 새로운 ALD 장비 수요가 발생하고 있기도 하다. 또한 폴더블 OLED 봉지공정에도 ALD가 투입되는 분위기다. AM OLED 패널이 스마트폰에서 태블릿 PC로 확산되면서 ALD 봉지증착이 필요해졌기 때문이다.

③ ALD와 하이-K

커패시터 등의 소자에서 전류의 흐름이 원활해야 하는 곳에는 로우-K(저유전율 물질)를, 전류를 제어해야 하는 곳에는 하이-K(고유전율 물질)를 사용한다. 하이-K와 로우-K는 유전값 K 상수가 4 이상이냐 이하냐에 따라 분류된다. 유전율은 부도체(유전체)이면서도 내부에 전자기파의 진행을 가능하게 하는 정도를 의미한다. 유전율이 높을수록 배선 사이의 전기 간섭을 차단하고 누설 전류를 줄일 수 있다.

28나노미터 이상에서는 산화막(SiO2 소재)을 사용했지만, 누설 전류 문제 탓에 하이-K를 쓰기 시작했다. 게이트 절연 특성이 좋아지면 미세회로 구현에도 장점이 많아진다. 그동안 하이-K 소재로는 지르코늄 계열을 주로 썼지만, 차세대 공정에서는 하프늄 계열을 많이 쓰게 될 것이다.

삼성전자의 14나노미터 D램 커패시터에는 지르코늄, 하프늄, 타이타늄 등을 적층하고 있다. 지르코늄, 하프늄 등 하이-K ALD 장비는 고쿠사이일렉트로닉스가 공급하고, 소재는 아데카가 납품하고 있다. 또 타이타늄 장비는 도쿄일렉트론이 공급한다.

ALD 공정은 회사마다 다르다. 따라서 반도체 업체의 공정 특성에 맞춰 장비와 소재를 최적화해 개발해야 한다. 각 하이-K의 물성이 달라 레시피에도 차이가 있다. 반도체 업체들은 18나노미터 D램까지는 하이-K 공정을 중요하게 인식하지 않았지만, 16나노미터부터 그 중요성을 깨닫게 되었다.

하이-K 공정은 14나노미터, 12나노미터 공정에서는 더 중요해지는

데, 하이-K의 성분도 다소 달라질 것으로 보인다. 소재 업체들은 삼성전자 같은 반도체 업체와 오랜 기간 동안 선행 연구를 같이 해야 한다. 동진쎄미켐, 솔브레인, 디엔에프 같은 반도체 소재 업체에 삼성전자가 지분을 투자한 것도 이런 맥락에서다. 그동안 삼성전자는 선행 연구를 무조건 글로벌 업체와 진행했지만, 아베의 소부장 사태 이후 국내 업체들의 참여 비중을 점점 늘리는 추세다.

ALD용 하이-K 소재 핵심 기업 소개

디엔에프

반도체 증착공정에 쓰이는 전구체 소재를 주로 생산하는 업체다. 노광공정에 쓰이는 희생막 소재(DIPAS), 낸드플래시 셀 적층용 증착 소재, D램 커패시터 ALD 박막에 쓰이는 하이-K 소재 등을 공급한다.

디엔에프의 포인트는 하이-K 소재 사업이다. ALD 공정이 확대될수록 디엔에프 하이-K 판매량이 늘어날 수밖에 없다. 현재 하이-K 소재는 하프늄 계열로 전환되고 있다. 이 소재는 생산기술이 어려운 만큼 부가가치도 높은데, 현재 일본 아데카가 삼성전자향 소재를 독점하고 있다.

디엔에프는 주로 삼성전자 16나노미터, 14나노미터 D램 공정에 소재를 납품하고 있으며, 삼성전자가 지분투자를 했을 정도로 핵심 협력사로 분류된다. 사업 다각화를 위해 2020년 7월에 광통신 업체 켐옵틱스를 인수했다. 태양광 패널을 인테리어처럼 설치할 수 있는 솔라컬러글라스 사업도 진행하고 있다. 시장과의 소통이 미흡한 것이 이 회사의 아쉬운 점이다.

레이크머티리얼즈

유기금속 화합물 제조 업체다. 원래 LED 에피층epitaxial layer(극초순수층)을 형성하는 전구체로 사업을 시작했다. 이후 반도체, 태양전지, 석유화학 촉매 등으로 영역을 확장했다. 이 회사의 김진동 대표는 디엔에프의 공동 창업자로 2010년에 레이크LED를 설립해 현재의 회사로 키웠다.

CVD, ALD 증착에 쓰이는 전구체를 만드는 반도체 소재 사업이 전체 매출의 절반을 차지한다. SK하이닉스에 ALD용 하이-K 소재를 주로 공급하며, 석유화학 정제 효율을 높여주는 메탈로센 촉매 사업도 하고 있다. 고효율 태양광 패널을 제조하는 데 필요한 핵심 소재도 만들어, 현재 'RE100' 등 글로벌 환경 규제 확대로 수혜를 보고 있다. 삼성디스플레이의 차세대 디스플레이 QNED 생산 시작도 레이크머티리얼즈에게는 호재가 될 것으로 보인다.

🔖 식각공정, 불필요한 부분을 없애다

식각공정etching은 웨이퍼 위의 산화막과 그 산화막을 덮고 있는 게이트 층을 제거하는 과정이다. 균일도와 속도가 중요한데, 그 방식은 건식과 습식 두 가지로 분류된다. 건식은 반응성 기체, 이온 등을 이용해 특정 부위를 제거하는 방법이고, 습식은 용액을 이용해 화학적인 반응으로 제거하는 방법이다.

1970년대에 습식 식각으로는 5마이크로미터 이하 선폭 구현이 어려워지면서, 플라즈마를 이용한 건식 식각이 고안되었다. 현재 습식 식각 기술은 반도체 세정 분야에서 많이 응용되고 있는 추세다.

건식 식각은 '플라즈마 식각'이라고 불리기도 한다. 압력을 낮춘 진공 챔버에 가스를 주입하고, 전기 에너지를 공급해 플라즈마를 생성하

습식 식각과 건식 식각의 비교

기준	습식 식각	건식 식각
반응물의 상	용액	가스(이온, 라디칼), 플라즈마
반응의 종류	화학적 반응	화학적 반응 + 물리적 반응
장비의 종류	배스	챔버
장점	- 높은 선택성 - 빠른 속도 - 경제성	- 정밀성(미세 패턴 구현)
단점	- 미세패턴 구현 상대적 불리 - 원치 않는 비등방성	- 낮은 선택성 - 느린 속도 - 낮은 경제성
공정 예시	3D 낸드플래시 질화막 선택 식각, GAA 게이트 식각	D램 커패시터 참호 식각, 3D 낸드플래시 고종횡비 콘택트
주요 장비 제조 업체	AMAT, 램리서치, 도쿄일렉트론, 스크린	AMAT, 램리서치, 도쿄일렉트론

*출처: 미래에셋증권 리서치센터

기 때문이다. 플라즈마는 전자가 원자핵의 통제에서 벗어난 상태로 쉽게 양전하, 음전하로 바뀌는 불안정한 상태다. 플라즈마 상태에서 해리된 반응성 원자는 웨이퍼 위를 덮고 있는 막질 원자와 만나 강한 휘발성을 띠면서 떨어져 나간다.

식각 장비는 게이트 층의 소재가 무엇이냐에 따라 달라진다. 즉, 게이트 층이 메탈(금속), 산화막(절연층), 폴리실리콘(불순물을 주입한 것)으로 만들어졌다면 장비도 그 각각의 소재에 맞는 것을 써야 한다.

글로벌 건식 식각 장비 시장은 램리서치, 도쿄일렉트론, AMAT 등 3사가 91%를 차지한다. 특히 램리서치가 46%, 도쿄일렉트론이 29%를 점유하고 있다. 유전체 건식 식각 분야에서는 도쿄일렉트론이 54%, 램리서치가 39%씩의 점유율을 차지한다. 전도체 건식 식각 분야에서는 램리서치가 53%, AMAT가 30%, 도쿄일렉트론이 5%를 차지하고 있다. 이런 차이가 바로 AMAT와 도쿄일렉트론의 합병이 무산된 이유 중 하나다.

국내에서 건식 식각 장비 국산화에 성공한 업체는 삼성 계열 세메스와 SK하이닉스에 주로 장비를 공급하는 에이피티씨다. 국내 업체들은 전도체 건식 식각에서 성과를 보이고 있다. 에이피티씨는 현재 폴리실리콘용 식각 장비를 주로 공급하고 있지만, 메탈 및 산화막 식각 장비 시장 진출도 노리고 있다. 2021년 기준, 글로벌 반도체 건식 식각 시장 규모는 199억 달러(전년 대비 46% 증가)를 기록했다. 최근 6년간 연평균 성장률은 22% 수준이다.

전도체 건식 식각 장비 시장은 100억 달러 규모로 유전체 건식 식각 시장의 98억 달러보다 약간 크다. 그러나 최근 3년간 연평균 성장률은 유전체가 50%로, 전도체의 24%보다 가파른 상황이다. D램 커패시터와 낸드플래시의 스택 기술 등으로 메모리가 고층화되고, 시스템 반도체 배선 층수 고단화로 인한 IMD 증가 등으로 옥사이드 식각 공정 비중이 크게 높아졌기 때문이다. 메모리 고단화는 유전체 식각 수요를 이끌고, GAA 등 트랜지스터 구조 변화는 전도체 식각 수요를 촉진할 것으로 분석된다.

지금부터는 식각공정과 관련된 물질, 업체, 기술 동향 등에 대해 간단히 짚어보자.

① 플라즈마

지구상에 존재하는 대다수 물질은 '고체-액체-기체'의 순환 과정을 거친다. 그런데 기체가 수천도 수준의 고열로 가열되면 플라즈마로 바뀐다. 원자 또는 분자 상태에서 높은 열을 받아 이온화된 상태로, 양전하와 음전하가 자유롭게 이동할 수 있다.

모든 기체는 플라즈마가 될 수 있다. 사실 우주의 99.9%는 플라즈마로 이루어져 있다. 에너지를 끊임없이 분출하는 태양도 플라즈마 덩어리이며, 하늘에서 내려치는 번개나 북극에서 볼 수 있는 오로라도 플라즈마 현상이다.

이런 플라즈마는 화학 반응이 중요한 반도체 공정에서 사용될 뿐 아니라 형광등, 네온사인, PDP, 절단기 제조 등에도 활용되고 있다. 공상과학 영화에서 볼 수 있는 광선검, 보호막 쉴드 등도 플라즈마다.

② 식각 가스 공급 업체

식각공정에 사용되는 가스 제조사는 칸토덴카, 쇼와덴코, 아데카 등 일본계 업체와 미국의 머크 등이 있다. SK(SK쇼와덴코)와 후성은 CF(탄소·불소)계 가스를 생산하고, 원익머트리얼즈는 SF6(육불화황)와 SiCl4(사

식각공정에 사용되는 주요 가스와 제조사

주요 가스	주요 제조사	비고 / 적용 예시
CF4	칸토덴카, 쇼와덴코, 머크, 오션브릿지	
CHF3	칸토덴카, 쇼와덴코, SK스페셜티, 후성	3D 낸드플래시 질화막 식각, D램 질화막 미세 식각
CH3F	칸토덴카, 쇼와덴코, SK스페셜티	3D 낸드플래시 질화막 식각
CH2F2	칸토덴카, 쇼와덴코, SK스페셜티, 후성	3D 낸드플래시 질화막 식각
C4F6	칸토덴카, 쇼와덴코, 머크, SK스페셜티, 후성	3D 낸드플래시 질화막 식각
C2F6	칸토덴카, 쇼와덴코, 머크	
C3F8	칸토덴카, 쇼와덴코, 머크	
SF6	칸토덴카, 쇼와덴코, 원익머트리얼즈,	
NF3	칸토덴카, 머크, SK스페셜티, 효성화학	SK스페셜티, 효성화학 / NF3는 챔버 세정용
BCl3	칸토덴카, 쇼와덴코, 머크, 아데카	
Cl2	칸토덴카, 쇼와덴코, 머크, 아데카	
SCl4	원익머트리얼즈	실리콘 화합물에서 하이-K 소재 선택적 식각에도 사용
HBr	쇼와덴코, 머크, 아데카, 오션브릿지	
HCl	쇼와덴코, 백광산업	

*출처: 미래에셋증권 리서치센터

염화규소), 오션브릿지는 CF4(사불화탄소)와 HBr(브로민화수소)을 각각 생산, 유통한다. NF3(삼불화질소)는 챔버 세정용으로 주로 쓰이는데, 현재 SK스페셜티(SK머티리얼즈에서 사명 변경)가 세계 1위의 생산능력을 보유하고 있다.

③ 습식 식각 기술 동향

건식 식각보다 빠른 공정 속도와 높은 선택성이 장점이다. 3D 낸드 플래시 공정에서 SiO2(이산화규소)/Si3N4(질화규소) 적층 구조 형성 이후 Si3N4(실리콘나이트라이드)를 선택적으로 제거하기도 하는데, 이때 HSN High Selective Nitride Etchant(고선택비 인산계 식각액)이 사용된다.

HSN을 사용하는 공정은 웨이퍼를 끓는 H3PO4(인산)에 담그는 방식이다. 삼성전자는 이 방식을 통해 낸드플래시를 128단까지 싱글 스태킹으로 처리할 수 있다. 128단의 깊은 Si3N4 박막을 선택적으로 제거할 수 있는 H3PO4 레시피 개발이 결정적인 기술이 되었다.

GAAFET Gate-All-Around Field-Effect Transistor(게이트만능 전계 효과 트랜지스터)[53] 공정에서도 Si(규소/실리콘)와 SiGe(실리콘저마늄)를 선택적으로 제거하는 작업에 습식 식각공정이 사용될 가능성이 높다.

국내 대표 습식용 식각액 업체는 솔브레인이다. 불산(HF), 불산계 BOE Buffered Oxide Etch(완충 산화물 식각) 용액뿐 아니라 HSN, 인산계 식각액을 생산하고 있다. 삼성전자에 GAA용 Si/SiGe 선택적 식각액을 공급

---

53 GAA 트랜지스터를 뜻한다. 일종의 전계 효과 트랜지스터로, 채널의 네 면이 모두 게이트로 둘러싸여 있는 구조를 뜻한다. '가펫'이라고 읽는다.

주요 식각액과 제조사

식각액	주요 제조사	비고 / 적용 예시
HF	솔브레인, 후성, 이엔에프테크놀로지, SK스페셜티	
BOE	솔브레인, 이엔에프테크놀로지	
H3PO4	솔브레인, 이엔에프테크놀로지	솔브레인 HSN은 삼성전자에 독자 공급
HNO3	휴켐스, 한화, 솔브레인	솔브레인 HNO3는 세정용
NH4OH	수미모토케미칼(동우화인켐), BASF	
H2O2	한솔케미칼, 포스코케미칼/OCI	
H2SO4	LS-니코 동제련, 남해화학/이엔에프테크놀로지	

*출처: 미래에셋증권 리서치센터

할 가능성도 높다.

이엔에프테크놀로지는 솔브레인과 유사한 식각액을 공급하고 있지만, H3PO4에서 일부 차이가 있다. 불소화합물 업체인 후성도 반도체용 불산을 생산하고 있고, SK스페셜티도 신사업으로 습식 식각액을 준비 중이다.

또 다른 식각액 H2O2(과산화수소)를 공급하는 대표적인 업체는 한솔케미칼이다. GAA용 식각액에 과산화수소 사용량이 매우 많을 것으로 전망된다. GAA 제조 시 사용하는 나노 시트가 얇아질수록 과산화수소 비중은 더욱 커지는데, GAA용 과산화수소는 솔브레인 등 업체를 통해서 공급될 것으로 보인다.

반도체 투자 전략 체크포인트

식각공정 관련 핵심 기업 소개

피에스케이

감광제 스트립 장비 세계 1위 기업이다. 1990년에 박경수 대표가 일본 다이요니폰으로부터 기술 이전과 지분투자를 받아 '피에스케이테크'라는 이름으로 설립했다. 그 후 감광제를 제거하는 애싱ashing 기술을 바탕으로 창립 9년 만에 감광제 스트립 장비 개발에 성공했다. 2007년에 건식 스트립 장비 분야 1위에 올랐고, 2020년에는 감광제 스트립 장비 점유율 50%를 차지했다. 또 2013년에 하드마스크 스트립, 2015년에 건식 세정, 2020년에 베벨 식각 장비를 개발했다.

산화, 감광제 스트립, CMP 공정 이후 남은 잔류물을 건식으로 세척하는 장비를 공급하고 있으며, 웨이퍼 경사면 금속 및 비금속을 식각하는 베벨 식각의 국산화에도 성공했다. 최근 성장을 주도하는 부문은 뉴 하드마스크 스트립 장비다.

미세공정에서 반도체 선폭이 점점 좁아지면서 감광제 막질이 쉽게 사라지는 문제가 생기는데, 이 때문에 감광제 하단에 하드마스크(희생막) 코팅을 입힌다. 기존 감광제 스트립 장비로는 하드마스크와 감광제 막을 깨끗하게 씻어낼 수 없는데, 이때 뉴 하드마스크 스트립 장비를 사용한다. 이 장비는 감광제 스트립 장비 대비 2~3배 비싸게 팔리고 부가가치도 높다.

2019년에 인적 분할로 감광제 스트립, 건식 세정 등 전공정 장비를 담당하는 피에스케이와 리플로우 등 후공정을 담당하는 피에스케이홀딩스로 나뉘었다. 리플로우reflow는 칩을 기판에 붙이기 위해 범프의 솔더에 열을 가해 녹였다가 다시 굳히는 공정이다.

솔브레인

낸드플래시 공정에 쓰이는 인산계 식각액을 주로 생산하는 업체다. 낸드플래시 팹 증설과 고단화 수혜를 톡톡히 보고 있다. 식각액 외에도 전구체, CMP 슬러리, 디스플레이 소재, 2차전지 전해액 등을 공급하고 있다.

2021년 기준 매출은 반도체가 63%, 디스플레이가 16%, 2차전지가 15%, 기타 부문이 6% 비중을 차지한다. 반도체 사업은 식각액 55%, CMP 슬러리 8%, CVD 7% 등으로 분류된다. 디스플레이 사업은 케미컬 9%, 신 글라스 6% 등이다. 2차전지 전해액은 최근 회사 성장을 이끄는 신성장 사업이다.

삼성전자 3나노미터 GAA 공정에 초산계 식각액을 공급할 가능성이 있다. GAA 공정은 낸드플래시와 유사한 측면이 있다. 안정적인 실적은 이 회사의 강점이지만, 성장폭이 크지 않은 것이 주가 측면에서 아쉬운 점이다.

원익머트리얼즈

반도체 등 산업용 특수 가스 전문 기업이다. 2006년에 원익IPS 특수 가스 사업부에서 물적 분할해 설립되었다. 증착부터 세정에 이르기까지 반도체 공정 전반에 쓰이는 100여 종의 특수 가스를 공급하고 있다. 주요 제품 9개가 전체 매출의 80%를 차지한다. 공정 용도별 매출로 보면 증착이 40%, 식각이 30%, 세정이 30%의 비중이다.

'러시아-우크라이나' 전쟁으로 원익머트리얼즈가 공급하는 제논$_{Xe}$ 가스 수급 우려가 불거지기도 했다. 제논 가스는 낸드플래시 고단화를 위한 식각공정에 쓰인다. 반도체 가스 사업은 기술 개발이 어렵고 시간이 오래 걸리는 대규모 장치 산업이다. 다른 반도체 소재에 비해 경쟁 강도는 낮은 편이지만, 신규 진입은 굉장히 어렵다. 하지만 아베의 소부장 사태를 계기로 일본 쇼와덴코가 독점하던 반도체 가스 국산화에 속도를 내고 있다.

원익머트리얼즈는 암모니아$_{NH3}$를 활용한 수소 발생 기술 관련 국책 과제를 완료하고 암모니아 기반 수소 비즈니스 시스템을 구축하기도 했다.

에이피티씨

국내 유일의 건식 식각 장비 공급 상장사다. 삼성 계열 장비 업체 세메스도 건식 식각 장비를 생산하지만 비상장 상태다. 에이피티씨는 SK하이닉스에 폴리실리콘 식각(트랜지스터 게이트 형성) 장비를 주력으로 공급하고 있는데, 이 장비는 주로 D램 공정에 사용된다.

식각 장비 시장에서 AMAT, 램리서치, 도쿄일렉트론 등 글로벌 업체와 경쟁하고 있다. SK하이닉스를 단일 고객으로 폴리실리콘 식각 단일 제품을 공급하는 것이 이 회사의 약점이다. 높은 이익률에도 불구하고 다소 낮은 멀티플multiple[54]을 받는 이유다. 에이피티씨는 제품 다각화에 나서 현재 SK하이닉스에 낸드플래시용 메탈 식각 장비를 공급하고 있다.

---

[54] 기업의 가치를 배수로 높일 수 있는 미래 성장 가치를 뜻하는 수치다.

🎤 세정공정, 오염을 막아주다

세정공정cleaning은 개별 공정 사이에서 생길 수 있는 잔여 파티클을 제거하는 단계다. 미세공정 기술이 고도화될수록 파티클이 수율에 미치는 영향은 점점 커진다. 극소한 불순물도 회로 손상이나 성능 저하 등 치명적 문제를 일으키기 때문이다. 이런 점 때문에 세정기술 난도도 더 높은데, 현재 세정공정은 전체 반도체 공정의 15%에 이를 만큼 핵심적이다.

글로벌 세정 장비 시장은 47억 달러 규모로 전체 반도체 장비 시장에서 5% 비중을 차지한다. 연평균 성장률은 17%로, 전체 반도체 장비 시장의 연평균 성장률 20%보다 조금 못한 수준이다. 2021년 성장률은 전년 대비 52% 증가를 기록했다.

세정공정의 분류

구분		적용 방식
습식	벤치 장비 딥 방식	전통적 방식으로 케미컬이 담긴 배스에 배치 단위의 웨이퍼를 담그는 방식
	싱글 장비 스프레이 방식	낱장 단위로 개별 챔버에서 진행, 회전하는 웨이퍼에 케미컬을 분사
물리적 방식	울트라소닉	쿼츠 매개체로 케미컬에 공동 현상을 유발, 이 에너지로 웨이퍼 표면의 파티클 제거
	스프레이	고압 분사된 케미컬 미세 입자가 웨이퍼 표면에 부딪히면서 파티클을 제거
	브러시	파티클 세정력이 강한 반면 패턴 손상 유발 가능
건식	자외선 여기	가스를 자외선으로 여기시켜 강한 반응성으로 진행
	플라즈마	플라즈마를 이용하여 라디칼 가스를 형성해 진행

*출처: 미래에셋증권 리서치센터

① 세정 방식

세정공정 방식에는 액상 소재를 사용하는 습식 세정과 물리적 자극을 사용하는 물리적 세정, 가스나 플라즈마를 사용하는 건식 세정 등이 있다.

습식 세정은 케미컬이 담긴 배스bath에 배치batch 단위로 웨이퍼를 담가 처리하는 벤치 딥Bench Dip 방식과 낱장으로 챔버 내에서 케미컬을 분사해 처리하는 싱글 스프레이Single Spray 방식으로 나뉜다.

벤치 딥 방식은 한꺼번에 많은 웨이퍼를 처리해 처리율이 좋고 케미컬 사용량이 적은 장점이 있으나, 웨이퍼 간 교차 오염이 발생할 수 있다는 것이 단점이다. 싱글 스프레이 방식은 회전하는 웨이퍼에 케미컬을 분사해 세정하는데, 효과적이고 균일하게 파티클을 제거할 수 있

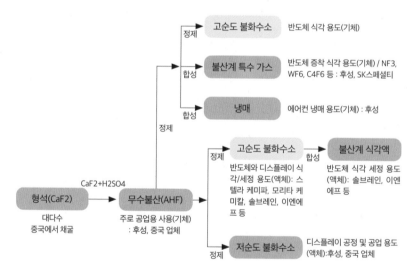

고순도 불화수소 제조공정

*출처: ktb 투자증권

다. 하지만 처리율이 낮고 케미컬 온도 변경에 제한이 있다.

반도체 세정은 싱글 스프레이 방식이 80% 비중을 차지한다. 2021년 기준으로 일본의 스크린이 39%, 도쿄일렉트론이 24%, 국내 장비 업체 세메스가 21%의 시장 점유율을 보이고 있다. 그 외 국내 업체 제우스도 5% 넘는 비중을 차지한다.

세정공정에서는 HF(불화수소)가 사용되는데, 이것은 상온에서 기체 상태로 있지만 열을 가할 때 쉽게 액화하는 성질을 지닌다. 불화수소는 습식 식각공정에서 웨이퍼의 산화막을 제거할 때 사용되기도 한다.

② 습식 세정공정에 사용되는 물질

예전에는 반도체 표면에서 1~2옹스트롬 정도는 세정 중에 깎여나가도 문제가 되지 않았다. 그러나 지금은 ALD(원자층 증착)가 적용되면서 세정 과정에서 막질에 작은 영향도 주어서는 안 된다.

세정을 하기 위해서는 이온이 제거된 물인 디워터diwater(혹은 deionized water)가 필요하다. 일반 물은 이온, 파티클, 박테리아, 미생물 등이 섞여 있기 때문에 반도체 공정에 쓸 수 없다. 차세대 첨단공정용 세정에는 순수한 증류수를 넘어 초순수 수준까지 요구된다.

습식 세정을 할 때에는 단계별로 디워터와 암모니아, 과산화수소, 염산, 불산 등이 사용된다. 각 단계 사이사이에는 급속 헹굼을 실시하는 QDRQuick Dump Rinse 단계가 들어가는데, 이때도 초순수를 사용한다.

이 공정에는 공기와 같은 기체 내에 미세한 입자 형태로 균일하게 분포된 액체나 고체의 에어로졸도 많이 쓰인다. 휘발성이 강해서 세정

후 잔류물(물반점)을 남기지 않는 세정액인 이소프로필 알코올이 쓰이기도 한다.

액체와 기체 사이 상태인 초임계유체supercritical fluid를 이용한 세정기술도 주목받고 있다. 초임계 상태에 있는 물은 금도 녹이고 셀룰로오스나 다이옥신도 분해할 수 있다.

③ CMP 공정과 초임계유체 건조

전체 반도체 공정 중 특히 CMP(화학적·기계적 연마) 단계에서는 파티클과 금속 잔류량이 많아 세정이 무척 중요하다. CMP 공정 스텝 수가 늘어날수록 세정공정 수요도 증가하게 된다.

최근에는 환경 기준이 높아지면서 폐수가 발생하는 습식 세정 대신 건식 세정이 부각되고 있다. 국내에서 건식 세정 장비를 개발하고 있는 업체로는 테스가 있다. 다만, 건식 세정은 처리율이 낮고 장비 가격이 비싼 단점이 있다. 또한 당장 전체 공정의 15% 비중을 차지하는 세정을 건식으로 전환하는 데에는 한계가 있다.

습식 세정 장비 관련 서플라이 체인

업종	세부 업종	업체명
장비	웨트 스테이션	스크린홀딩스, 도쿄일렉트론, 나우라
	싱글 스프레이	스크린홀딩스, 도쿄일렉트론, 램리서치, ACM 리서치, 제우스
	배치 스프레이	도쿄일렉트론

*출처: 레피너티브, 미래에셋증권 리서치센터

세정공정 주요 소재와 제조사

소재	제조사
H_2O_2	한솔케미칼, 포스코케미칼/OCI
HF	솔브레인, 이엔에프테크놀로지
NH_4OH	수미모토케미칼(동우화인켐), BASF
H_2SO_4	LS-니코 동제련, 남해화학/이엔에프테크놀로지
HCl	백광산업

세정공정의 마지막 단계는 건조다. 이때는 표면 장력으로 물때가 남을 수 있어, 표면 장력이 낮고 휘발성이 좋은 이소프로필 알코올이 많이 사용된다. 하지만 반도체 소자가 미세해지고 종횡비가 극단적으로 올라감에 따라 표면 장력 구조가 무너지는 현상이 발생하게 되었다. 그래서 최근에는 기체와 같이 표면 장력이 없고 물질 전달 속도가 빠른 초임계유체를 이용하는 건조 솔루션이 쓰이는 추세다.

D램 커패시터 공정에는 초임계유체 건조 방식이 이미 적용되고 있다. 이 방식은 로직 반도체 분야에서는 나노 시트 구조 MBCFET Multi Bridge Channel Field Effect Transistor(다중가교 채널펫) 공정이 본격 적용되는 2025년부터, 3D 낸드플래시에서는 리플레이스먼트 게이트 공정에 2025년 이후부터 적용될 전망이다.

반도체 투자 전략 체크포인트

세정공정 관련 핵심 기업 소개

한솔케미칼

반도체 세정용 과산화수소를 주력 공급하는 업체다. 과산화수소는 웨이퍼 불순물 제거에 쓰이는데, 반도체용 초고순도 과산화수소는 수익성이 높은 편이다. 반도체 전구체, 디스플레이 퀀텀닷 등 소재뿐 아니라 바인더, 실리콘 첨가제 등 2차전지 소재도 판매한다.

자회사 테이팩스를 보유하고 있어 연결 실적이 잡힌다. 테이팩스는 2차전지 테이프 등을 판매하며 위생 장갑용 NB(니트릴부타디엔) 라텍스 장갑도 생산한다. 회사 가치 측면에서 기대되는 영역은 2차전지 소재 사업인데, 최근 잇따라 2차전지 소재 설비투자 공시를 냈다.

제우스

반도체 디스플레이용 습식 세정 장비 업체다. 제우스는 웨이퍼를 한 장씩 씻어내는 싱글 타입과 한 번에 여러 장을 씻는 배치 타입을 모두 생산한다. 싱글 타입은 정확도 측면에서, 배치 타입은 신속성 측면에서 필요하다.

세메스, 케이씨텍과 경쟁하고 있으며, 2009년에 일본 세정 장비 업체 JET를 인수해 기술력을 강화했다. TSV(실리콘 관통 전극) 공정에 쓰이는 싱글 세정 장비로 부가가치를 높이고 있다. 또한 로봇 산업을 미래 성장 동력으로 삼아 다관절 로봇도 판매하고 있다. 제우스의 로봇은 산업용 로봇과 협동 로봇 사이 강점을 적절히 흡수해 공간 효율성이 높고, 파이썬 언어를 기반으로 하고 있어 유연한 프로그래밍이 가능하다.

엔바이오니아

현재 주력 사업은 정수기 필터와 코로나19 진단 키트용 흡습 패드 소재다. 원천 기술을 기반으로 반도체 초순수 생산을 위한 필터 개발에 나섰다. 핵심 기술은 습식공정에 기반한 정수용 필터에 양전하를 부가하는 것이다.

기존 정수기 필터는 유해 물질뿐 아니라 유익한 물질까지 걸러내는 것이 문제였다. 하지만 엔바이오니아의 필터는 양전하를 걸어 음전하 성질을 띠는 바이러스, 박테리아 등이 달라붙도록 한다. 또한 이 필터는 천연 펄프를 활용한 나노 셀룰로오스로 만들어져 친환경적이라는 장점도 있다.

엔바이오니아는 필터기술을 활용해 바이러스 같은 이물질뿐 아니라 이온까지 제거할 수 있는 반도체용 초순수 필터 개발에 집중하고 있다. 향후 수소연료 전지용 기체 확산층Gas Diffusion Layer 등 첨단 소재 개발에도 집중할 계획이다.

🏅 공정제어, 전공정을 검사하다

공정제어process control란 공정에서 다양한 변수를 조절해 원하는 상태로 유지하는 데 필요한 일련의 제어 과정을 말한다. 크게 검사, 계측, 리뷰 등의 세 가지로 분류된다. 검사는 결함을 검출하는 과정이며, 계측은 회로 선폭과 정렬도 등을 측정하는 과정이다. 리뷰에서는 결함을 좀 더 살펴보고 원인을 파악한다.

이 단계는 최근 반도체 수율 개선에서 큰 역할을 담당하고 있다. 반도체 공정은 점점 더 복잡해지고 있으며, 팹 운영 비용도 증가하는 추세다. 이에 따라 양산 수율을 적기에 달성해야 부가가치를 창출할 수 있다.

2.5D/3D 구조 등으로 반도체 소자 구조가 복잡해지고 있다는 사실은 공정제어 시 사용하는 검사 장비와 기술에 큰 영향을 미치고 있다. 기존의 광학식 결함 검출 방식은 선폭이 크거나 단순한 칩에 적용할 때는 별다른 문제가 없지만, 3D 멀티 패터닝 등의 공정에서는 한계가 있다. 따라서 이때에는 첨단 광학 검사가 필요한데, 그 비용은 웨이퍼당 공정 스텝 수 증가 등으로 천정부지로 치솟고 있다. 최근에는 필터링 알고리즘으로 불량과 양품을 정교하게 걸러내는 데 인공지능 기술도 적극 활용되는 추세다.

반도체 검사 장비 핵심 기업 소개

넥스틴

반도체 전공정 패턴 검사 장비 업체다. 패턴 결함은 통상 반도체 공정 수율 문제의 40%를 차지할 정도로 중요하다.

광학 검사에는 반사광을 이용하는 브라이트 필드 검사와 산란광을 이용하는 다크 필드 검사 두 종류가 있다. 브라이트 필드가 70%, 다크 필드가 30% 정도의 비중을 차지한다.

브라이트 필드는 DUV 광원을 써 최대 해상도가 높아 15나노미터의 결함까지 검출이 가능하다. 주로 현상이나 식각 패턴의 결함 검사에 쓰인다. 이 장비는 현재 KLA가 사실상 독점하고 있는 분야다. 다크 필드는 UV 산란광을 이용한다. 이 방식은 브라이트 필드 검사 장비에 비해 속도가 빠르고 장비 가격도 저렴한 편이나, 최대 30나노미터 해상도가 한계다.

다크 필드 검사 장비 역시 KLA가 선점한 가운데 일본 히타치가 시장에 진입했으며, 넥스틴도 경쟁에 뛰어들었다. 넥스틴의 장비는 최근 중국 시장을 중심으로 수요가 좋은 편이다.

오로스테크놀로지

웨이퍼 회로 패턴 정렬 상태를 측정하는 오버레이overlay 장비를 주로 공급한다. 반도체는 회로를 적층하면서 만드는데, 이 장비가 정렬 오차를 검사하고 제어하는 역할을 한다. 현재 시장은 KLA, ASML이 과점하고 있고, 이러한 상황에 오로스테크놀로지가 국내 업체로서는 유일하게 국산화에 성공했다.

보통 노광기 한 대당 오버레이 계측 장비 1.5대가 필요했지만, 미세 공정 기술이 진화하면서 3대로 수요가 늘었다. 오로스테크놀로지의 장비는 10나노미터 D램, 200단 낸드플래시, 7옹스트롬 시스템 반도체까지 대응 가능하다고 한다.

인텍플러스

반도체 패키지의 외관 검사를 하는 3D 실장 검사 장비(3D AOI)를 주로 만든다. 3D 측정, 2D 검사, 영상 처리 소프트웨어, 핸들러 설계 및 제조 등 네 가지 원천 기술을 확보하고 있다. 2014년에 반도체 사업을 시작하여 디스플레이, 2차전지 등으로 영역을 확장했다.

인텍플러스에는 4개의 사업부가 있는데, 1사업부는 반도체 패키징 검사, 2사업부는 FC-BGA 외관 검사, 3사업부는 디스플레이, 4사업부는 2차전지를 맡고 있다. 최근 KLA를 제치고 인텔을 상대로 독점 공급 계약을 따내기도 했다. 2023년 성장 포인트는 반도체, 2차전지 사업부다.

고영테크놀로지

전 세계 3D 검사 장비 1위 기업으로, 스마트폰, 자동차 전장 부품 검사 장비를 주로 공급한다. 그동안 반도체 패키지 3D 검사 장비 시장에서 다소 부진했으나 최근 공격적으로 점유율을 늘리고 있다. 3D SPI(납도포 검사 장비), 3D AOI 장비를 판매하고 있으며, 3D MOI(머시닝 옵티컬 검사 장비), 3D DPI(투명체 검사 장비) 등 신제품도 공급하고 있다.

주요 병원에 공급하는 뇌수술 로봇이 신성장 동력이다. 고영테크놀로지가 개발한 뇌수술 로봇 '카이메로'는 2016년 식약처 제조 허가를 받았고, 미국 FDA 승인을 목표로 하고 있다. 국내 최초로 세계 로봇 시장의 대표적인 ETF인 '로보 글로벌 로보틱스와 자동화 지수'ROBO Global Robotics & Automation Index에도 편입되었다.

파크시스템스

반도체 전공정 검사용 원자 현미경 공급 업체로, 미국 브루커와 경쟁할 정도로 기술 수준이 높다. 원자 현미경은 메모리 반도체뿐 아니라 시스템 반도체에도 쓰이며, 대학이나 연구소 등에서도 구입하고 있다. 원자 현미경 시장에는 새로운 업체가 진입하기 어려운데, 파운드리, D램 등의 미세공정 난이도 증가로 수요가 점차 확대될 전망이다. 다만, 전수 검사 장비가 아니라 샘플 검사용 장비여서 매출 성장에 다소 한계가 있다.

🦿 인프라 관련 장비, 스크러버

스크러버scrubber는 반도체 공정에서 발생하는 유해 가스를 정화하는 인프라 장비다. 최근 반도체 공정용 불소 가스가 다양해지면서 스크러버 수주 금액이 점점 증가하고 있다. 이에 따라 스크러버 생산 기업들은 규모의 경제 효과로 영업이익률이 개선되는 추세다. 특히 중화권 고객사 중심으로 매출이 확대되고 있다. 일본, 독일, 영국의 경쟁사들에 비해 국내 기업의 점유율 확대가 돋보이는 지점이다. 국내 스크러버 업체는 유니셈, GST, 지앤비에스엔지니어링 등 3사를 손꼽는다.

반도체 스크러버 종류별 특징 및 장단점

방식	특징	장점	단점
열	전기 히터 열원의 간접 연소 방식	- 낮은 설치 및 구축 비용 - 낮은 전력 소모량	- 부산물 발생 문제 - 간접 산화(-900℃)의 낮은 운전 온도로 유해가스 처리 효율이 낮음
연소	고온 버너를 활용한 직접 연소 방식	- 유해 가스 정화 장비 중 가장 많이 사용 - 열 방식에 비해 유해 가스 처리 효율이 높음	- 높은 전력 사용량 - 부산물 발생 문제 - UNC 연료 공급 라인 필수 - 가스 연료의 폭발 위험성 및 연소 불안정 문제 존재
플라즈마	전기 토치의 열을 사용한 플라즈마 방식	- 난분해성 물질 분해 효율이 높음 - 연소 대비 낮은 전력 사용량 - 부산물이 없어 친환경적	- 높은 전력 사용량 - 초기 도입 단계로 상용화를 위한 R&D 필요
건식	화학 약제를 이용한 건식 방식	- 부산물이 없어 친환경적	- 습식 방식 대비 낮은 처리 효율성 - 과불화합물(PFCs) 가스 처리 효율성 낮음
습식	물을 이용하여 폐가스를 포집 후 정화하는 방식	- 열, 연소, 플라즈마 방식과 결합되어 사용	- 반응 생성물이 수용액으로 배출되어 세정액의 폐수 처리 필요

*출처: 언론, 업계 자료, 하나금융투자

초기 삼성전자가 기흥캠퍼스의 팹에서 6인치 웨이퍼를 생산하던 시절에는 물로 씻어내는 습식 방식 스크러버를 사용했지만, 식각, 세정용 가스가 다양화되고 불소 가스가 국산화되면서 점차 스크러버 기술도 진화하게 되었다.

챔버 세정용 가스로 삼불화질소가 쓰이면서 '열-습식' 방식이 적용되었고, 산화실리콘막 식각에 사불화탄소 가스가 쓰이면서 '플라즈마-습식' 방식 스크러버를 사용하게 되었다. 이러한 공정 가스의 다양화로 유해 가스 처리용 스크러버도 수주도 증가했다.

관련 기업을 살펴보면, 유니셈은 스크러버 공급 측면에서 삼성전자 내에서 높은 점유율을 기록 중이다. 파운드리 분야에서도 성장세가 뚜렷하다. 비연소 방식 스크러버를 디스플레이 고객사에 공급한 이력도 있다. 2021년 매출에서 시스템 반도체향 매출이 10% 후반대까지 증가했다.

GST는 해외 고객사 다변화가 주목되는 업체다. 마이크론의 글로벌 생산라인과 중화권 고객에서 확대 흐름이 뚜렷하다. 앤비에스엔지니어링은 연매출 1000억 원 미만으로 규모가 상대적으로 작아 매출 증가율이 높은 장점이 있다. 무폐수 방식 스크러버 공급사로 '플라즈마-습식' 스크러버도 공급하고 있으며, SK하이닉스 매출 비중 확대에 힘쓰며 중화권 영업을 강화하고 있다.

인프라 관련 장비 핵심 기업 소개

유니셈

반도체 스크러버와 공정 온도 조절 장비 칠러를 공급하는 업체다. 1994년에 자체기술로 가스 스크러버 국산화에 성공했다. 연소기술, 대기오염 물질 제어기술, 장비 유지보수 시간 및 비용 최소화 설계기술 등을 보유하고 있다. 상대적으로 높은 기술력을 인정받고 있어서, 가스량이 많거나 처리가 까다로운 메탈 CVD나 디퓨전 공정에 유니셈 장비가 주로 사용된다. 삼성전자, SK하이닉스 등 국내 반도체 고객 비중이 높은 편이다.

전력이 절감되는 에너지 저감형 스크러버, 대용량 공정 처리가 가능한 스크러버 등도 생산한다. 경쟁사의 스크러버는 가동 시간이 평균 30일 수준인데 비해, 유니셈 제품은 평균 110일로 반도체 생산성 향상에 도움을 준다. 기존 식각공정에서는 가스, 케미컬 발생량이 적어 스크러버를 쓰지 않았다. 그러나 ESG로 인한 환경 기준 강화, 3D 낸드플래시 적층 단수 증가로 식각공정용 스크러버 수요가 발생하고 있다. 이런 변화에 힘입어 유니셈 신제품 중 식각공정용 플라즈마 하이브리드 스크러버가 주목을 받게 되었다.

GST

유니셈과 마찬가지로 스크러버, 칠러 등을 공급한다. 해외 매출 비중이 60%를 넘어설 정도로 거래처 다변화를 잘 이루고 있다. 특히 CXMT 등 중화권 매출 성장이 두드러진다. 2021년 성장을 견인한 사업이 스크러버라면, 미래 성장 포인트는 칠러 장비다. 주요 식각 장비 업체 램리서치의 신규 식각 장비 플랫폼 변화에 가장 빠른 대응력을 선보이고 있다. TSMC에 칠러 장비를 공급할 가능성도 보여준다.

에스티아이

반도체 팹에 CCSSCentral Chemical Supply System(중앙 화학약품 공급 장치) 인프라 장비를 공급한다. CCSS 시장 내 경쟁사로는 한양이엔지, 오션 브릿지 등이 손꼽힌다. CCSS 사업 수주는 당장은 큰 걱정이 없을 것으로 기대된다. 삼성전자 평택캠퍼스 P3의 수주가 2022년 하반기에 본격화되고, 2023년에는 텍사스주 테일러시의 삼성 파운드리에서 수주를 받을 전망이기 때문이다.

디스플레이 후공정 세정, 현상, 식각 등에 쓰이는 습식 시스템도 공급하며, 케이씨텍, DMS 등 업체와 경쟁하고 있다. 신성장 동력 확보를 위해 반도체 후공정 패키지용 리플로우 장비, 디스플레이 패널과 커버 유리를 접착제로 붙이는 잉크젯 프린팅 장비 등을 판매한다. 중화권 업체, 독일 실트로닉 등 신규 고객 확보도 활발한 편이다.

엘오티베큠

반도체 팹에서 사용하는 건식 진공 펌프를 공급하는 인프라 장비 업체다. 삼성전자, SK하이닉스, 삼성디스플레이 등의 고객과 거래하고 있다. 건식 진공 펌프는 반도체 챔버 내에서 플라즈마 상태를 만들거나 유지하는 데 쓰이는데, 압력 상태에 따라 저진공, 고진공, 초고진공으로 나뉜다. 엘오티베큠은 증착공정과 디퓨전 공정에 강점을 보유하고 있는 것으로 평가받으며, 글로벌 업체 에드워드와 경쟁하고 있다. 향후 성장 동력 확보를 위해 고부가 초고진공 펌프 시장 진출을 노리고 있다.

반도체를 보호하는 후공정: 패키징

후공정(패키징 공정)은 '어셈블리assembly 공정'이라고도 부른다. 이 단계에서는 전기적 특성을 검사하는 EDS 테스트를 마친 웨이퍼를 목적에 맞게 자르고(다이싱), 배선을 연결(본딩)하고, 포장(패키징)한다. 우리나라 반도체 후공정 산업의 역사는 삼성전자가 1983년 64K D램을 국산화했을 때부터 본격화되었다. 반도체 후공정 장비 핵심 기업 한미반도체는 1980년에 설립되었다.

과거 패키지의 기능은 칩(혹은 다이)을 연결하고 보호 및 방열을 하는 데 그쳤다. 그러나 최근 전공정 기술 개발이 벽에 부딪히면서 첨단 패키징 기술로 성능을 보완하려는 움직임이 활발해지고 있다.

TSMC와 삼성전자는 3나노미터 공정 수율 확보에 어려움을 겪고 있다. 4나노미터조차 공정 수율 확보가 녹록지 않은 상황이다. 반도체 기술 로드맵상 2나노미터부터는 옹스트롬이라는 단위를 쓰기 때문에, 2나노미터는 20옹스트롬이 된다. 단위가 달라지는 만큼 미세공정 기술 또한 더욱 난이도가 높아진다. 미세공정 진척을 위한 투자비도 천

분야별 국내의 패키징 업체

세부 업종	업체명
테스트&패키징	ASE, 앰코테크놀로지, JCET, 파워테크, TFME, TSHT, KYEC, 칩모스, SFA반도체, 하나마이크론, 엘비세미콘, 에이티세미콘
차세대 패키징	네패스
패키징 전문	한양디지텍, 시그네틱스

*출처: 레피니티브, 미래에셋증권 리서치센터

문학적으로 치솟고 있다. 과거 테크 마이그레이션에 비해 장비 가격만 4배 수준으로 올랐다.

이런 상황에서 미세공정 외에 반도체 성능을 개선할 방법은 후공정 기술뿐이다. 그래서 TSMC, 삼성전자, 인텔 등 파운드리뿐 아니라 ASE, 앰코테크놀로지 같은 OSAT 업체들도 어드밴스드 패키지advanced package[55] 기술 확보에 힘쓰고 있다.

투자 사이클 측면에서도 후공정은 매력적이다. 지난 2020년~2021년에 전공정 투자가 대규모로 집행된 만큼 2022년 이후에는 후공정 투자가 늘어날 수밖에 없다. 특히 6년 만에 진행되는 DDR5 D램 전환 사이클은 전공정보다 후공정의 변화폭이 더 크다.

후공정 기술 진화에 발맞춰 삼성전자는 반도체 패키지 공정 조직을 확대하고 있다. 예전에 삼성전자 내에서 패키지 관련 조직은 한직 중의 한직으로 손꼽혔다. 오죽하면 고(故) 이건희 회장, 이재용 현 회장이 단 한 번도 발길을 한 적이 없다는 말까지 있었다. 그러나 이제 시대가 바뀌었고 삼성전자 내 분위기도 달라졌다.

최근 삼성전자는 DS 부문 글로벌 제조&인프라 총괄 조직 내에 '테스트&패키지 센터'를 신설했다. 글로벌 제조&인프라 총괄은 설비부터 가스, 화학, 전기뿐 아니라 환경 안전에 이르는 모든 인프라를 구축하고 운영하는 조직이다. 테스트&패키지 센터는 이규열 부사장(센터장)을 포함하여 최기환 부사장 등 9명의 임원으로 구성되었다. 이런 움

---

55 이전의 패키징 기술이 반도체 보호와 전기적 연결에 초점을 두었던 데 비해, 이 기술은 다양한 칩을 적층하거나 통합하여 하나의 소자로 만들어 부가가치를 높이는 데 집중한다.

직임으로 미루어 보아 어드밴스드 패키지 등 후공정 기술 진화로 관련 기업들의 멀티플 재평가도 기대할 수 있을 듯하다.

웨이퍼 절단, 다이아몬드 톱으로 칩을 잘라내다

웨이퍼 절단은 웨이퍼를 칩(다이) 단위로 자르는 공정으로 다이아몬드로 코팅된 블레이드blade가 사용된다. 물리적인 힘을 가하는 것이어서 이 단계에서 절단된 칩의 배열이 흐트러지거나 손상될 수 있다. 이를 방지하기 위해 절단하기 전 웨이퍼 후면을 갈아 두께를 줄이는 그라인딩grinding 공정과 테이프로 고정시키는 테이핑taping 공정을 선행한다. 그라인딩 공정은 절단 시 안정성뿐 아니라 차후 패키징될 칩의 두께를 줄이는 측면에서도 필요한 과정이다.

반도체 소자 집적도가 높아지고 칩 크기가 작아지면서, 다이싱 과정에서 블레이드의 두께와 마찰에 의해 발생하는 칩 경계면 손상을 줄일 필요성이 생겼다. 이를 위해 레이저 다이싱 기술이 고안되었다. 레이저는 물리적 충격이 없어 파티클 발생과 칩 경계면 손상이 감소하는 장점이 있다. 하지만 레이저 다이싱도 웨이퍼 표면에 소량이 파티클을 발생시키거나 열에 의해 표면을 다시 붙게 하는 문제가 있다. 이에 대한 해결 방안으로 웨이퍼 내부를 파괴해 쉽게 자를 수 있도록 하는 스텔스 다이싱 기술이 주목받고 있다.

한편, 다이아몬드 블레이드와 레이저 다이싱의 단점을 보완할 수 있는 플라즈마 다이싱 기술도 관심을 가질 만하다. 웨이퍼 전공정의 '노광-패터닝-식각' 과정에서 적용한 것과 동일한 방법을 쓰는 것이다.

이 방식은 속도가 느리지만 웨이퍼 전면을 동시에 다이싱할 수 있는 장점이 있다. 웨이퍼 두께가 50마이크로미터 이하로 줄면 생산성 역전이 가능하다는 분석도 있다.

절단 장비 시장에서는 일본의 디스코가 웨이퍼, 패키지 부문에서 모두 압도적인 경쟁력을 보유하고 있다. 국내에서는 한미반도체가 패키지 마이크로 쏘Micro Saw(미세 다이아몬드 톱) 국산화에 성공했으며, 이오테크닉스가 레이저 장비로 디스코의 영역을 넘보고 있다.

♟ 본딩과 패키징, 접착하고 포장하다

패키징은 반도체가 외부 충격을 받거나 훼손되지 않도록 포장하는 단계로, 이 공정에는 회로의 전기 신호를 연결하고 열을 방출하는 과정도 포함된다. 패키징의 방법은 기판의 종류에 따라 메탈 기반의 리드 프레임lead frame 방식과 플라스틱 기반의 PCB 방식으로 나뉜다.

반도체 본딩이란 웨이퍼 칩과 기판을 접착하는 것을 뜻한다. 그 방

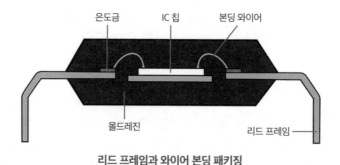

리드 프레임과 와이어 본딩 패키징

© Tosaka

식은 기판과 칩을 연결하는 방식에 따라 금속선을 이용하는 와이어 본딩과 칩 자체에 범핑을 통해 기판을 직접 연결하는 플립칩 본딩으로 구분된다.

리드 프레임 기판을 쓰는 반도체는 주로 와이어 본딩 방식을 사용하는데, 그 예로는 QFP Quad Flat Package(쿼드 플랫 패키지), DIP Dual Inline Package(이중 인라인 패키지) 등이 있다. 이들 방식은 높은 안정성과 신뢰성이 요구되는 차량용 반도체에 주로 쓰인다. 리드 프레임 기판에 플립칩 본딩을 쓰는 FCOL Flip Chip on Lead Frame(플립칩 온 리드 프레임)도 있는데, 이는 무선 전력기나 고속 통신기에 사용된다.

PCB 기판을 쓰면서 와이어 본딩을 사용하는 경우는 크게 두 가지로 나뉜다. 칩 크기와 비슷한 사이즈의 PCB 기판을 쓰는 CSP(칩스케일 패키지)와 칩보다 큰 사이즈의 기판을 사용하는 BGA Ball Grid Array(볼 그리드 에레이)가 그것인데, 이것들은 각각 WB-CSP(와이어 본딩 CSP)와 FBGA Fine-pitch BGA(파인피치 BGA)로 불리기도 한다.

CSP 기판 중에는 D램에 쓰이는 BOC Board on Chip가 있으며, 두께가

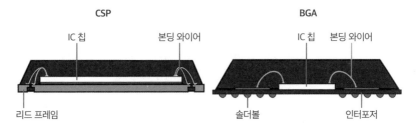

CSP 와이어 본딩 패키지와 BGA 와이드 본딩 패키지 비교

© Tosaka~commonswiki © Mikhail Ryazanov

매우 얇은 것은 UT-CSP Ultra-Thin CSP라고 한다. UT-CSP는 주로 메모리 MCP Multi Chip Package(멀티칩 패키지)에 쓰인다.

BGA는 반도체 기판과 외부 기판을 연결하는 접합부로 솔더볼 Solder Ball을 사용해 붙은 이름이다. BGA는 많은 전류를 감당할 수 있고 입출력 수를 늘릴 수 있어 고성능 칩 구현에 유리하다. 또 고다층 레이어로 이루어져 있어 칩 집적도도 높다. 시스템 보드(마더보드)와 패키지를 연결하는 것은 리드 프레임에서 솔더볼로 바뀌는 흐름이다. 더 많은 신호 채널(입출력)을 확보하기 위해서다.

다이와 기판(서브스트레이트)을 연결하는 와이어 본딩은 전체 반도체 처리 방식의 70% 비중을 차지할 정도로 여전히 많이 쓰이고 있다. 하지만 최근 첨단 반도체는 칩을 뒤집어 마이크로 범퍼로 연결하는 플립칩 Flip-Chip으로 전환되는 추세다. 플립칩은 패키지 부피를 줄이고 소

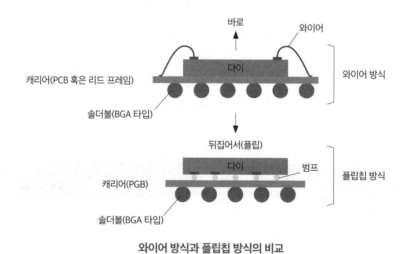

와이어 방식과 플립칩 방식의 비교

*출처: SK하이닉스

비 전력을 효율화하며 신호 흐름을 개선하는 데 큰 역할을 한다. 또 전기 저항 성분이 적고 노이즈도 적다.

FC-CSP(플립칩-CSP)는 주로 스마트폰 AP 등 경박단소화가 중요한 칩 패키지에 많이 쓰인다. FC-BGA(플립칩-BGA)는 집적도가 매우 높은 칩을 감당할 수 있고 신호 전송 속도도 빠른 장점이 있다. 주로 서버, PC용 CPU, GPU 등에 쓰인다. 통상 칩이 기판 크기의 80%를 넘으면 CSP, 그 이하면 BGA라고 한다.

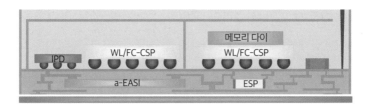

SiP

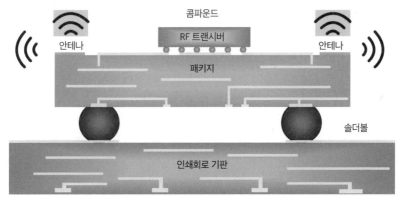

AiP

SiP와 AiP의 비교

현재 칩렛chiplet 등 어드밴스드 패키지 기술이 확산되면서 FC-BGA 기판 수요를 폭발적으로 증가시키고 있다. 칩렛이란 각각의 기능을 수행하는 작은 모듈 또는 설계 블록 단위를 하나의 프로세서 안에 배치하는 기술로, 단일칩보다 성능과 생산원가 면에서 뛰어나다.

두 개 이상의 칩(다이)을 한 장의 PCB 위에 와이어 본딩 혹은 플립칩 본딩을 혼용해서 패키징하는 방식을 'SiP(시스템 인 패키지)'라고 하는데, 스마트워치 등 초소형 기기에 주로 쓰인다. 이것이 안테나 등 RF칩을 포함한 경우에는 'AiP(안테나 인 패키지)'라고 부른다.

국내 반도체 기판 서플라이 체인을 짚어보면, 리드 프레임을 주로 생산하는 국내 업체로는 해성디에스를 꼽을 수 있다. 해성디에스의 제품은 PC 등 IT용 반도체뿐 아니라 차량용 반도체에도 많이 쓰인다. 해성디에스는 자동차 전장화 흐름에다 글로벌 반도체 공급망 이슈로 반사이익을 톡톡히 봤다.

반도체 기판 생산 업체로는 삼성전기, LG이노텍, 대덕전자, 코리아써키트, 심텍 등이 있다. 최근 수요 증가로 FC-BGA 관련 설비투자가 빠르게 증가하는 추세다.

다만, 심텍은 FC-BGA는 생산하지 않고 FC-CSP 기판을 주로 생산한다. SSD 컨트롤러와 서버용 버퍼 칩향 비중을 80% 수준까지 확대했고, RF-SiP, AiP 시장에 진출하고 있다. 서버 시장 성장의 수혜가 기대되는 이유다. 심텍의 FC-CSP 매출 중 스마트폰 비중은 20% 수준에 불과하고 나머지 80%는 SSD 및 서버향 공급에서 발생한다. MCP 매출 역시 SSD 및 서버향 공급 비중이 50%를 차지하고 있다.

♟ 차세대 패키징, 한 단계 진보한 기술을 선보이다

반도체 패키지 기술은 지난 70년 동안 크기를 작게 만드는 쪽으로 진화해왔다. 그러나 이제는 크기 외에도 패키지에 요구되는 사항이 점점 더 많아지고 있다. 최근 패키지 기술은 게이트 컨트롤 향상을 지향하는 방식으로 발전하고 있고, 새로운 아키텍처에 대한 고민도 깊어지고 있다. 실리콘 외에 다른 재료를 기반으로 하면 할 수 있는 것이 많아진다.

반도체 업체들은 지금보다 소비 전력이 더 적은 소자를 개발해내야 한다. 데이터센터에서 발생하는 전력 소모와 열도 잡아야 한다. 이에 대한 해결책으로 다른 종류의 칩을 한 개의 패키지에 집적할 수 있는 어드밴스드 패키지 기술이 주목받고 있다.

이제부터 어드밴스드 패키지와 관련한 기술에 대해 살펴보자.

① TSV

어드밴스드 패키지 구현에 가장 중요한 기술적 요소가 실리콘 관통 전극TSV, Through Silicon Via 이다. 1980년대에 IBM이 개발했지만, 양산이 너무 어려워 오랫동안 사용되지 못했다. 그 원리는 칩에 구멍을 뚫고 구리 등 금속을 채워 수직으로 스태킹된 칩 간에 직접적으로 통신하게 하는 것이다. TSV 기술은 3D 패키지 구조를 만들기 위해 반드시 필요하다. D램에 TSV를 형성한 HBM(고대역 메모리)이 대표적인 3D 패키지다. HBM은 대역폭이 넓어져 기존 패키지 대비 통신 속도가 엄청나게 빨라진다. 현재 TSV의 천공공정에는 화학적 식각과 레이저 식각

두 가지가 모두 쓰이고 있다.

TSV 공정에서는 전자파 차폐와 발열을 막는 기술도 중요하다. 헤테로지니어스 구조로 이종칩을 모아두면 칩 하나하나가 다 히터처럼 뜨거워지고 칩 간 간섭을 일으킬 수 있기 때문이다. 한미반도체는 진공증착의 일종인 스퍼터링sputtering 공정으로 금속 박막을 입혀 전자파 차폐와 발열 문제를 해결할 수 있는 장비를 독점적으로 공급 중이다.

② 2.5D 패키지 기술

주목해야 할 또 다른 차세대 기술은 2.5D 패키지 기술이다. PCB는 마이크로 선폭 단위까지만 가공할 수 있지만, 실리콘 인터포저는 나노미터 단위까지 선폭을 줄일 수 있다. 선폭을 줄이면 칩 간 통신이 빨라지고 연산 속도도 높아진다. 인터포저는 기판과 다이 사이에 들어가는 미세회로 기판으로 2.5D 패키지를 구현하는 데 중요하게 쓰인다. 인터포저를 이용하면 물성이 다른 칩들을 패키징할 수 있고, 패키징 수율도 높일 수 있다. 다만 가격이 비싼게 단점이다.

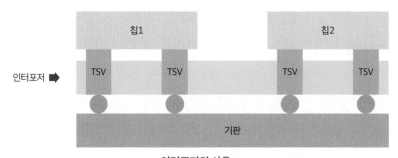

인터포저의 사용

③ 하이브리드 본딩 기판

최근 입출력을 늘리는 데 핵심적인 역할을 하는 하이브리드 본딩hybrid bondig 기술이 각광받고 있다. 그동안 패키지는 솔더볼로 연결했는데, 이것은 녹으면 옆 채널과 붙어버리는 문제를 일으킨다. 이에 현장에서는 높은 열과 압력을 사용하지 않는 화학적 접합 방식인 하이브리드 본딩으로 한계를 넘어서려는 노력을 하고 있다. HBM에도 이 기술이 활용되는 추세다.

하이브리드 본딩은 사실상 전공정 팹에서 진행된다. 우선 웨이퍼에 홈을 파서 구리를 전반에 도포하고, 이 구리 패드가 밀리지 않도록 마이크로 쏘가 아닌 레이저 그루빙으로 자른다. 이때 광원은 기존 나노 세컨에서 핌코 세컨으로 바뀌어야 하는데, 레이저 그루빙laser grooving은 쉽게 말해 웨이퍼에 홈을 파서 절삭하는 방식이다.

하이브리드 본딩은 이런 방식으로 2개의 칩을 '카파 투 카파' 본딩으로 연결하는데, 여기서 '카파'는 칩에 형성된 '구리copper' 패드를 의미한다. 이렇게 기존 방식과 달리 마이크로 범프가 사용되지 않아 연결 밀도가 200배 더 조밀하다. 칩과 칩을 연결하는 데는 비아 패턴via pattern 식각기술이 적용된다. 식각을 마친 패턴에 구리로 CVD를 증착해 패드를 만들고 이후 CMP로 웨이퍼 표면을 연마하는 것이다. 연마가 끝나면 웨이퍼에서 구리 패드가 깎여나가 10마이크로미터 수준의 홈이 만들어진다.

구리 하이브리드 본딩은 2016년에 소니가 CIS에 사용하면서 등장했다. 소니는 미국 기업 엑스페리의 기술 DBIDirect Bond Interconnection(직접 본딩 접합)를 라이선스해 이 기술을 개발했다. 기존의 마이크로 범프 기술은 삼성전자의 엑스큐브, TSMC의 SoIC 등을 완벽하게 구현하는 데 한계를 가지고 있는데, 하이브리드 본딩 기술이 이 문제를 해결해줄 것으로 보인다.

이 기술을 활용하면 제곱밀리미터당 400~1600개의 마이크로 범프를 3~10배 늘려, 비트당 0.05피코줄이라는 낮은 전력 소모가 가능해진다. 범프 사이즈는 10마이크론 이하로 기존 패키지 대비 10분의 1 수준이다. 기존 마이크로 범프는 40마이크로미터 피치로 제곱밀리미터당 600~625개의 입출력을 구현할 수 있다. 이에 비해 하이브리드 본딩은 1마이크로 피치일 경우 제곱밀리미터당 25만~100만 개의 입출력이 가능하다.

홈이 잘 형성되었는지 원자 현미경으로 표면의 거칠기, 구리 패드 형성 모양 등을 계측한 후 세척한다. 그 뒤에는 손상 제거를 위해 고온 가열한 뒤에 냉각하는 어닐링annealing 공정에 들어간다. 완성된 다이는 블레이드 혹은 레이저 다이싱 장비로 자른다.

이 기술에는 향후 플라즈마 다이싱도 도입될 예정이다. 잘라낸 다이는 호스트 웨이퍼 혹은 다른 다이와 부착한다. 다이 부착은 플립칩 본더 장비로 진행된다. 이 과정에서 정밀한 CMP, 원자 현미경, 다이싱, 플립칩 본더 등이 필요해진다.

최근 TSMC가 먼저 AMD의 칩에 하이브리드 본딩을 적용하기로 했다. 애플과 삼성전자도 이 기술을 후공정에 적용할 계획에 있다. 국내 하이브리드 공정 관련주로는 한미반도체(본딩), 이오테크닉스(레이저 미세 드릴), 파크시스템스(원자 현미경), 원익IPS(구리 CVD), 인텍플러스(패키지 3D 검사), 케이씨텍(CMP) 등이 손꼽힌다.

④ FO-WLP

현재 각광받는 차세대 반도체 패키징 기술 중 하나로 '팬아웃 웨이퍼 레벨 패키지Fan Out-Wafer Level Package'가 있다. TSMC가 애플 AP A11에 적용한 기술이다. 어드밴스드 패키지라는 용어가 부상하게 된 데에는 이 FO-WLP가 중요한 역할을 했다. WLP는 웨이퍼에서 자른 다이를 더미 웨이퍼 위에 올리고, 유기 물질과 구리 도금을 기반으로 배선을 형성한 후 일괄적으로 몰딩 및 다이싱하는 방식이다.

유기 물질과 구리 도금을 이용한 배선층을 RDL(재배선층)이라고 한다. RDL을 이용해 배선 형성 범위를 칩 면적 이내로 하는 방식을 'FI(팬인)-WLP', 칩 면적 밖으로 넓히는 방식을 'FO(팬아웃)-WLP'라고 한다. FI-WLP는 개념이 칩스케일과 유사해 WL-CSPWafer Level Chip Scale Package(웨이퍼 레벨 칩스케일 패키지)라고도 한다.

원래 WLP는 패키지를 시스템 기판에 연결하는 핀pin(리드와 동일) 수가 100개 이하인 소형화 제품에 적합한 기술로, 고속 D램이나 플래시 메모리, DSP(디지털 시그널 프로세서), 이미지센서 등에 적용되었다.

FO-WLP는 인피니언이 처음 PMIC에 채택한 기술이다. 기술 난이도가 높아 입출력 수 500개 미만이 한계로 생각되었다. 그러나 TSMC가 FO-WLP로 1000개 수준의 핀 수를 구현해냈다. 고성능 AP에 FO-WLP 기술 적용이 가능해진 것이다. PCB 기판 대신 RDL을 적용해 칩

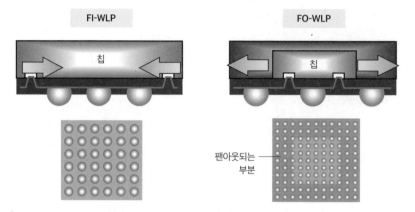

팬인 방식 FI-WLP와 팬아웃 방식 FO-WLP의 비교

두께를 줄였고, 생산 원가도 효율화했다.

2015년, 아이폰6S용 AP를 생산하던 TSMC와 삼성전자 파운드리 사이에 희비가 엇갈렸다. 삼성전자는 14나노미터, TSMC는 16나노미터였지만 칩 성능은 TSMC가 뛰어났던 것이다. FO-WLP 기술로 비롯된 이 일로 아이폰7용 AP부터 TSMC 독점체제가 유지되고 있다.

삼성전자와 네패스는 더미 기판을 4~5세대 디스플레이 패널 기반으로 확장한 FO-PLPFO-Panel Level Package(팬아웃 패널 레벨 패키지) 투자를 단행했다. PLP는 WLP보다 규모의 경제 효과가 크지만, 수율 측면에서는 한계가 있다. 삼성전자는 2019년에 삼성전기로부터 8000억 원에 PLP 사업을 양수했지만, 아직 뚜렷한 성과를 내지 못하고 있다. 같은 해 네패스는 미국 데카테크놀로지로부터 FO-WLP 설비와 설계자산을 인수하고 '네패스라웨'를 설립해 FO-PLP 설비투자를 지속하고 있다. 네패스는 차후 퀄컴향 PMIC를 FO-PLP로 양산할 가능성이 있다.

2020년 기준 팬아웃 패키징 시장 점유율은 TSMC가 약 67%, ASE가 20%로, 대만 업체가 시장 대부분을 차지하고 있다. 삼성전자와 네패스는 한 자릿수 초반 수준의 점유율에 머물러 있는 상태다.

⑤ 스텔스 다이싱

어드밴스드 패키지에서는 칩을 자르는 기술도 중요해진다. 칩을 수직으로 쌓으려면 웨이퍼를 얇게 갈아내야 한다. 그런데 웨이퍼가 너무 얇으면 기존 마이크로 쏘를 가져다 대기만 해도 금이 가 있던 유리처럼 쫙 갈라진다. 이에 레이저를 웨이퍼 내부에 집광하여 파괴를 일으키는 스텔스 다이싱stealth dicing 기술이 널리 활용될 전망이다. 간단하게 설명하자면, 웨이퍼 안을 레이저로 먼저 절삭한 뒤 곁에 붙여두었던 테이프를 당기며 외압을 가해 칩을 분리하는 방법이다.

이 기술은 물을 사용하지 않는 건식으로 칩에 거의 손상을 주지 않아 가공 부하에 주의해야 하는 칩을 만들 때 유용하다. 또 부스러기가 없고 한 장의 웨이퍼에서 더 많은 칩을 얻을 수 있어 효율도 높아진다. 원래 이 기술의 특허권은 일본의 하마마츠가, 사용권은 디스코가 가지고 있었지만 2021년에 특허 기간이 만료되었다. 국내 기업 중에서는 이오테크닉스가 스텔스 다이싱 기술 개발에 집중하고 있다.

🎙 주요 반도체 기업의 차세대 패키징 전략

① TSMC의 차세대 패키징 로드맵

TSMC는 2016년에 FO-WLP로 패키징한 AP 상단에 D램 패키징

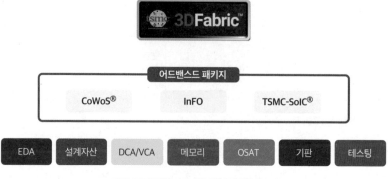

TSMC가 만든 3D 패브릭 얼라이언스

*출처: TSMC 홈페이지

칩을 범핑한 InFO-POP Integrated Fan Out Package on Package(통합 팬아웃 패키지 온 패키지)를 출시했다. 또한 복수의 이종칩을 실리콘 인터포저 위에 플립 칩 범핑한 후 BGA 기판에 플립칩 본딩하는 방식의 CoWoS-S 기술도 선보였다. CoWoS-S는 CoWoS 기술 중 하나로, 데이터 통신 속도가 빠르다는 장점이 있다. 이런 방식을 적용한 대표적인 사례가 2017년에 출시한 AMD의 칩렛 기반 젠1 CPU와 2021년에 출시한 애플의 M1 울트라 등이다.

최근 칩렛 구조의 도입은 글로벌 후공정 업계의 핫이슈다. 기존 단일칩 구조와 달리 칩렛은 멀티칩 모듈 구조로, 거대해지는 칩을 분할해 양산하고 인터포저 위의 패키지로 묶는다. 이 방식은 AMD에 이어 인텔도 도입하는 추세인데, 기술은 TSMC와 인텔이 앞서 있다는 평가다. TSMC는 실리콘 인터포저의 비싼 원가를 고려해 유기물 RDL에 기반한 CoWoS-R, RDL에 소형 실리콘 인터포저를 적용한 CoWoS-L

등의 기술도 갖추었다. 실리콘 인터포저 위에 수직으로 칩을 적층하는 3D SoIC를 적용한 제품도 출시했는데, AMD의 3D V-캐시 기반 라이젠 CPU가 그것이다.

한편, 최근 TSMC는 19개 파트너사와 함께 3D패브릭 얼라이언스라는 플랫폼을 출범시켰다. 이는 차세대 패키징 기술 발전을 위한 협력을 도모하는 동시에 3D 패키징 분야의 주도권을 굳히려는 의도로 보인다. 이 협력체에는 EDA, 설계자산, 메모리, OSAT 등 여러 분야 업체들이 참여하고 있으며, 여기에는 삼성전자와 SK하이닉스도 포함된다. 3D패브릭은 TSMC의 3D 패키징 및 적층 기술의 이름이다.

② 인텔의 차세대 패키징 로드맵

인텔은 2017년 EMIBEmbedded Multi-die Interconnection Bridge(내장형 멀티 다이 인터커넥트 브리지)를 출시했다. BGA 위에 이종의 칩을 플립칩 본딩하고, 실리콘 인터포저 대신 실리콘 브릿지를 사용해 원가를 줄인 기술이다. 이 기술은 2022년 아마존의 데이터센터용 프로세서 그래비톤3에 채택되었고 인텔의 사파이어 래피즈와 서버용 CPU 제온 프로세서에도 채택되었다.

2018년 말에 인텔은 3D 기반 차세대 패키징 기술 포베로스도 공개했다. 그 특징은 칩을 수직으로 적층하고 단가가 비싼 실리콘 인터포저 대신 PCB 기반의 타일을 사용한 것이다. 이 방식은 2020년 모바일 CPU 레이크필드에 적용되었다.

포베로스 옴니와 포베로스 다이렉트의 로드맵도 내놓았다. 옴니는 상부칩이 하단칩을 거치지 않고 PCB에 직접 연결되며 독립적으로 전력을 공급받을 수 있다. 범프 피치도 25마이크로미터로 1세대 때의 36마이크로미터보다 개선되었다. 다이렉트는 칩 사이의 본딩을 범프 없이 한 것이 특징이다. 또한 저항을 최소화했으며 앞으로 범프 피치를 10마이크로미터 미만으로 줄일 계획이다. 포베로스 옴니와 다이렉트는 2023년 이후 양산에 적용된다.

③ 삼성전자의 차세대 패키징 로드맵

2.5D 패키지 기술인 아이큐브와 3D 패키지 기술인 엑스큐브가 있다. 아이큐브는 시스템 반도체와 HBM을 실리콘 인터포저로 연결하고, BGA 기판 위에 플립칩하는 기술이다.

2021년에 삼성은 HBM 모듈을 4개까지 탑재한 아이큐브4를 공개했다. 이 기술은 중국 바이두에 공급된 것으로 알려졌다. 삼성은 향후 HBM 탑재량을 늘린 아이큐브6과 아이큐브8을 개발할 계획인데, HBM이 늘어날 때 대면적의 실리콘 인터포저에 대한 공정제어를 최적화하는 것이 관건이다.

엑스큐브는 시스템 반도체 위에 S램을 수직으로 쌓는 3D 패키징으로, AMD의 라이젠5000 시리즈 3D V-캐시와 유사한 개념이다. V-캐시는 S램과 CPU 본딩을 범프 없이 직접 접합하는 DBI 방식을 적용한 것이 특징인데, DBI는 인텔 포베로스 다이렉트와 유사한 측면이 있다. 이에 비해 엑스큐브는 범핑이 필요한 공정으로, 향후 삼성의 다이렉트 본딩에 대한 기술 공개가 기대된다.

패키징 소부장 업체

업종	세부 업종	업체명
장비	본더	BESI, ASM퍼시픽, 한미반도체
	다이싱	디스코, 이오테크닉스
	몰딩	토와
	리플로우	프로텍
부품 / 소재	PCB	심텍
	리드 프레임	해성디에스
	솔더볼	덕산하이메탈

*출처: 레피니티브, 미래에셋증권 리서치센터

어드밴스드 패키지 핵심 기업 소개

한미반도체

반도체 패키징 장비 전문 업체다. 후공정 웨이퍼 검사 장비 비전 플레이스먼트Vison Placement, EMI 실드, 카메라 모듈 검사 장비 등을 공급하고 있다. 주력 사업인 VP는 반도체 패키지를 자르고 옮기고 세척·건조하고 검사하는 인라인 장비로, 매출의 절반 이상을 담당한다. 이 기업은 세계 VP 시장의 90% 이상을 차지하고 있기도 하다. 2021년에 VP 장비의 엔진 격인 마이크로 쏘를 국산화하는 데 성공했다. 그동안 마이크로 쏘 기술 사용료로 VP 판매가의 40%가량을 일본에 로열티처럼 지급했는데, 국산화 이후 영업이익률이 3% 이상 올랐다. 장비리드 타임도 9개월에서 3개월 수준으로 크게 줄었다. 최근 FC-BGA용 VP 장비를 개발해 국내외 업체에 대규모로 공급하고 있다.

EMI 실드는 SiP, AiP 등 하이엔드 패키지에 적용되는 장비다. 스퍼터링 방식으로 반도체 패키지에 얇은 박막을 형성해 주변회로에서 오는 전자파, 노이즈 등을 차단한다. 카메라 모듈 검사 장비는 최근 가파른 성장세를 기록하는 분야다. 고해상도 카메라, 폴디드 줌Folded Zoom 등 신기술이 채택되면서 높은 수준의 검사 기술이 요구되고 있는데,

한미반도체는 반도체 크랙crack(금) 등을 검사하는 기술을 응용해 카메라 모듈 검사 장비 시장에 진출했다.

한미반도체는 HBM용 본딩 장비, 메타 그라인더Meta Grinder 등 신규 사업도 활발하게 진행하고 있다. 메타 그라인더는 반도체 기판 하나에 아래위로 칩을 부착한 더블 사이드 몰드Double Side Mold 패키지의 EMC 부분을 얇게 가공하는 장비로, 메타버스 디바이스 시장 성장의 수혜가 기대된다. 현재 열압착 방식 본딩 장비를 주로 생산하며 하이브리드 본딩 장비 시장 진입도 노리고 있다. 패키지 절단 시장을 넘어 10배 이상 규모가 큰 웨이퍼 절단 시장 진출도 타진 중이다.

한미반도체는 세계 최초로 중수소 기반 어닐링 장비 상용화에 성공한 에이치피에스피의 지분을 25%(회사 12.5%, 곽동신 부회장 개인 12.5%)가량 보유한 것으로 알려졌다. 현재 SK하이닉스 등 국내 반도체 업체뿐 아니라 TSMC와 다수의 글로벌 OSAT 업체에 장비를 공급하고 있다.

이오테크닉스

반도체 레이저 장비 전문 업체다. 주력 사업인 레이저 마커Laser Marker는 회사 설립 때부터 캐시 카우 역할을 해온 장비로, 해당 글로벌 시장 대부분을 장악하고 있다. 최근 칩렛 등 멀티 다이 패키징 기술이 상용화되면서 레이저 마커 수요가 증가하고 있기도 하다. 2021년부터 레이저 마커 장비 이익률은 10% 중후반대에서 20% 중후반대로 올라섰다. 대만이나 중국의 OSAT 업체를 중심으로 수주가 크게 증가한 덕분이다. 레이저 장비에 쓰이는 소스(광원)와 제어기술을 내재화하고 있어 규모의 경제 효과를 톡톡히 누리고 있다.

최근 성장성이 주목되는 분야는 웨이퍼 절단이다. 이오테크닉스는 그루빙, 스텔스 다이싱, 레이저 풀 다이싱 관련 장비 등을 보유하고 있다. 지금까지 그루빙 장비는 일본의 디스코가 독점하고 있었는데, 최근 특허 만료로 이오테크닉스가 진출할 수 있게 되었다.

이오테크닉스는 전공정에 쓰이는 어닐링 장비도 공급하고 있다. 불순물을 주입하는 공정 이후 손상된 웨이퍼 표면을 레이저로 처리해 회복시켜주는 장비다. 이 장비는 파운드리 및 D램의 미세공정이 진화할수록 수요가 늘어날 것으로 기대된다.

레이저 미세 드릴 업체들은 FC-BGA 시장 성장의 수혜를 톡톡히 보고 있다. 기존 미세 드릴은 40~50마이크로미터 수준의 직경에 이산화탄소 소스를 사용하는 것이었지만, 어드밴스드 패키지 시장이 커지면서 직경 25마이크로미터짜리 드릴이 필요해졌다. 여기에는 이산화탄소 대신 자외선 소스가 필요한데, 이오테크닉스가 이에 나름 강점을 가지고 있다. 이 회사의 FC-BGA 투자 금액 중 20~25%가 미세 드릴 비중이다.

🎙 반도체 후공정 전문 기업 OSAT

글로벌 OSAT(반도체 패키징 및 테스트 외주 업체) 시장 규모는 2020년 501억 달러, 2021년 550억 달러, 2022년 620억 달러로 추산된다. 2019년 기준, 글로벌 OSAT 시장 점유율은 ASE가 23.2%, 앰코테크놀로지가 17.9%, SPIL(ASE가 인수)이 13.6%, JCET가 13.6%, 파워테크가 9.6%로 집계되었다. 같은 해 기준 국내 OSAT 점유율은 SFA반도체가 36%, 하나마이크론이 23%, 네패스가 22%, 시그네틱스가 13%, 두산테스나가 6%였다.

글로벌 톱 10 OSAT 중 6개 기업이 대만 국적이다. 세계 1위 파운드리 기업 TSMC의 낙수 효과가 그만큼 크다는 의미다. 삼성전자의 파운드리 사업이 성장할수록 국내 OSAT 기업들의 규모도 커질 것이라는 전망이 나오는 이유다. 국내 후공정 업체들은 DDI, PMIC, CIS 등을 주로 담당하고 있는데, AP, CPU, GPU 등의 비중이 커져야 고부가, 고수익이 가능하다.

국내 OSAT 기업 현황

기업	분야	고객사 / 비고
테스나	CIS, AP	
엘비세미콘	DDI, PMIC	실리콘웍스, 삼성전자, 매그나칩 / CIS 및 AP 시장 진출
네패스	DDI, WLP 범핑	퀄컴
네패스아크	프로브 테스트 및 패키지 테스트	PMIC 웨이퍼 테스트 비중 높음
네패스라웨	PLP	

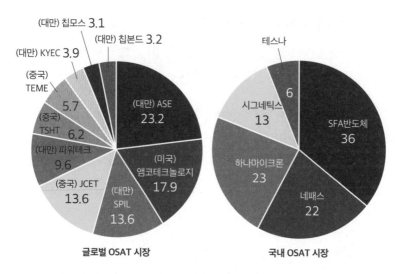

국내외 OSAT 시장 점유율

*출처: 유안타증권 리서치센터 (2019년 연간 매출액 기준 / 단위 : %)

한국 반도체의 역사를 연 아남반도체

아남그룹은 1939년에 일만무역공사라는 이름으로 사업을 시작했다. 원래는 무역업으로 시작했지만, 해방 후 자전거 부품 사업으로 제조업에 첫발을 내디뎠다. 사명도 이때 아남산업으로 바꾸었다.

창업자 김향수 회장이 반도체 사업을 본격적으로 시작한 것은 1968년이다. 2년 만에 미국 수출에 성공했고, 1000여 명의 직원을 거느린 대기업으로 자리매김했다. 1974에는 일본 마쓰시타와 기술 제휴로 컬러 TV를 생산하기 시작했으며, 전자 손목시계 알팩스도 만들었다. 1980년대 초 이병철 회장에게 D램 사업을 권유한 것은 유명한 일화다.

아남그룹은 전자, 광학, 정밀기계 등 종합 전자그룹으로 거듭났지만 문어발식 사업 확장이 발목을 잡았다. 김향수 회장과 사위 나정환 사장 사이의 불화가 깊어졌고, 그 결과는 나정환 사장의 아남정밀 분사로 이어졌다. 아남정밀은 그 후 자금난을 겪었는데, 아남그룹에서 외면하면서 1991년에 부도 처리가 된다. 나정환 사장의 아들이 바로 네오위즈의 창업주 나성균 대표다.

1992년, 김향수 회장은 장남 김주진에게 그룹 회장직 물려주고 명예 회장으로 물러났다. 김주진 회장은 사명을 아남산업에서 아남반도체로 개명했다. 이 시기에 아남반도체는 세계 반도체 후공정 시장에서 약 30%의 점유율을 차지하는 기염을 토한다. 1996년에는 시스템 반도체 사업에 30억 달러를 투자하고 파운드리 산업을 정조준하기도 했다.

그러나 1997년 우리나라는 외환위기를 맞았고 이때 아남그룹은 파산하고 만다. 2002년 반도체 사업 중 시스템 반도체 분야는 동부그룹으로 넘겼는데, 현재 DB하이텍이 되었다. 김향수 회장의 차남 김주채 회장이 이끌던 아남전자는 2000년부터 법정관리에 들어갔다가 현재 음향기기 등을 제조하는 사업체로 운영 중이다. 패키징 사업은 김주진 회장이 미국에 있을 때 설립했던 현지 법인 앰코테크놀로지에 넘겨 살아남을 수 있었다. 김주진 회장은 현재도 이 회사의 대표로 경영을 하고 있다.

앰코테크놀로지는 국내에서는 서울, 부산, 광주, 부평에 공장을 운영 중이다. 송도에 10억 달러 규모의 투자를 단행해 글로벌 연구센터를 구축했다. 김주진 회장은 2010년에 세계 308대 부자로 랭크되기도 했다.

국내 OSAT 핵심 기업 소개

하나마이크론

국내 대표 OSAT 업체로 2021년 SK하이닉스와 대규모 계약을 맺으면서 유명세를 탔다. 베트남 법인을 통해 SK하이닉스의 D램과 낸드플래시 후공정에 대한 일괄 수주 계약을 했다. 2021년 11월부터 2027년 12월까지 장기 공급하기로 했는데, 패키징과 패키징 테스트, 모듈을 모두 담당한다.

향후 성장성은 테스트와 시스템 반도체에서 나올 것으로 보인다. 그동안 메모리 패키징 중심의 사업을 해왔지만, 테스트와 범프 비중을 늘리고 있다. 최근 1500억 원 규모 반도체 테스트 설비투자 공시를 하고, AP, RF 등의 시스템 반도체 테스트 서비스를 제공하는 지원센터를 구축했다.

SFA반도체

국내 최대 OSAT 업체로 패키징, 패키징 테스트, 모듈, 모듈 테스트 등 후공정 풀 라인업을 갖추고 있다. 1998년에 삼성전자에서 분할 설립되었고 그 후 보광그룹을 거쳐 SFA그룹 소속이 되었다. 주 거래처는 삼성전자로 전체 매출의 70% 비중을 넘어서며, 현재 삼성전자의 서버 D램 후공정 1위 업체다. 2022년부터 외주 물량 증가로 성장세가 지속될 것으로 보인다. 이 회사는 필리핀에 현지 공장을 보유하고 있기도 하다. 2021년 기준 제품별 매출 구성은 서버 및 메모리 61%, 모바일 메모리 23%, 시스템 반도체 16%다. 메모리 패키지 사업이 주력인데, CIS 등 시스템 반도체 테스트 시장을 주목하고 있다.

피에스케이홀딩스

반도체 후공정 장비 업체다. 전체 매출은 솔더볼을 기판에 접합하는 리플로우 장비가 60%, 패키징 잔류물을 제거하는 데스쿰 장비가 40% 비중을 차지한다. 데스쿰은 TSV 기술의 확대로 성장이 기대되고 있다. 주요 고객사는 ASE, 앰코테크놀로지, 네패스 등 OSAT 업체뿐 아니라 삼성전자, SK하이닉스, TSMC, 인텔 등 주요 글로벌 반도체 업체가 있다. 피에스케이홀딩스는 감광제 스트립 장비 세계 1위 기업인 피에스케이의 지분 약 30%를 보유하고 있다. 2013년에는 미국 장비 업체 세미기어를 인수했다. 해외 영업은 세미기어 브랜드를 활용하고 있는데, 미국 반도체 굴기 수혜도 기대된다.

프로텍

반도체 후공정에 쓰이는 디스펜서dispenser 장비를 공급하며 글로벌 시장에서 미국의 노드슨, 일본의 무사시엔지니어링 등과 경쟁하고 있다.

디스펜서는 원하는 물질을 정확하게 토출해주는 장비로 후공정 시 패키지 밑을 절연 수지로 메우는 언더필underfill 작업에 주로 쓴다. 언더필은 플립칩 패키지의 마이크로 범프를 보호하고 열을 분산하는 역할을 하고, 칩과 기판 사이 접착력도 높인다. 어드밴스드 패키지 시장이 커질수록 언더필 공정에 더 많은 디스펜서가 필요해진다. 디스펜서를 필요로 하는 것으로는 HBM, SiP 등 첨단 패키징이 대표적이다. 그외 프로텍의 주요 제품 히트 슬러그Heat Slug는 디스펜서 장비의 레진resin 디스펜싱 기능에 방열판 기능을 추가한 것으로, CPU, GPU 같은 고부가 패키징에 사용된다. 애플 M1에 적용된 기술이기도 하다.

프로텍이 개발한 LABLaser Assisted Bonding 장비와 갱 본더Gang Bonder 장비는 어드밴스드 패키지 수혜가 기대된다. LAB 장비는 반도체 후공정 리플로우 단계에 사용된다. 갱 본더는 비접촉식으로 진공 상태에서 압력을 활용해 칩과 기판을 부착하는 방식인데, WLP, PLP 공정에 적용 가능할 것으로 기대되며 마이크로 LED에도 활용될 가능성이 있다.

현재 프로텍의 매출은 디스펜서가 53%, 히트 슬러그가 12%, 공압 실린더가 7%, 그 외 기타 장비 및 부품이 29%의 비중을 차지한다. 리플로워, 다이 본더 등 후공정 장비 시장 진출도 박차를 가하고 있다. 주요 고객사는 삼성전자, LG전자, SK하이닉스, ASE, 앰코테크놀로지, JCET 등이다.

불량을 걸러내는 후공정: 테스트

테스트 공정은 전기적 특성 검사로 웨이퍼 칩의 불량이 다음 단계로 넘어가지 않도록 해 손실을 최소화한다. 초창기에는 양산 제품의 불량을 걸러내는 필터링 위주로 진행했지만, 최근에는 테스트 결과가 누적된 사례를 기반으로 신뢰성 불량을 사전 차단하고 수율을 높여 원가 절감에 기여하는 포괄적 목적으로 시행한다.

2021년 기준 반도체 테스트 장비 시장은 56억 달러 수준이다. SoC 테스터가 43억 달러, 메모리 테스터가 13억 달러 규모다. 이 가운데 SoC 테스터 시장은 어드반테스트가 47%의 점유율을 차지한다. 패키징 테스터 시장도 어드반테스트, 테라다인의 과점 상태다.

반도체 테스트 공정은 제품 완성 단계에 따라 웨이퍼 테스트, 패키지 테스트, 모듈 테스트로 나뉜다. 웨이퍼 테스트와 패키지 테스트는 전기 신호를 통해 기능, 성능 검사뿐 아니라 열적 내구성을 확인하는 번인 테스트burn-in test도 포함한다. 모듈 테스트 과정에서는 번인공정이 진행되지 않지만, 실제 사용 환경에서 발생할 수 있는 포괄적 테스트가 이루어진다.

🎙 웨이퍼 테스트, 칩의 품질을 검사하다

검사의 기준은 크게 온도 내구성, 속도, 동작인데, 여러 조건에서 스펙상의 기능과 성능이 제대로 작동하는지 살피는 것이다. 이 과정은 주로 번인 테스트, 프로브 테스트, 리페어 공정으로 구성된다. 보통 테스트 하우스test house[56]는 전용 장비인 테스터를 매입해 공정을 대행한다. 이들은 단순 용역 제공에 그치지 않고, 자체 운영 능력과 노하우를 기반으로 고객에게 최적화된 테스트 솔루션을 내세워 부가가치를 높이고 있다. 신규 반도체 라인업이 출시되면 그에 적합한 테스트 솔루션을 개발해야 하는데, 프로브카드 매입과 소프트웨어 개발 등 준비 기간만 최대 14주 소요된다.

글로벌 테스트 하우스로는 ASE, 앰코테크놀로지, JCET 등이 있는데, 이들 OSAT는 패키징과 테스트 서비스를 모두 제공한다. 국내에서는 네패스아크, 두산테스나 등 전문 테스트 하우스와 하나마이크론, 에이티세미콘 등의 OSAT 업체가 있다.

웨이퍼 테스트 장비 시장은 어드반테스트와 테라다인 2개 업체의 점유율이 굉장히 높다. 국내에서는 와이아이케이와 디아이가 테스트 장비를 공급하고 있는데, 이 중 와이아이케이는 주로 삼성전자의 메모리 웨이퍼 테스터를 공급한다.

🎙 패키징 테스트, 패키지 이후에도 다시 한번 검사하다

이 검사는 웨이퍼 테스트를 통과한 칩에 패키지 공정을 실시한 뒤 진행하며 '파이널 테스트final test'라고도 한다. 웨이퍼 테스트에 비해 이 테스트는 외주 비율이 높은 편이다. OSAT 업체들이 주로 담당하는데, 국내 기업 중에는 패키징 테스트만 전문으로 하는 에이팩트도 있다.

---

56 후공정 단계에서 소자를 테스트해주는 서비스를 제공하는 회사로, 고가의 장비와 기술적 노하우를 갖추어야 한다. 통상 IC를 테스트하는 업체가 많다.

패키징 테스터는 엑시콘, 유니테스트, 네오셈 등이 생산한다. 이들 업체 중 네오셈은 SSD 테스터에 특화되어 있다. 패키징 테스트는 소켓을 이용해 진행하는데, 소켓은 제품이 다양해서 프로브카드보다 시장 규모가 크다.

🔬 반도체 테스트에는 어떤 소모품을 쓸까

① 프로브카드

반도체 웨이퍼 테스트, 즉 EDS 공정에 쓰이는 대표 소모품이다. 프로브카드는 PCB, STF^Space TransFormer(공간 변형기), 프로브 팁 등으로 구성된다. EDS 공정은 프로브카드/번인 테스트, 고온/저온 테스트, 리페어(수리), 잉킹(불량 표시) 순으로 진행된다. 번인 테스트는 100~200℃ 가량에서 신뢰도를 검증하는 과정이다.

프로브카드 시장은 미국의 폼펙터, 유럽의 테크노프로브, 일본의 MJC 등 글로벌 톱 10 업체들이 시장의 80%를 차지하고 있다. 이들

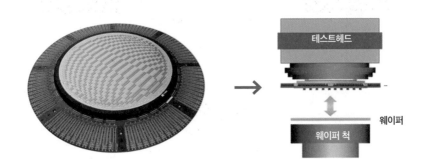

웨이퍼 테스트 시 사용되는 프로브카드

*출처: www.tse21.com ⓒ티에스이

은 특히 높은 기술력이 요구되는 D램, 시스템 반도체에서 선점 효과를 누리고 있다. 티에스이, 마이크로프랜드, 코리아인스트루먼트(비상장) 등 국내 업체들은 낸드플래시, 번인 테스트 비중 높은 편이다. 샘씨엔에스는 프로브카드용 부품 STF를 국내 티에스이, 코리아인스트루먼트를 통해 반도체 업체에 공급한다.

② 인터페이스 보드

반도체 제품 검사 장비 중 하나로, 제조공정 최후 단계에서 전기적 방식으로 불량 여부를 판정한다. 인터페이스 보드 위에 테스트 소켓을 장착하여 검사를 진행하며, 메모리 반도체를 검사할 때 사용한다.

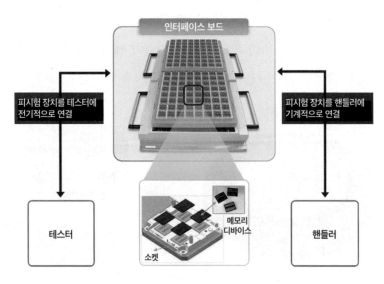

인터페이스보드(가운데)와 사용 방법

*출처: www.tse21.com © 티에스이

③ 테스트보드

생산 제품의 품질을 가늠하기 위한 회로 기판으로, 그 위에 여러 개의 소켓을 올려 쓰는 소모품이다. 소켓처럼 테스트를 여러 차례 진행하면 교체해야 한다.

④ 소켓

소켓은 패키징된 반도체 소자를 테스트하는 데 쓰이는 소모품이다. 테스트 소켓은 전극 접촉 형태에 따라 핀 타입(흔히 쓰이는 '포고 핀'은 제품명)과 실리콘 러버 타입으로 나뉜다.

메모리 반도체는 소품종 대량생산 방식인 반면, 시스템 반도체는 다품종 소량생산 방식이다. 시스템 반도체는 제품 인터페이스가 다양한 만큼 칩 형태에 따라 각기 다른 디자인의 소켓이 필요하다.

그동안 시스템 반도체는 핀 타입을 주로 썼는데, 이것이 개발된 지가 오래된 대중적인 소켓이었기 때문이다. 하지만 최근 주로 메모리 반도체에 사용되던 실리콘 러버 타입이 시스템 반도체에 침투하고 있는 상황이다. 저유전율, 내구성, 전기 특성을 상향한 것도 영향을 미쳤

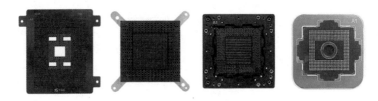

다양한 종류의 테스트 소켓

*출처: www.tse21.com © 티에스이

다. 핀 타입이 실리콘 러버 타입에 비해 2배 이상 비싼 편이라는 사실도 그 배경이다.

핀 타입은 리노공업이 글로벌 시장을 70% 점유하고 있고, 실리콘 러버 타입은 티에스이, ISC 등이 주로 생산한다. 2020년 기준 세계 시장 규모는 약 10억 달러로 추산된다.

⑤ 번인 소켓

국내에서는 주로 오킨스전자, 마이크로컨텍솔 등의 업체가 담당하는 영역으로 글로벌 시장 규모는 약 5000억 원이다. 해외에서는 미국 센세타테크, 일본 야마이치 일렉트로닉스 등의 업체가 공급을 맡고 있다. 국내 업체 ISC는 2021년 실리콘 러버 타입으로 웨스턴디지털과 마이크론향 번인 소켓을 공급하는 데 성공했다. 번인 소켓은 기존 포고 핀 타입이 주류다.

EDS 파이널 테스터 서플라이 체인

*출처: 삼성증권

반도체 후공정 테스트 핵심 기업 소개

티에스이

반도체 테스트 공정에 필요한 소모품 프로브카드, 인터페이스 보드, 소켓 등을 공급한다. 프로브카드는 웨이퍼 테스트에 쓰이는 부품으로 칩과 테스트 장비를 연결하는 역할을 한다. 프로브 바늘이 웨이퍼에 접촉하여 전기 신호를 보내고 돌아오는 신호에 따라 불량칩을 선별한다. 국내 프로브카드 업체들은 낸드플래시용을 주로 공급하고 있다. D램용 프로브카드는 진입 장벽이 높아 외산 제품이 주로 쓰인다.

인터페이스 보드는 테스터와 핸들러를 연결하는 소모성 부품이다. 파이널 테스트에 쓰이는 소켓은 티에스이의 강력한 성장 동력이다. 티에스이는 메모리 반도체 테스트에 주로 쓰이던 실리콘 러버 소켓을 시스템 반도체에 적용해 점유율을 높이고 있다. 실리콘 러버 소켓은 가격 경쟁력이 있지만, 다품종 소량생산 체제인 시스템 반도체에 적합하지 않다는 평가가 지배적이었다. 하지만 티에스이는 타이거일렉, 메가터치, 지엠테스트 등 자회사 수직계열화를 통해 대응력을 높였다.

네패스아크

테스트를 주력으로 하는 OSAT 업체로, 웨이퍼 테스트와 패키지 테스트를 모두 담당한다. 웨이퍼 테스트 매출 비중이 전체의 80%를 넘는다. 2019년에 모기업 네패스의 테스트 사업부에서 분사되어 설립되었다. 2021년 하반기에만 두 번에 걸쳐 총 1600억 원 이상의 투자를 공시했다.

현재 주력 사업은 PMIC와 DDI다. 삼성전자 엑시노스 AP 테스트 물량을 수주하면서 기대를 모았지만, 엑시노스의 판매가 부진한 탓에 영향이 미미했다. 하지만 최근 삼성전자 SSD 판매 증가에 따른 컨트롤러 IC의 테스트 물량 증가가 기대된다. 미국 퀄컴과 전략적 제휴로 FO-PLP 사업을 본격화해 주목받고 있다.

리노공업

시스템 반도체에 주로 쓰이는 핀 타입 소켓을 공급하는 업체다. 소켓의 부분품인 리노 핀도 판매하고 있다. 리노 핀은 국내외 1400개 업체가 사용 중이다. 리노공업은 세계 최고 수준의 초정밀 공정기술 경쟁력을 보유하고 40% 넘는 영업이익률을 유지할 정도로 부가가치가 높은 회사다. 2010년부터 지멘스와 함께 초음파 진단 의료기기 사업을 시작했다. 그동안 모바일 AP 중심으로 성장세를 이어왔지만 최근에는 퀄컴향 웨어러블, 전장, AR/VR 기기향 매출이 증가하고 있다.

ISC

반도체 소켓 전문 업체다. 원래 메모리용 소켓을 주로 생산했는데, 지금은 시스템 반도체용 소켓 비중이 훨씬 높다. 2021년 기준으로 시스템 반도체가 70%, 메모리가 30% 매출 비중을 기록했다. ISC의 삼성전자, SK하이닉스 내 메모리 소켓 점유율은 70%에 달한다. DDR5 양산이 본격화되면 최대 수혜 업체가 될 것으로 예측된다. 주요 고객사는 퀄컴, 삼성전자, 엔비디아, 애플, 브로드컴, AMD, SK하이닉스, 마이크론, 인텔(팹리스 업체와 계약) 등이다.

매출 면에서는 실리콘 러버 소켓의 비중이 70%를 넘는다. 최근 실리콘 러버 소켓의 사용이 메모리에서 시스템 반도체로 확산되면서 좋은 흐름을 타고 있다. 번인 테스터용 소켓 시장에도 진출하였고, 2022년 4월에는 솔브레인홀딩스의 자회사 프로웰을 인수하기도 했다. 프로웰은 핀 타입 소켓 업체인데, 그 기술력과 ISC의 영업망이 합쳐져 시너지 효과가 기대된다.

ISC는 새로운 성장 동력으로 5세대 이동통신 기술 관련 안테나 소재 사업을 진행 중이다. FPCB(연성회로 기판) 생산에 필요한 원재료 FCCL Flexible Copper Clad Layer(연성동박 적층 필름)을 개발하고, 2022년 초부터 일부 공급을 시작했다. FCCL는 스마트폰, 태블릿 PC, 전장용 등 다양한 디바이스에 적용될 것으로 기대되고 있다.

샘씨엔에스

프로브카드 필수 부품인 STF를 생산하는 기업이다. 삼성전기 낸드 플래시용 세라믹 STF 기판 사업부에서 분사해 설립되었는데, 2016년 에 와이아이케이에 인수되었다.

STF는 폭 차이가 크게 나는 프로브 핀과 프로브카드 PCB를 연결해 주는 통로 역할을 한다. STF는 진입 장벽이 높은 시장으로, 프로브카 드 업체와 동반 개발해야 하기 때문에 양산에만 10년 이상이 걸리고 투자비도 큰 편이다.

샘씨엔에스는 적층 세라믹 공정기술인 저온 동시 소성 세라믹 공법 으로 고집적화된 반도체 제품 테스트기에 적합한 기판을 생산하는 장 점이 있다. 2010년부터 삼성전자향 낸드플래시 프로브카드용 STF를 공급했다. 현재 매출의 90% 이상이 낸드플래시용 STF에서 발생한다. 샘씨엔에스의 낸드플래시 STF 글로벌 점유율은 30% 수준으로 관측 된다.

D램용 STF 매출은 2021년부터 발생하고 있다. 그해에 SK하이닉스 향 CIS용 STF의 승인을 완료했고, 2022년 상반기에 삼성전자향 관련 승인을 받은 것으로 보인다. 하반기에는 SSD 컨트롤러 IC용 STF 승인 도 받은 것으로 추정된다.

규모로 보자면 낸드플래시보다 D램 및 시스템 반도체 STF 시장이 훨씬 크다. 글로벌 STF 전체 시장은 5000억 원 규모로 추산된다. 이 중 낸드플래시는 1000억~1200억 원, D램은 2000억 원인 데 비해 시스템 반도체는 1000억~1800억 원 수준으로 평가되고 있다.

경쟁사로는 일본의 교세라, NTK와 국내 업체인 아이엠텍(비상장) 등이 있다. 샘씨엔에스는 최근 300억 원을 투자해 신공장 증설을 진행 중이다. 증설이 완료되면 생산능력은 월 5000매에서 1만 매로 2배가량 증가할 것으로 보인다.

PART 3

한발
앞서 읽는
반도체
시장의 미래

"

애플, 테슬라, 구글
이들이 전개할 미래 시장

"

최근 반도체 시장은 과거 반도체 제국을 이루며 독보적인 위치에 섰던 인텔이 경쟁자들과 싸우며 고군분투하고 있는 형국이었다. 그런데 하드웨어에 집중하던 테슬라와 애플, 포털과 클라우드 서비스의 대명사인 구글 등이 반도체 시장을 노리면서 인텔은 더 어려운 상황에 처했다.

이제 표준 제품 반도체 ASSP 시대가 저물고 맞춤형 ASIC의 시대가 본격적으로 전개되면서, 영역을 뛰어넘는 IT 거인들의 격돌이 펼쳐질 것으로 보인다. 변화를 도모하는 기업 중 우리 생활 전반에 영향을 미치는 애플과 테슬라, 구글에 대해 알아보고 그들의 미래 전략을 살펴보자. 반도체 산업의 판도를 뒤바꿀 최신 동향과 흐름도 짚어볼 것이다.

애플과 테슬라는 어떻게 될까?

전기차 시장을 뒤흔들 닮은꼴 기업, 애플과 테슬라

지금 전 세계적으로 첨단기술 분야를 선도하며 우리 실생활에 가장 큰 영향을 미치는 기업을 뽑으라고 한다면, 나의 선택은 단연 애플과 테슬라다. 이들의 제품은 국경을 뛰어넘는 영향력을 발휘하며 경제뿐 아니라 사회 측면의 변화까지 이끌고 있다.

정작 변화를 몸소 겪은 우리는 잘 인식하지 못할지도 모르지만, 스마트폰은 인류의 생활을 바꾸어놓았다. 스마트폰이 세상에 등장하고 난 후 우리의 라이프 스타일은 완전히 달라졌다. 우리는 손안에 들어오는 슈퍼컴퓨터를 어디에나 들고 다니며 공간과 시간의 제약 없이

다양한 사람들과 소통하고 개인적인 일에서 사업적인 용무까지 처리한다. 스티브 잡스가 아이폰을 들고 나온 이후 불과 10여 년 만에 이루어진 일이다.

애플과 데칼코마니처럼 닮은 회사가 테슬라다. 애플이 휴대폰으로 세상을 바꿨다면, 테슬라는 자동차로 세상을 바꾸고 있다. 한때 도로 위의 신기한 구경거리에 불과했던 전기차는 자율주행 기술로 첨단의 상징이 되었다. 테슬라의 영향으로 이제 자동차는 '디바이스device'라는 이름으로 불린다.

지난 10여 년간 스마트폰이 반도체의 최대 수요처 역할을 했다면, 지금부터 향후 몇십 년간은 자동차가 그 핵심 수요처로 부상할 가능성이 높다. 애플도 2026년에 '애플카'를 출시하겠다고 발표했는데, 이로써 각기 다른 영역에서 아성을 쌓았던 두 회사가 하나의 시장에서 자웅을 겨루게 될 것이다.

모바일 혁명의 주역, 애플

👤 혁신의 아이콘, 스티브 잡스

인체에서 가장 중요한 장기를 '오장육부'라 하는데, 스마트폰이 그에 더해져 '오장칠부'가 되게 만든 것이 애플이다. 과연 애플은 스마트폰 없이는 불안증까지 느끼는 현재의 포노 사피엔스Phono Sapiens 세대의 '어버이'라고 할 만한 것이다. 이런 애플을 이야기하면서 창업자 스티브 잡스를 빼놓을 수는 없다.

1955년에 태어난 스티브 잡스는 입양아로 자랐다. 시리아계 부친과 당시 대학원생이었던 모친이 양가의 반대로 결혼을 할 수 없자 그를 직접 기르는 것을 포기했기 때문이다. 양부모는 학력도 재산도 크게 내세울 것이 없는 사람들이었지만, 잡스를 꼭 대학교에 보내겠다는 각서를 쓰고 입양했다.

한때 따돌림을 당하기도 하고 학교생활도 불성실했지만 잡스는 자신의 관심사에는 집요하게 파고드는 모습을 보였다. 고등학교 시절 잡스가 남긴 빌 휴렛Bill Hewlett과의 일화는 유명하다. 전화번호부를 뒤져 휴렛팩커드의 CEO에게 전화를 걸어, 자신이 만들 주파수 측정기에 필요한 부품이 있는지 물어본 것이다. 빌 휴렛은 괴짜 십 대의 당돌함에게 호기심이 생겨 여름 방학 동안 그를 임시 채용하기도 했다. 이때 잡스는 휴렛팩커드의 엔지니어들과 친분을 쌓고 기계와 전자기술에 대해 많이 배우게 된다.

1972년, 잡스는 오리건주 리드대학교 철학과에 입학했지만 사립명문대의 비싼 학비에 대한 부담감과 학업에 대한 무관심으로 한 학기만에 자퇴했다. 4년 후, 잡스는 고등학교 선배 스티브 워즈니악과 함께 양부모의 집 차고에서 애플을 창업한다. 잡스는 채식주의자였는데, 과일 다이어트를 하던 중 사과 농장에 다녀온 뒤 회사 이름을 '애플'로 정했다. 현재 잘 알려진 한입 베어 문 사과 모양 로고는 애플2가 출시될 때 만들어졌다.

애플은 컴퓨터 시장에 진출하며 PC 시대를 연 회사로 유명해졌다.

애플이 상장하면서 불과 스물다섯 살에 잡스는 2억 5000만 달러(현재 가치로 7억 4500만 달러 상당)의 자산을 보유한 거부가 되었다. 1983년에는 펩시의 부사장 존 스컬리John Sculley를 스카웃했다. "평생 설탕물을 팔 것입니까, 아니면 세상을 바꿀 기회를 잡을 것입니까?" 스컬리의 마케팅 능력을 높이 샀던 잡스는 이 한마디로 스컬리를 영입하는 데 성공했다.

하지만 완벽함을 추구하는 데다 인간관계에 원만하지 못했던 잡스의 성격은 점차 회사 내부에서 불화를 키우는 요인이 되었다. 자신이 주도하던 프로젝트도 성과를 내지 못했고 엔지니어들의 불만도 고조되었다. 게다가 매킨토시는 호환성이 떨어진다는 이유로 소비자들의 외면을 받기 시작했다. 사내에 권력 다툼이 진행되는 가운데 워즈니악도 회사를 떠나고 실적까지 주춤하면서, 결국 잡스는 1985년 자신이 창립한 애플에서 축출당한다. 그가 심혈을 기울여 영입한 스컬리가 주도한 일이었다.

당시 잡스의 나이는 서른에 불과했다. 애플에서 쫓겨난 뒤 그는 워크스테이션과 소프트웨어를 개발하는 넥스트를 창업했지만, 생각과 달리 일은 잘 풀리지 않았다. 그때 잡스는 영화 〈스타워즈〉의 감독이자 제작자인 조지 루카스George Lucas의 루카스필름에서 컴퓨터그래픽 부문을 사들인다. 영화 특수 효과와 장비, 애니메이션으로 유명한 픽사의 시작이었다.

픽사는 몇 년간 적자를 냈지만, 잡스가 인수한 지 9년 만인 1995년에 디즈니와 함께 내놓은 첫 장편 애니메이션 〈토이 스토리〉로 대박쳤다. 픽사는 〈토이 스토리〉의 성공 이후 발 빠르게 기업공개를 실시하여 12억 달러 가치의 자산 평가를 받았고, 약 80%의 지분을 소유하고 있던 잡스는 애플 상장 때보다 몇 배 많은 재산을 갖게 되었다.

그사이 애플은 위기에 처해 있었다. 마이크로소프트가 윈도우즈 95를 출시하면서 애플의 PC 점유율은 계속 떨어졌다. 애플은 이에 대응하기 위해 인수할 운영체제 업체를 물색하다가 잡스의 넥스트와 접촉하게 된다. 잡스는 이렇게 해서 퇴출된 지 12년 만에 애플로 귀환했다.

애플은 그야말로 벼랑 끝에 서 있었다. 한 해 적자가 10억 달러가 넘을 정도로 재무 상태가 열악했다. 잡스는 복귀하자마자 3000명 이상의 직원을 해고하는 등 구조 조정에 돌입하고, 그 뒤 1년 만에 4억 달러 흑자전환에 성공하는 기염을 토한다.

잡스는 디자인이야말로 소비자들에게 가장 직관적으로 어필할 수 있는 핵심적 요소라고 생각했다. 제품 설계보다 디자인이 우선시되자 엔지니어들이 반발했지만, 잡스의 이 전략에 따라 출시한 아이맥은 크게 성공한다. 아이맥 구매자의 32%가 처음 PC를 구매한 사람이었다.

2001년에 잡스는 MP3 플레이어 아이팟을 공개했다. 아이팟은 CD에서 디지털미디어 시대로 전환하는 데 일조하고, MP3 파일 불법복제로 피해를 입던 음반 시장에 도움을 주었다. 그리고 2007년 1월 9일, 마침내 잡스는 아이폰을 세상에 소개한다. 모바일 혁명의 막이 오르는 순간이었다. 이후 아이폰은 10년 만에 12억 대가 팔려나갔다.

그런데 다음 해부터 잡스는 눈에 띄게 수척해졌고, 그에 따라 건강 이상설이 돌기 시작한다. 이미 수년 전 췌장암 수술을 받은 적이 있었는데 병이 재발했던 것이다. 더구나 채식 위주의 대안 치료를 고집하다 병세가 악화되고 말았다. 잡스는 투병 중에도 신제품을 직접 공개하고 주요 결정에 참여하는 등 경영 활동에 열심이었다. 죽기 하루 전날까지 후임 CEO 팀 쿡Tim Cook과 차기 제품에 대해 의논할 정도였다.

잡스는 2011년 56세에 췌장암으로 사망했다. 하지만 감성 디자인과 소비자 경험이라는 그의 유산은 IT를 넘어 다른 산업에까지 큰 영향을 미치고 있다. 현재 애플은 세계 최고의 브랜드 가치를 지닌 기업 중 하나로 시가총액 전 세계 1위를 자랑한다. 소위 '명품'을 만드는 유럽의 패션 브랜드처럼 상당한 팬덤을 보유한 것도 애플만의 특징이다. 오늘날 애플의 위치는 잡스가 없었다면 불가능했을 것이다.

🏅 제2의 창업 성공, 팀 쿡 CEO

1960년에 태어난 팀 쿡은 스티브 잡스가 애플에 복귀한 이후에 영입한 핵심 인재로, 서른여덟 살에 입사한 뒤 잡스 사후 CEO가 되어 애플을 이끌고 있다. 대학에서 경영학과 산업 공학을 전공했고, 기업 시스템 최적화, 낭비 요소 제거, 경영 효율화 등에서 상당한 역량을 보유한 것으로 평가받는다.

쿡은 대학 졸업 후 IBM에 입사해 PC 제조공정 효율화를 담당했다. 당시 제조업에서는 도요타의 생산 방식인 '저스트 인 타임Just In Time'[57] 도입과 응용이 유행했는데, 쿡은 미국 내에서 이 원칙을 가장 잘 활용

---

57 '필요한 것을 필요한 때에 필요한 만큼 생산한다'는 원칙으로, 생산공정 전반에서 인력, 운송, 가공, 불량 등의 낭비를 줄이고 효율을 높이는 것을 목적으로 한다.

하는 사람 중 하나로 손꼽혔다. 이 운영 방식을 컴퓨터 제조에 적용하는 핵심은 PC에 들어가는 수많은 부품을 관리하고, 수요를 정확히 매칭하는 것이다.

쿡은 12년 동안 IBM 북미 지역 고객 주문 부문 책임자로 일하다가, 1997년에 컴팩으로 자리를 옮겨 재고 효율, 생산 비용 절감 등에서 큰 성과를 거둔다. 컴팩이 가성비 높은 데스크톱 시리즈로 성공할 수 있었던 것은 쿡이 제조 효율화에 노력했던 덕이 컸다.

잡스는 복귀 후 애플이 수요 예측에 취약하며 그 근본적 문제가 서플라이 체인에 있다는 점을 간파하고, 몰락의 길을 걷고 있던 회사를 살리기 위해 쿡의 영입을 결심했다. 잡스의 미팅 요청을 거절하던 쿡은 정작 직접 만나서는 순식간에 잡스에게 매료되어버린다. 그리고 주변의 반대에도 불구하고 애플의 수석 부사장으로 입사한다.

쿡은 이후 부품 공급 협력사를 대폭 정리하는 등 생산과 유통 부문에 대수술을 감행해 애플 합류 6개월 만에 30일 수준의 재고 물량을 6일치로 줄였다. 당시 아이맥의 생산을 LG전자가 담당하고 있었는데, 케이스와 모니터만 아웃소싱하던 데서 제조 전체를 맡기는 것으로 전환하는 결정을 내리기도 했다. 1999년 어느 시점에는 애플의 재고가 2일치 수준에 이른 적도 있었다. 재고 관리 비용 때문에 곤란을 겪던 애플이 그의 손을 통해 거듭난 셈이다.

이후 쿡은 대만의 폭스콘에 위탁생산을 맡겨 현재 애플의 생산 시스템을 구축한다. 2005년, 잡스는 쿡을 COO로 승진시킨 뒤 본격적인 투병을 하던 2011년에 CEO 자리를 물려준다. 당시만 해도 팀 쿡이라는 이름 자체가 별로 알려지지 않았던 탓에 잡스 없는 애플의 장래를 걱정하는 전문가도 상당수였다. 애플이 더 이상 혁신하지 못하고 쇠퇴할 것이라는 의견도 많았다.

그러나 얼마 지나지 않아 이런 우려 섞인 전망이 기우였음이 드러났다. 쿡은 애플워치에 이어 에어팟까지 성공시키며 애플을 더욱 강력한 기업으로 키워냈다. 2018년, 애플은 창사 이후 최초로 시총 1조 달러를 돌파했다. 그 뒤 시총 2조 달러, 3조 달러를 돌파하는 데는 많은 시간이 필요하지 않았다. 아이폰 중심에서 에어팟, 스마트워치 등 다양한 디바이스로 제품을 다각화하는 데 성공했고, 애플을 서비스 중심의 플랫폼 회사로 변신시켰다.

애플은 자율주행 시스템 전기차인 애플카와 메타버스 디바이스인 '애플 VR' 출시를 계획하고 있다. 쿡은 2014년에 프로젝트 '타이탄'을 시작으로 전기차 시장 진출을 모색하기 시작했다. 현재 애플카는 당초 예정보다 1년 늦춰진 2026년에 출시될 것으로 예상되고 있다.

아직도 쿡과 잡스를 비교하며 쿡은 단지 재고 관리로 성공했다는 평가를 하는 사람들도 있지만, 현재 애플의 생태계가 형성된 데는 쿡의 기여가 상당하다. 잡스의 비판자들은 그가 혁신적인 제품을 내놓았을지 몰라도 혁신적인 사람은 아니었다고 지적한다. 기부에 인색했던 점이나 환경 문제 등을 등한시한 점도 비판을 키웠다.

이에 비해 쿡은 잡스와 사뭇 다른 행보를 보인다. 오바마 정부에서 환경청장을 지낸 인물을 영입하는 것을 시작으로 애플에 친환경 기업 이미지를 부여하려 애썼고, RE100 등 기후변화 협약에도 적극 동참

하고 있다. 협력사 노동자들의 업무 환경 개선을 위한 360가지 항목의 개선안을 내놓기도 했다.

물론 이런 노력이 세계적으로 기업 환경이 ESG를 중시하는 방향으로 흘러가는 것을 무시할 수 없는 데다, 미중 기술 전쟁 등 외부 변수에 대응해야 하기 때문이라는 분석도 있다. 하지만 그 의도가 어찌 되었든 쿡이 지휘를 맡은 이후 애플은 환경이나 사회 환원 면에서 나아진 모습을 보이고 있다. 그리고 무엇보다 주목할 점은 매출과 순이익이 3배 이상 성장했다는 사실일 것이다.

👤 애플 디자인의 교과서, 조너선 아이브

조너선 아이브Jonathan Ive는 1967년생으로 27년 동안 애플에서 일했다. 2019년 6월, 그가 애플을 떠난다는 소식이 전해지자 애플 투자자들은 큰 충격과 불안감을 느꼈고, 결국 당일 애플의 시총 10조 원가량이 증발하기도 했다.

아이브가 애플에서 일한다는 사실이 가지는 의미와 상징성은 그 정도로 상당한 것이었다. 애플의 성공 배경인 디자인 혁신을 아이브가 이끌었기 때문이다. '살아 있는 산업 디자인의 교과서'로 불리는 아이브가 보여주는 디자인적 특징은 단순함이다. 그의 디자인은 최소한의 기능만 남겨두고 나머지는 빼버리는 과감함으로 더욱 주목받았다.

1991년 당시 영국의 디자인 회사에서 일하고 있던 아이브는 애플의 스카우트 제의를 받고 이듬해 입사한다. 그때만 해도 애플이 디자인에 큰 관심이 없었던 모양인지, 그는 한동안 별다른 두각을 나타내지 못했다. 퇴사를 고민하던 그는 1997년 복귀한 스티브 잡스를 만나 활약의 기회를 잡게 된다.

애플을 디자인 중심 기업으로 운영하려던 잡스는 처음에는 외부 유명 디자이너의 영입을 추진했지만, 내부 인재를 살펴보던 중 아이브를 발견하고 그에게 확대된 권한을 부여하며 디자인을 맡겼다.

아이브는 이런 믿음에 보답이라도 하듯 1998년 아이맥 출시로 파격적인 디자인을 선보였다. 당시 PC는 주로 모노톤의 아이보리나 회색이 주를 이뤘는데, 아이맥은 '본디블루bondi blue'라는 청록색 계열의 색깔을 띠고 있었고 반투명 플라스틱 소재를 사용해 내부가 보이기까지 했다.

애플 내부에서 아이맥에 대한 회의론이 일었지만 이 제품은 출시 첫해에만 80만 대가 팔릴 정도로 대박을 친다. 이에 따라 애플의 실적은 1997년 10억 달러 적자에서 1년 만에 4억 달러 흑자로 돌아섰다.

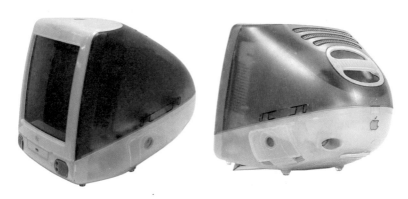

반투명한 본디블루 컬러로 유명한 아이맥 G3

© David Fuchs © Stephen Hackett

디자인의 힘이 얼마나 강력한지 알려주는 사례다.

2001년에 출시된 아이팟이 누적 판매 1억 대라는 기록을 세우고, 2007년에 소개된 아이폰이 혁신적인 디자인으로 각광받은 것도 아이브의 손에서 나온 결과다. 아이폰1은 세계 최초로 정전 용량식 터치스크린을 탑재했고, 200만 화소 카메라, 3.5인치 디스플레이를 적용했다. 물리적 버튼을 최대한 제거하고 홈 버튼 하나만 남겼다. 그야말로 미니멀리즘의 정수를 보여준 디자인이다.

아이폰은 일명 '물방울 디자인'으로 불리는 형태를 특징으로 했는데, 이 역시 아이브의 작품이다. 물방울 디자인이라는 이름은 후면이 부드러운 곡선을 띠는 데서 붙여졌다. 아이폰4부터는 이 형태 대신 각진 모양이 도입되었지만, 물방울 디자인은 아이폰을 규정하던 특징 중하나로 사랑받았다.

2017년에 완공한 애플의 신사옥 애플 파크에도 아이브의 디자인 철학이 그대로 담겨 있다. 이 건물에는 세계에서 가장 길고 둥근 형태의 강화유리가 사용되었으며, 흰색을 좋아하는 그의 취향도 상당히 반영되어 있다.

애플은 디자인을 먼저 구상하고, 그 뒤에 엔지니어링을 디자인에 맞춘다. 기존 기업들과 완전히 반대로 작업을 진행하는 셈인데, 이런 애플만의 독특한 프로세스로 아이브의 창조적 디자인이 빛을 발할 수 있었다. 그는 현재 애플을 떠나 다른 회사를 창업했지만 그가 남긴 디자인적 유산은 앞으로도 애플 제품을 논할 때 빼놓을 수 없는 특징적 요소가 될 것이다.

🏅 반도체 제국을 꿈꾸는 '애플 실리콘' 전략

애플은 2010년에 독자 AP 설계에 나서며 '애플 실리콘'[58] 전략의 시작을 알렸는데, 이 전략의 일환으로 자체 모바일 CPU를 설계하여 A 시리즈가 탄생했다. 이때 결정적인 역할을 한 인물이 천재 반도체 설계 엔지니어 짐 켈러다. 이전까지 애플은 삼성전자로부터 설계뿐만 아니라 파운드리 서비스까지 제공받았다.

2014년, 애플은 GPU 세미커스텀semicustom[59]을 시작했다. GPU 설계 역량 내재화에 돌입한 것이다. 그리고 3년 뒤 CPU, GPU, NPU 등 세 가지 프로세서를 모두 독자 설계한 AP를 선보였다. 이때 애플의 AP 설계 역량이 완성되었다고 할 수 있다.

애플은 이런 모바일 AP 개발에 그치지 않고 고성능 반도체 설계기술 확보에도 집중한다. 그 결과 맥북용 괴물 반도체 M1이 탄생했다. M1의 특징은 기존 CPU의 성능을 월등히 뛰어넘는데 전력 소모가 굉장히 적다는 것이다. 애플은 애초에 머신러닝을 염두에 두고 M1을 설계했다고 알려졌는데, 그 배터리는 무려 20시간이나 지속 가능하다.

M1은 고성능 코어인 파이어스톰 4개, 저전력 코어인 아이스스톰 4개를 사용하며, GPU 16코어, 메모리 대역폭 초당 200기가바이트를 지원한다. M1을 채택한 맥북은 D램을 SiP로 내재화했다. 업그레이드

---

58 애플이 자체 개발한 반도체로, 특히 단일칩 체제 SoC와 SiP 프로세서를 뜻한다. 애플 제품에는 애플 반도체를 넣겠다는 반도체 독립 의지를 보여준다. 이후 애플은 2020년에 애플 실리콘으로의 전환을 개시했다.

59 설계 또는 제조 관련 공정 일부를 다른 품종과 공용하고, 그다음 공정을 품종에 따라 달리하는 대규모 집적회로를 뜻한다.

가 안 된다는 단점이 있지만, 칩 간 통신 속도가 굉장히 빨라서 맥북을 열면 바로 동작을 시작할 정도다. 팬이 없어 소음이 적을 뿐만 아니라 기존 모델 대비 전성비(전력 대비 성능) 3.5배, 그래픽 처리 속도 6배에 달한다.

M1 맥스에는 파이어스톰 8개, 아이스스톰 2개가 적용되었다. 성능은 M1에 비해 70% 개선되었다. GPU 32코어, 메모리 대역폭 초당 400 기가바이트를 지원하는데, 이런 스펙은 사실상 인텔이나 AMD 데스크톱 CPU의 성능을 완전히 압도하는 수준이다.

맥북이 노트북 PC인데 이런 고성능, 저전력을 실현하니 경쟁사들이 아연실색할 만도 하다. DDR4 메모리 대역폭은 초당 50기가바이트 수준이다. 뉴럴 엔진, 미디어 엔진, 4K 30개, 8K 7개를 멀티 스트림으로 지원해서 전문가용으로 쓰기에 손색이 없고, 일반 사용자들이 많이 이용하는 틱톡이나 유튜브 쇼츠 등의 처리에도 최고 성능을 구현한다.

M1 출시 이전까지 애플은 PC 및 노트북 PC용 CPU로 인텔 제품을 썼다. 이런 점 때문에 아이폰, 아이패드와 달리 PC는 생태계 통합이 불가능했다. 그런데 이제 M1이라는 자체칩을 출시했으니, 진정한 통합 생태계를 구현한 셈이다.

현재 PC 시장에서 애플의 점유율은 8%에 불과하지만, 애플 실리콘 전략 이후 비중이 빠른 속도로 올라가고 있다. 아이폰12 이전까지 스마트폰 점유율은 소폭 떨어지고 서비스 매출이 늘어나던 상황이었다. 그런데 애플 실리콘을 내놓은 뒤 하드웨어 보급량이 늘어나고 서비스 매출도 올라가는 선순환 고리가 이어지고 있다.

애플 실리콘 전략과 함께 주목해야 할 것은 통합형 구독 서비스 '애플원'이다. 애플원에서는 애플 뮤직, 애플 뉴스, 애플 TV, 애플 아케이드, 애플 피트니스, 아이클라우드 등의 서비스를 제공한다. 그야말로 미디어, 음원, 게임, 뉴스 등 모든 서비스를 애플 하나로 즐길 수 있도록 하겠다는 것이다. 이 서비스는 아직 국내에서는 이용할 수 없다.

애플은 2019년부터 OTT 서비스인 '애플TV+'를 런칭하기도 했는데, 이는 애플카 시대를 대비하기 위한 전략으로 보인다. 안드로이드 운영체제는 자동차 인포테인먼트 시스템과의 연결이 매끄럽지 못하다. 반면에 애플은 자체 'OS-AP-HW/SW'(운영제체-애플리케이션 프로세서-하드웨어/소프트웨어) 시스템 수직계열화를 기반으로 매끄러운 서비스 구현이 가능하다.

애플 실리콘 전략은 시장의 예상과는 다소 다른 흐름으로 전개되었다. 세간에서는 고가 라인업에만 M1을 적용할 것으로 관측했지만, 애플은 아이패드 에어, 맥 스튜디오 등 중급 라인업에도 이 칩을 탑재했다. 이미 M1보다 더 진화된 M1 프로, M1 맥스, M1 울트라를 준비하고 있었기 때문이다.

M1은 트랜지스터 수가 337억 개이며, M1 맥스의 경우에는 570억 개에 이른다. 소비자용 CPU 중 가장 성능이 뛰어난 칩이 AMD의 라이젠9 5950X 16코어인데, 이것은 104억 개 수준이다. M1 맥스는 AMD의 최고급 칩보다 트랜지스터 수가 5배 이상 많은 셈이다. 트랜지스터 밀도에서 단연 세계 최고 수준이다.

이런 제품은 애플처럼 코어부터 전체 시스템까지 모두 아우르는 설계 능력이 있어야 내놓을 수 있다. 시스템 최적화는 이처럼 눈에 보이지 않는 강력한 기술적 해자다. 애플은 M 시리즈를 선보이며 단순히 대단한 기능의 반도체를 만드는 것을 넘어서 규모의 경제 효과, 시스템 통합 효과를 공고히 했다. 애플 제국의 저력을 여실히 보여주는 또 하나의 사례다.

이제 애플의 미래를 결정할 주요 제품과 전략, 그 영향 등에 대해 짚어보자.

① 꿈의 반도체, 애플의 M1 울트라

M1 울트라는 쉽게 말해 M1 맥스 2개를 이어 붙인 칩이다. 두 칩 사이에 통신이 원활하지 않으면 병목 현상이 생기는데, 이를 해결하기 위해 실리콘 브릿지를 측면에 붙이는 최첨단 후공정 기술을 적용했다. CPU, GPU 개수는 각각 20개, 64개에 이른다. 내장 트랜지스터 수는 1140억 개에 달하며, 통합 메모리는 최대 128기가바이트까지 탑재 가능하다.

M1 울트라를 적용한 PC는 인텔 코어 i9-12900K 프로세서와 DDR5 메모리를 적용한 PC와 비교할 때 같은 전력에서 90% 이상 빠른 성능을 보여준다. 엔비디아의 지포스 RTX3090 그래픽카드와 비교했을 때도 더 빠른 성능을 내지만 전력 소모는 200와트 낮다. M1 울트라는 새 PC 맥스튜디오 등 고성능 PC에 순차적으로 탑재될 예정이다.

애플은 독자칩을 개발해 아이폰 2억 대와 아이패드 6000만 대로

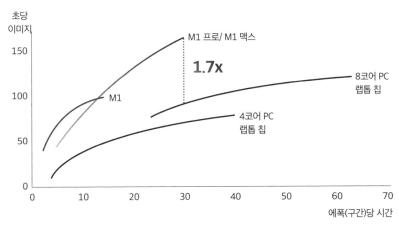

CPU 성능 VS 전력

초당
이미지

M1 프로/ M1 맥스

1.7x

8코어 PC
랩톱 칩

M1

4코어 PC
랩톱 칩

에폭(구간)당 시간

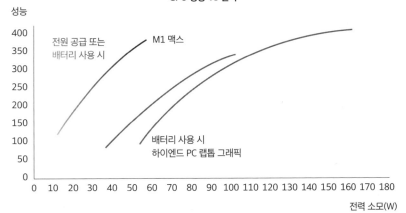

GPU 성능 VS 전력

성능

전원 공급 또는
배터리 사용 시

M1 맥스

배터리 사용 시
하이엔드 PC 랩톱 그래픽

전력 소모(W)

애플의 자체 개발 칩 M1의 성능

*출처: 바바리안리서치

규모의 경제 효과를 거두고 있다. M 시리즈는 ARM에서 소개한 '빅리틀big.LITTLE' 구조를 사용하고 있는데, 이것은 고성능에 전력 소모가 많은 코어와 고효율에 전력 소모가 적은 코어를 함께 활용하는 아키텍처다.

또 M1 울트라는 TSMC의 5나노미터 공정과 CoWoS 패키징 기술을 적용한 어드밴스드 패키지를 구현한다. 여기에는 '울트라 퓨전'이라는 애플의 독자 기술이 적용되었다. 이 기술은 1만 개 이상의 신호에 걸쳐 칩을 연결하는 실리콘 인터포저를 사용하며 프로세서 간 대역폭은 초당 2.5테라바이트 수준으로 기존 반도체들에 크게 앞선다.

울트라 퓨전이 가능한 것은 애플이 'OS-AP-HW/SW' 전체 시스템을 내재화하고 있기 때문이다. 애플의 전성비 또한 경쟁사들이 따라올 수 없는 요인이다. 애플은 이제 M1 맥스 4개를 붙인 칩을 준비하며 자율주행차, 슈퍼컴퓨터 시장까지 정조준하고 있는데, 이는 테슬라의 인공지능 훈련 시스템 '도조Dojo'를 따라잡을 수 있는 발판이 될 것이라는 기대를 모으고 있다.

② 애플 제국의 닫힌 정원

닫힌 정원walled garden이란 제공하는 서비스를 독점이나 보안을 목적으로 통제하는 시스템이다. 이런 시스템에서 소비자는 서비스 제공자가 허용하는 네트워크와 콘텐츠만 이용할 수 있다. 애플은 이 전략을 취하는 대표적 기업 중 하나로 오랜 기간에 걸쳐 아이폰 및 맥에 탑재 가능한 소프트웨어와 하드웨어에 대한 통제력을 발휘해왔다.

애플은 디지털 제국의 담을 높이며 애플 마니아, 즉 애플 디지털 제국의 시민을 늘리는 것을 목표로 한다. 이런 목표를 이루기 위해서는 일단 애플 제품을 사용하기 시작한 소비자가 이탈하지 않도록 잠금 효과를 내는 것이 매우 중요하다. 이를 위해 애플은 기존 제품 라인업에 새로운 디바이스를 계속 추가하고 서비스 영역도 확장하고 있는데, 애플카와 애플TV+도 이 같은 전략의 일환으로 나온 것이다.

③ 플랫폼 위의 슈퍼플랫폼

애플은 아이폰에서 메타 등 타 IT 기업들이 사용자 정보를 수집하는 것을 막고 있다. 이에 메타와 같은 SNS 플랫폼 사업자들은 타깃 광고가 어려워짐에 따라 크게 반발하고 있지만, 제국의 확장에 자신감이 붙은 애플은 이에 전혀 신경 쓰지 않는 분위기다.

애플워치, 에어팟 등 애플의 웨어러블 제품 분기 매출은 2019년에 이미 14조 원을 넘어선 적이 있다. 애플워치의 판매량은 스위스의 전체 시계 판매량보다 50% 이상 많다. 이미 세계 최대 시계 회사는 애플

폴더블 스마트폰　　　　　　　폴더블 모니터
태블릿 PC와 스마트폰의 퓨전　　태블릿 PC와 노트북 PC의 퓨전

휴대성 ⟵　　　　　　　　　　　　　　　　　⟶ 성능

연속성을 추구하는 애플의 디바이스 라인업

*출처: 삼성전자, 삼성증권

이다. 2021년에 애플은 해마다 주최하는 세계개발자회의 WWDC에서 화상 회의 앱 줌의 기능을 아이폰 영상통화 기능인 페이스타임으로 구현하는 기술도 공개했다.

SNS 플랫폼 사업자들은 애플의 이 같은 행보에 위기감을 느끼고 있다. 한때 80%의 시장 점유율을 자랑하던 넷스케이프가 마이크로소프트의 익스플로러 끼워팔기 탓에 사라진 것과 비슷한 운명을 겪을 수 있기 때문이다. 2019년에 애플이 앱스토어에서 30%의 수수료로 거둬들인 총액은 약 58조 원에 이른다.

④ 반도체 시장을 재편하는 애플 실리콘

애플 실리콘 전략으로 가장 큰 수혜를 본 기업은 단연 TSMC다. 애플이 어드밴스드 패키지 기술을 공격적으로 채택하면서 대만의 후공정 산업은 상당한 혜택을 입었다. M1은 FO-WLP(팬아웃 웨이퍼 레벨 패키지) 기술 대신 FC-BGA(플립칩 볼그리드 어레이)를 채택했다. 통신 속도가 빠르고 전력 소모는 적고 인공지능 구현에 유리한 SiP(시스템 인 패키지)를 만들기 위해서였다.

애플로 인해 글로벌 시장에서 FC-BGA 공급 부족이 촉발되었고, 이는 뜻하지 않게 국내 반도체 기판 업체의 멀티플 재평가로 이어졌다. 반도체 패키지가 고도화되면서 기판 공급 부족은 더욱 심화되고 있다. 애플의 행보로 앞으로 3D 패키지, AiP, 뉴로모픽 반도체 등 관련 기술도 한 단계 진보할 것으로 보인다.

⑤ 애플의 스마트 트래킹 기술, 에어태그

스마트 트래킹smart tracking이란 위치를 추적하고 온도, 습도 및 충격 등을 모니터링하는 기술을 의미한다. 2019년에 처음 공개된 애플의 스마트 트래킹 디바이스 에어태그는 무선랜, 통신칩, 스피커가 내장되어 있다. 단추 모양으로 500원짜리 동전보다 조금 큰 크기인데, 여기에 애플의 U1 칩이 탑재되었다.

에어태그는 UWB Ultra-Wideband(초광대역)[60] 통신으로 블루투스보다 4배 빠른 데다 블루투스, 와이파이보다 정확한 위치 파악이 가능하다. 2차원 점을 찍는 GPS와 달리 3차원을 구현하기 때문이다. U1 칩은 증강현실 구현에 큰 도움이 된다. 카키 시스템, 스마트홈 등에도 활용 가능할 뿐만 아니라 물류 창고 등에도 활용할 수 있고, 오프라인 매장에도 적용할 수 있다. 애플이 공격적으로 생태계 확장이 가능한 또 다른 이유다.

🏅 애플의 또 다른 먹거리 사업, 애플카

애플은 2014년에 프로젝트 '타이탄'을 시작하며 자동차 개발에 나섰다. 하지만 그 이후 타이탄의 핵심 인력들이 잇따라 이탈하고 팀이 대폭 축소되는 일이 있었던 것을 감안하면 개발 과정이 그리 녹록지는 않아 보인다. 타이탄을 출범시킨 5년 후, 애플은 자동차 개발을 엔지니어 중심으로 끌고 가기 쉽지 않다고 판단했는지 타이탄 팀의 인

---

60 500메가헤르츠 이상의 고주파를 이용하는 단거리 무선통신 기술로, 매우 정밀한 거리 인식과 방향성이 특징이다.

력 200명을 해고했다.

사실상 타이탄 팀을 해체했다고 해도 자동차 시장에 대한 의지를 버린 것은 아니어서 애플은 '드라이브 AI'라는 스타트업을 인수했다. 애플은 표준화된 기술이 정립되면 아웃소싱을 적극 활용한다. 따라서 애플카 설계와 개발은 직접하되 그 이후 제조는 완성차 업체 중에서 폭스콘 같은 OEM 업체를 발굴해 맡길 가능성이 높다. 애플카가 개발되고 나서도 애플과 TSMC 간 협력 관계는 더욱 끈끈해질 것으로 보인다. 반도체가 애플카를 구현하는 데 중요한 요소 기술이 될 것이기 때문이다.

반도체 후공정, 차량 카메라, 반도체 기판 등에서는 국내 기업들의 낙수 효과가 상당할 것으로 기대된다. 팀 쿡은 애플카의 서플라이 체인을 중국 대신 한국, 대만, 일본 중심으로 꾸릴 것으로 보인다. 미중 갈등으로 글로벌 밸류체인이 깨졌고, 코로나19로 인한 락다운 등 중국 내 불확실성이 커졌기 때문이다. 무엇보다 자동차는 스마트폰과 다르다. 운행이 운전자의 생명과 직결되는 만큼 제품의 신뢰성을 최우선적으로 생각할 수밖에 없다.

애플카 배터리는 모노셀 디자인을 채택할 것으로 알려졌는데, 이는 파우치와 모듈을 제거한 형태다. 셀 투 팩cell to pack, 셀 투 새시cell to sash 등 배터리 탑재 공간 효율화를 감안한 선택으로 보인다. 각종 보도를 보면, 애플이 전고체 배터리 기술에 어느 정도 진보를 이루었을 가능성도 점쳐진다.

애플카 배터리로는 안정성을 고려하여 2차전지 중 양극재 리튬인

산철(LFP)을 선택할 가능성이 높다. LFP에 망간을 더한 인산철망간리튬(LFPM)도 거론된다. 기존 각형 배터리 규격으로는 모노셀 기술 구현이 어렵기 때문에 차체 밑에 깔 수 있도록 높이는 낮고 길쭉한 스타일이 필요하다. 삼성SDI 혹은 중국 업체가 배터리 셀 공급 업체로 낙점될 것이라고 보는 시각이 많다.

애플카는 초기에는 연간 10만 대 정도 생산될 것으로 전망된다. 애플은 전기차 부품이 표준화되어 조달하기 쉽고, 전기차 시장이 성장기에 접어든 2025년 이후를 출시 최적의 타이밍으로 본 듯하다. 팀 쿡의 방식은 고도의 분업 구조에 순응하고 최적화 전략을 구사하는 것이다.

애플카의 디자인도 중요한 관전 포인트다. 아이폰 개발 때처럼 출시 이전까지 철저히 비밀에 부치는 일명 블랙박스blackbox 전략[61]을 구사할 것으로 보이기 때문이다.

애플은 '운영체제-배터리-자동차 조립'까지 직접 컨트롤하며, 차량 인포테인먼트 등에서 차별화 포인트를 줄 것으로 예상된다. 하지만 자율주행 기술로 말하자면 아직 테슬라에 비해 빅데이터가 턱없이 부족한 실정으로, 애플이 어떻게 이 문제를 극복할 것인지 관심이 집중되고 있다.

---

61 경쟁 업체의 모방을 막고 기술적 지배력을 유지하기 위해 신기술을 발표하거나 관련 특허를 출원하지 않는 전략을 뜻한다.

자율주행차 시대를 대비해야 하는 한국 반도체

유럽 업체들은 주류 반도체 산업에서 미국, 한국, 대만 등에 밀리는 사이 차량용 반도체를 틈새시장으로 유지해왔다. 차량용 반도체는 보통 20~30년 전에 만들어진 구형 8인치 웨이퍼 팹에서 생산되며 부가가치도 그다지 높지 않다. 그럼에도 품질은 까다로운 수준이 요구되는데, 품질 문제가 인명 사고와 직결될 수 있기 때문이다. 또 자동차는 엔진이 가동되는 동안에는 진동이 계속되고, 뜨거운 지방이나 추운 지방에서도 주행하므로 안정적으로 구동되어야 한다.

최근 전기차 시대가 열리고 자율주행 기술이 조금씩 우리 실생활과 가까워지면서 차량용 반도체도 재조명받고 있다. 이런 관심은 최근의 차량용 반도체 공급 부족 현상으로 인해 더욱 커졌다. 자동차가 지난 100년 동안 기계 장치에서 전자 장치로 바뀌었고, 앞으로는 5년 안에 바퀴 달린 컴퓨터가 될 것은 자명하다. 이런 변화로 반도체가 취약한 유럽은 자율주행차 주도권 경쟁에서도 뒤쳐질 것으로 보인다.

영국의 금융 정보 업체 IHS마킷에 따르면, 차량용 반도체 시장은 2021년 450억 달러에서 2026년 676억 달러로 급성장할 전망이다. 레벨3로 자율주행 기술이 고도화됨에 따라 고성능 AP 수요도 크게 증가하고 있다.

이런 상황에서 우리가 짚어야 할 문제는 자율주행차 분야에서 국내 반도체 업체들의 존재감이 전혀 보이지 않는다는 점이다. 기자들과 투자자들이 삼성전자의 이재용 회장에게 항상 해외 업체의 인수합병 여부를 묻는 것도 이런 맥락에서다.

세계 2위 차량용 반도체 기업 NXP는 글로벌 반도체 기업들이 가장 인수하고 싶어 하는 회사로 거론된다. NXP는 다수의 완성차 업체를 고객사로 보유하고 있으며, 센서·보안·MCU 등 다양한 기술을 보유하고 있다. 반도체 아키텍처의 정점에 있는 ARM과도 좋은 관계에 있다. 그러나 NXP의 인수는 그리 간단한 일이 아니다. 2016년에 퀄컴이 NXP를 440억 달러(50조 원)에 인수하려 했지만, 결국 20억 달러(2조 3000억 원)의 위약금을 내고 포기한 일이 있다. 글로벌 반도체 기업의 인수합병에는 이해가 얽힌 각국의 반독점 심사 과정이 필요한데, 구성 국가(미국, EU, 한국, 일본 등) 중 하나인 중국이 반대했기 때문이다. NXP 삼성전자가 인수를 염두에 두는 유력 후보라는 이야기도 나왔지만, 아직 구체적인 움직임은 보이지 않고 있다.

IT 시장에 주력하던 반도체 업체들이 잇따라 자율주행차용 반도체 시장에 뛰어들고 있는 상황도 예의주시해야 한다. 퀄컴은 폭스바겐과 2031년까지 유효한 10억 유로(약 1조 3300억 원) 규모의 협력 계약을 발표했다. 폭스바겐이 그동안 협력해온 인텔 대신 퀄컴과 손을 잡은 것이다. 이로써 2026년부터 퀄컴 SoC가 폭스바겐 전 차종에 적용된다. SoC는 앞서 설명했듯 하나의 AP로 CPU, GPU, NPU, RAM, ROM, 컨트롤러까지 다양한 역할을 구현하는 중앙 집중형 방식의 칩셋이다.

퀄컴은 NXP 인수 포기 이후 스웨덴의 자율주행 플랫폼 기업 비오니어의 자회사 어라이버를 인수했다. 비오니어는 세계 3위의 자동차 부품 업체 마그나인터내셔널이 인수를 추진한 바 있을 정도로 유럽 내 자율주행 플랫폼 기업 가운데 특히 뛰어난 기술을 지닌 것으로 주목받고 있다.

인텔은 이스라엘의 자율주행 솔루션 기업 모빌아이를 153억 달러(18조 원)에 인수했다. 모빌아이는 폭스바겐뿐 아니라 혼다, GM 등에 자동차 부품을 공급하며, 레벨2의 자율주행 기술인 ADAS_{Advanced Driver Assistance System}(운전자 지원 첨단 시스템) 시장에서 강력한 입지를 구축하고 있다.

현재 자율주행차 핵심칩 시장에서는 엔비디아, 인텔, 퀄컴의 삼파전이 진행되고 있다. 물론 세계 최고의 자율주행 기술을 보유한 테슬라는 논외로 했을 때 말이다. 유럽에서는 '벤츠와 손잡은 엔비디아' 대 '폭스바겐을 품은 퀄컴'의 경쟁 구도가 주목받고 있다. 현재 한국 반도체 업체들은 인포테인먼트, 이미지센서 분야에는 진출해 있지만 자율주행차용 AP 분야로는 진출한 바가 없다. 앞으로 펼쳐질 거대한 자율주행차 반도체 시장에서도 우리 기업들이 선전할 수 있도록 구체적인 대비가 필요한 시점이다.

자율주행차의 명품, 테슬라

🎙 〈아이언맨〉의 모델, 일론 머스크

영화 아이언맨의 작가는 〈뉴욕 매거진〉과의 인터뷰에서 일론 머스크에게서 영감을 받아 〈아이언맨〉의 주인공 토니 스타크Tony Stark를 창조했다고 얘기한 바 있다. 그런 배경으로 머스크는 〈아이언맨 2〉에 카메오로 출연하기도 했는데, 토니 스타크는 거대 기업의 CEO이자 세상을 구하는 영웅이라는 점 외에 천재성과 돌출 행동이 특징이다.

대체 머스크가 어떤 사람이기에 이런 영화적 히어로의 모델이 된걸까? 머스크는 자수성가로 이십 대에 백만장자가 되고 삼십 대에 억만장자가 된 인물이다. 실리콘 밸리의 영웅을 넘어 아메리칸 드림의 표상이라고도 할 수 있지만, 동시에 일중독자이자 즉흥적인 괴짜 악동의 부정적 이미지도 적지 않다.

머스크는 직원을 채용할 때 주로 가족과 멀리 떨어져 사는 사람을 뽑았는데, 이들이 야근을 많이 할 수 있다고 생각했기 때문이다. 그는 맡은 일이 남은 직원에게 책상 밑에서 자라고 하고, 가족이 보고 싶다고 하면 회사가 망하면 충분히 볼 수 있다고 독설을 내뱉기도 했다.

머스크는 일주일에 120시간 일하는 일중독으로 유명해서 밤낮없이 일했다. 일부 언론은 그가 마약성 수면제가 없으면 잠을 못 잔다는 보도를 하기도 했다. 아무튼 머스크의 이런 성격은 성장기 때의 경험이 어느 정도 영향을 미친 듯하다.

머스크는 1971년에 남아프리카 공화국에서 엔지니어인 아버지와 모델인 어머니 사이에서 태어났다.

어릴 적 하루에 10시간씩 독서를 하고 도서관에 있는 책을 닥치는 대로 읽을 정도로 대단한 독서광이었다. 환경은 유복했지만 어린 시절 부모의 이혼을 겪었고 아버지와 사이가 좋지 않았다. 공부를 잘하는 편은 아니었지만 수학에는 뛰어난 재능을 보였는데, 평범한 아이들과는 어딘지 조금 다른 이런 점 때문인지 심한 따돌림에 시달리고 폭행을 당하기도 했다.

이때 머스크는 컴퓨터에 관심을 갖게 되어 아버지를 졸라 당시에는 꽤 고가였던 컴퓨터를 얻어낸 뒤 독학으로 프로그래밍을 습득했다. 그는 공상과학 소설을 좋아했으며, 책에서 영감을 받아 불과 열두 살 때 컴퓨터 게임을 만들어 팔았을 정도로 머리가 비상했다.

남아프리카공화국에서 행복하지 않았던 머스크는 이혼 후 캐나다에서 살고 있던 어머니의 도움으로 캐나다로 이주했다. 하지만 생활비가 넉넉지 못해 여러 아르바이트를 전전했고 일주일 동안 오렌지로 끼니를 때운 적도 있었다. 캐나다에서 퀸즈대학에 다니던 그는 미국으로 가 펜실베이니아대학에 편입하고 경제학과 물리학 학위를 받았다.

대학 졸업 시기에 머스크는 인터넷, 재생에너지, 우주항공 분야에서 성과를 내겠다고 결심했다. 그리고 거짓말처럼 차례차례 목표를 현실화했다. 1995년 스물네 살 때 동생과 인터넷으로 기업 정보를 위치 정보와 결합해 제공하는 서비스 짚2 코퍼레이션을 만들었다. 지금의 네이버 맵 또는 카카오 맵과 비슷한 프로그램이었다.

1999년, 머스크는 창업 4년 만에 회사를 컴팩에 매각해 한화 약

250억 원을 벌어들였다. 큰돈이 생기자 처음 관심을 가진 곳은 온라인 은행 사업이었다. 은행에서 인턴으로 일한 경험도 있었고, 닷컴 열풍이 부는 상황에 부합하는 아이템이었다. 변화에 기민하게 반응한 그는 온라인 뱅킹 회사 엑스닷컴을 창업했고 1년 만에 경쟁사(이후 페이팔)까지 합병하게 된다.

머스크는 동료들과 자주 의견 충돌을 빚었는데, 결혼을 하고 투자 유치를 위한 출장 겸 신혼여행을 떠난 사이 페이팔 CEO에서 해임을 당하게 된다. 얼마 후에는 휴가를 갔다가 말라리아에 걸려 6개월 동안 크게 앓아 20킬로그램 가까이 체중이 빠지기도 했다.

이후로 머스크는 휴가를 가면 망한다는 이상한 생각을 갖게 되었고, 절대 휴가를 가지 않았다. 페이팔에서 쫓겨난 후에도 지분을 가지고 있던 그는 2002년에 이베이가 페이팔을 사들이자 3000억 원이 넘는 자산을 갖게 되었다.

머스크는 이후 우주항공 산업으로 눈을 돌려 스페이스X를 설립하고 전기차 회사 테슬라도 경영하게 된다. 그는 이렇게 자동차, 우주항공, 금융 등 가장 보수적인 영역에서 게임 체인저로 성공했고, 또 새로운 역사를 쓰고 있다. 경쟁자들이 전기차 생산에 뛰어들도록 자동차 시장의 룰을 바꿔버린 것은 『삼국지』의 제갈량 뺨치는 전략이었다. 전기차가 성공하려면 시장 자체를 키워야 한다고 판단한 것이다.

2014년 6월, 머스크는 테슬라의 특허를 모두 무료로 공개했다. 경쟁 업체들이 기술을 가져다 써도 소송을 걸지 않겠다면서, 심지어 짝퉁 테슬라를 만들라고 말하기도 했다. 복지부동 움직이지 않던 내연기관차 업체들이 전기차 시장으로 뛰어들도록 유도한 것이다.

자동차 업체가 특허를 무료로 개방하는 것은 역사상 처음 있는 일이었을 것이다. 그런데 머스크는 한술 더 떠 테슬라에서 새로운 전기차 기술이 나올 때마다 공개하겠다고 공표했다. 그는 테슬라 주가가 급등했을 때 1885억 달러(약 206조 원)의 재산으로 세계 1위의 부자 자리에 오르기도 했다. 하지만 머스크는 재산 대부분을 화성 개발에 쓸 것이라고 힘주어 말했다. "미래는 꿈꾸는 게 아니라 만드는 것"이라는 자신의 말을 실천해가는 그는 단순한 경영인이 아닌 모험가에 가까운 기업인이다.

🔍 **더 알아보기**

실리콘 밸리를 주름 잡는 페이팔 마피아

페이팔은 1998년에 설립된 온라인 지불 시스템 회사로 애초의 사명은 '콘피니티'였다. 이들이 제공하던 서비스 이름이 '페이팔'이었는데, 2000년에 일론 머스크의 엑스닷컴에 합병되면서 회사 이름이 바뀌게 되었다.

페이팔은 이메일 주소를 이용해 온라인으로 송금할 수 있다는 편리성으로 각광받았고, 이런 점이 자신들의 사업에 큰 도움이 되리라 판단한 이베이에 인수되었다. 이렇게 페이팔이 매각되며 머스크 외에도 실리콘 밸리의 젊은 거부가 여러 명 탄생했다.

이들은 실리콘 밸리에 벤처투자 붐을 일으켰는데, 후에 〈포천〉이 이들을 '페이팔 마피아Paypal Mafia'로 지칭한 뒤 이 표현이 세간에 퍼지게 되었다. 부정적 의미의 마피아가 아니라 끈끈한 네트워크로 서로 밀어주고 벤처 기업을 키워준다는 의미다.

페이팔 엔지니어였던 스티브 첸Steve Chen과 자와드 카림Jawed Karim 은 '유튜브'를 설립했고, 전무였던 리드 호프먼Reid Hoffman은 '링크 드 인'을 만들었다. 공동 창업자이자 기술 책임자였던 맥스 레빈Max Levchin, 엔지니어였던 러셀 시몬스Russel Simmons, 기술 부문 부사장이 었던 제레미 스토펠먼Jeremy Stoppelman은 '옐프'를 설립했다. 이 외에 도 많은 페이팔 출신 인력들이 혁신 기업을 설립하거나 이끌었다. 페이스북(현재 메타)을 만든 마크 저커버그Mark Zuckerberg도 페이팔의 공동 창업자이자 CEO였던 피터 틸Peter Thie에게서 50만 달러를 펀 딩받아 성공 발판을 마련했다. 피터 틸은 50만 달러 투자로 페이스 북의 지분 10%를 받았는데, 이는 나중에 2조 원이 넘는 가치를 기 록했다.

🎙 자율주행 기술의 선두주자 테슬라의 성장

테슬라 모터스는 2003년에 마틴 에버하드Martin Eberhard와 마크 타페 닝Marc Tarpenning이 공동 설립한 전기차 회사다. 사명은 현대 전기 산업 의 근간이 되는 교류를 세상에 소개한 천재 발명가 니콜라 테슬라Nikola Tesla의 이름을 딴 것이다.

에버하드와 타페닝은 투자자를 찾던 중 페이팔 매각으로 거부가 된 일론 머스크를 만나게 된다. 원래 친환경 산업에 관심이 많던 머스크 는 650만 달러를 투자하는 것을 시작으로 점차 투자금을 늘려 대주주 이자 회장 자리에 올랐다. 이때부터 테슬라와 머스크는 애플과 스티브 잡스처럼 떼려야 뗄 수 없는 성공 스토리의 주역이 되었다.

이전까지 전기차는 디자인도 성능도 떨어지는 골프 카트 정도의 이미지였지만, 테슬라는 먼저 부유층을 타깃으로 고급차를 만들고 이후 대중적인 모델을 내놓는다는 전략을 썼다. 테슬라는 창립 3년 만에 전기 스포츠카 테슬라 로드스터를 출시했는데, 이 차는 대당 10만 9000달러라는 고가에 판매되었지만 할리우드 유명 배우들이 구입한 덕에 단기간에 유명해졌다.

머스크는 전기차를 만들기 위해 여러 배터리 회사를 만났지만, 아무도 테슬라에 필요한 대형 배터리를 개발해주려 하지 않았다. 어쩔 수 없이 그는 노트북 PC용 원통형 리튬이온 배터리 7000개를 병렬로 연결해 전기차를 위한 배터리를 만들었다. 이는 비용을 절감해주었고 테슬라의 배터리 관리 시스템 기술이 최고 수준으로 올라서는 데도 큰 역할을 했다.

테슬라 로드스터의 마케팅은 성공적이었지만, 생산기술이 발목을 잡았다. 수율이 낮아 판매가보다 원가가 더 높은 상황이어서 대량생산 기술 확보가 무엇보다 중요했다. 엎친 데 덮친 격으로 배터리 발열로 화재 사건이 잇따라 발생했고 변속기도 문제를 일으켰다. 모터에도 문제가 있어 설계를 싹 갈아엎어야 했다.

이런 와중에 머스크와 반목하던 창업자들이 회사를 떠났다. 엔지니어들과 투자자들의 이탈도 이어지는 가운데 자금이 뚝 떨어졌고 2008년 글로벌 금융위기까지 불어닥쳤다. 최악의 상황을 마주한 머스크는 절반 이하의 비용으로 전기차를 만들라고 남은 직원들을 압박했다. 자신은 페이팔 매각 대금을 포함한 전재산 4000만 달러를 모두 투입하고 주변에 돈을 구하러 다녔다. 출장에 전용기를 이용하던 실리콘 밸리의 젊은 부자가 이제 저가 항공기를 탔다.

당시 머스크는 스페이스X의 경영도 겸하고 있었는데, 이 회사 역시 별다른 성과 없이 돈 먹는 하마 신세를 벗어나지 못하고 있었다. 스페이스X는 로켓을 재활용해 우주항공 시대를 여는 것을 목표로 했지만 3차 발사까지 모두 실패했다. 2008년 9월의 4차 발사는 말 그대로 '영혼까지 끌어모은' 자금으로 준비한 것이었다.

모두의 예상을 깨고 마침내 스페이스X는 발사에 성공했다. 그리고 같은 해 12월 NASA로부터 16억 달러 규모의 수주를 받는 쾌거를 거두었다. 로켓을 싸게 쏘아 올려서 NASA의 우주 정거장에 물자를 나르는 우주 택배 사업을 하게 된 것이다. 덕분에 부도 직전의 테슬라도 마지막 투자금을 확보할 수 있었다.

테슬라는 절치부심 끝에 2009년에 모델S 시제품을 공개했는데, 이게 대박을 쳤다. 그러자 벤츠의 다임러사가 지분 10%를 받고 5000만 달러(약 600억 원)를 투자했다. 1년 뒤 도요타도 약 2.5%의 지분을 받고 5000만 달러의 자금을 내주었다.

2012년, 테슬라는 모델S 출시에 성공했다. 완전 충전 시 주행거리가 480킬로미터에 이르렀고, 시속 100킬로미터까지 가속하는 데 4.2초밖에 걸리지 않았다. 그런데 처음에 모델S에 대한 반응이 신통치 않자 머스크는 친구였던 구글 창업자 래리 페이지Larry Page에게 테슬라를 매각할 생각을 했다.

하지만 모델S는 2013년 상반기에만 1만 대 이상 팔리게 되었고, 덕분에 테슬라는 창립 이후 최초로 흑자를 기록했다. 테슬라 주가가 수직상승하면서 매각 협상은 당연히 취소될 수밖에 없었다. 만약 모델S가 실패했다면 실리콘 밸리의 역사, 아니 인류의 역사가 어떻게 바뀌었을지 모를 일이다.

그 뒤 테슬라는 보통 고급 스포츠카에서나 볼 수 있는 팔콘윙falcon wing 도어를 장착한 모델X를 내놓았다. 차 문이 위로 열리는 이 방식을 채택한 것도 머스크의 아이디어였다. 당시 그는 세 번의 결혼으로 아들 여섯 명을 두었었는데, 기존 자동차 도어는 카시트에 아이를 앉히기 불편하다는 점에 착안했다.

이후에 테슬라는 첫 픽업트럭 모델인 사이버트럭을 선보였는데, 이것도 상당한 반향을 일으켰다. 테슬라 모델 중 처음으로 알루미늄 소재를 쓰지 않고 스테인레스를 적용했다. 스페이스X에서 개발 중인 로

2023년에 양산 예정인 테슬라의 사이버트럭

켓용 소재를 이용해 만든 것이다. 9밀리미터 총탄에도 뚫리지 않을 정도로 튼튼하고 사이드 미러도 없는 투박한 모양이다.

사이버트럭 공개 때는 웃지 못할 해프닝도 벌어졌다. 첫 정식 발표 행사장에서 차체에 방탄 유리를 적용한 것을 보여주려 쇠공을 던졌는데 그만 유리가 깨져버린 것이다. 이 사건으로 테슬라 주가가 6% 하락하기도 했지만, 그럼에도 아직 출시 전인 사이버트럭이 선주문 160만 대라는 히트를 기록하고 있다. 테슬라가 인터넷으로만 차를 판매한다는 사실을 생각하면 이는 더 놀라운 성과이며, 동시에 테슬라의 팬덤이 얼마나 단단한지 보여주는 일례다.

🏅 경쟁자들이 테슬라를 따라갈 수 없는 이유

① 테슬라 실리콘의 결정체, FSD

애플이 애플 실리콘 전략을 추구하듯 테슬라도 실리콘 부문의 주요 설계 내재화를 착착 진행 중이다. 두 회사의 핵심칩은 모두 세계적 반도체 공학자 짐 켈러의 손을 탔다는 공통점이 있기도 하다.

초기 테슬라의 자율주행차 AP는 모빌아이가 공급했는데, 이후 엔비디아가 그 자리를 대신하게 되었다. 그런데 테슬라 2세대 AP의 엔비디아 칩은 꽤 좋은 성능을 구현했지만, 전력 소모를 줄이는 데는 한계가 있었다. 이것이 테슬라가 3세대부터 자체 FSD(완전자율주행) 칩 설계에 나선 이유다.

2018년부터 테슬라는 칩 설계를 직접 하면서 최적화에 속도를 냈다. 짐 켈러를 영입한 효과가 본격화된 덕분이다. FSD 칩 설계로 테슬라는 130와트 저전력 구현에 성공한다. 엔비디아의 칩셋을 쓸 때 범용칩 ASSP로는 최적화에 한계가 있었기 때문에 500와트 이하를 실현하기 어려웠다.

이전까지 테슬라 자동차의 업데이트는 OTA를 통한 인포테인먼트 위주로 이뤄졌지만, FSD 이후부터는 주요 하드웨어의 펌웨어까지 업그레이드해주는 서비스를 제공한다. 어제까지 400킬로미터 속력으로 달리던 모델3가 이제 420킬로미터로 달리는 마법 같은 일이 가능해진 것이다.

OTA로 자율주행 성능을 끌어올리는 데는 테슬라가 수집해온 주행 빅데이터가 엄청난 힘을 발휘한다. 테슬라 사용자들이 실시간으로 클라우드로 모아준 11억 마일의 주행 기록을 활용하여 슈퍼컴퓨터가 머신러닝으로 '도조 시스템'을 고도화한다.

테슬라의 FSD 하드웨어 3.0은 14나노미터 공정으로 삼성전자 파운드리에서 위탁생산되고 있다. FSD 4.0은 7나노미터 공정을 거치는데, 각 언론마다 보도 내용이 엇갈리지만 결국 위탁 업체는 삼성전자 와 TSMC 둘 중 한 곳이 될 것이다.

삼성전자의 입장에서는 테슬라 FSD 4.0 칩 수주가 매우 중요하다. 현재 파운드리 매출 중 자율주행차 칩 비중은 4~5% 수준에 불과한데, 향후 비중을 점점 늘리기 위해서 테슬라의 칩이 반드시 필요하기 때문이다. 한편, TSMC도 미래 자동차 시장을 주도하는 테슬라를 놓치고 싶지 않을 것이다.

최근의 차량용 반도체 쇼티지 충격을 테슬라만 빗겨갈 수 있었는데, 거기에는 이유가 있다. 테슬라는 자체 운영체제를 갖추고 있는 데다 단순화한 통합제어 구조로 인해 사용하는 반도체 수가 적다. 또한 이런 통합제어 시스템이나 칩을 직접 설계하기 때문에 공급망 관리도 훨씬 효율적이고 효과적인 편이다.

테슬라의 모델3는 모든 기능을 5개의 ECU electronic control unit(전자 제어 장치)와 4개의 MCU(마이크로 컨트롤러 유닛)가 수행한다. 이에 비해 기존 자동차를 만드는 데 필요한 ECU는 최소 30~40개에서 최대 70~100개이며, 필요한 MCU도 100개가 넘어간다. 또한 차종이 다양하면 적용되는 반도체도 달라지며, 심지어 같은 모델도 사양별로 제어 기능이 달라 각 사양에 맞춰 부품을 공급해야 한다.

테슬라만의 또 다른 특징은 반도체 업체와 대부분 직거래를 하고 있다는 것이다. 기존 자동차 업체들은 반도체 업체와 직접 거래하지 않으며, 엔지니어들도 반도체에 대한 이해가 떨어지는 편이다. 대형 전장 부품 업체들이 중간자 역할을 해주기 때문이다.

이런 차이는 내연기관차는 부품이 표준화되어 있는 데 비해 전기차 및 자율주행차는 최적화 1~2%가 승부를 판가름하는 결정적 요소가 될 수 있는 데서 기인한다. 또한 기존 자동차 업체는 자체 운영체제가 없고 기능제어도 분산되어 있으며, 시스템 구조도 복잡해 많은 반도체가 필요하기 때문이기도 하다.

② 테슬라의 고성능 저전력 노하우

테슬라의 전동모터는 45킬로그램의 무게로 상대적으로 가벼운 편이지만, 경쟁사의 100킬로그램짜리 모터를 뛰어넘는 성능을 자랑한다. 테슬라가 고성능을 저전력 구현할 수 있는 핵심적인 요인 중 하나다. 12나노미터 공정에서 만들어진 AP는 초당 144조 번 연산을 수행하는데, 스마트폰용 AP가 초당 5조 번의 연산을 수행하는 것을 감안하면 엄청난 성능이다.

칩의 연산 속도를 높이는 것은 팹리스가 고성능으로 설계하면 가능하다. 그런데 이럴 때는 보통 전력 소모가 많아지는데, 테슬라는 전력 소모를 줄이면서 이 정도 성능을 이끌어낸다는 것이 강점이다. 애플 M1 반도체가 고성능 저전력을 구현하는 것도 같은 맥락이다.

기존 자동차가 100~200개 반도체로 제어를 한다면 테슬라는 3개의 통합제어 장치DCU, Domain Control Unit만을 사용한다. 테슬라 정도의 자율주행 성능을 경쟁사 전기차에서 구현하려 든다면 배터리가 1시간밖에 못 갈 것이라는 우스갯소리도 있다.

최근 테슬라는 자율주행차 AP 업체로 더 유명해지고 있다고 할 정도인데, 앞서 말했듯 한때 테슬라도 엔비디아의 AP를 썼다. 지금은 반(反) 테슬라 진영의 90%가 엔비디아 AP를 사용하고 있다. 중국 전기차 업체 대부분은 엔비디아의 자율주행 솔루션을 쓴다. 이 때문에 자율주행은 레벨2 수준에 불과하고,[62] 데이터 하베스팅data harvesting[63]은

62　국제자동차기술자협회 SAE에서는 자율주행의 수준을 0~5단계로 나누고 있는데, 숫자가 커질수록 진보한 기술이다.

63　온라인 소스로부터 데이터와 정보를 얻는 것을 말하며, '웹 데이터 추출(web data extraction)', '웹 스크래핑(web scraping)'이라고 부르기도 한다. 한편 데이터센터들이 서로 데이터를 공유하고 연계하는 것도 '하베스팅'이라고 표현한다.

불리할 수밖에 없다. 상대적으로 많은 전력과 다수의 센서를 써야 한다는 점에서도 테슬라에 못 미친다는 평가다.

③ 딥러닝 적용 자율주행기술

기존의 머신러닝 프로그래밍은 컴퓨터에 규칙을 주고 이를 기반으로 컴퓨터가 답을 도출하는 방식이었다. 반면에 딥러닝은 컴퓨터에 데이터를 주고 스스로 규칙을 찾아내도록 한다. 예를 들어 수많은 자동차 그림을 보여주고, 그것이 자동차라는 사실을 알려주면 컴퓨터가 자동차의 특징을 스스로 찾아내는 식이다.

이런 학습을 하고 나면 이미 제공한 자료 외에 새로운 자동차 그림을 보여줘도 컴퓨터가 그것이 자동차라는 것을 알아낸다. 딥러닝은 인간의 뇌 신경망에서 영감을 얻어 만든 머신러닝의 학습 방법이다.

딥러닝 기술이 도입되면서 자율주행 시스템의 인지, 판단 능력이 빠르게 개선되고 있다. 이미지넷ImageNet[64] 콘테스트 결과를 보면 딥러닝이 도입된 2014년 이후 컴퓨터의 에러율이 사람보다 낮아지기 시작했다. 현재 테슬라의 자율주행 딥러닝 기술은 주행 데이터의 양과 질이 독보적인 데 힘입어 다른 경쟁사들보다 훨씬 높은 수준이다.

딥러닝의 성공을 좌우하는 데에는 데이터가 80%, 모델이 20% 비중을 차지한다. 특히 자율주행차는 변수와 환경 요소 등 복합적 요인으로 인해 로직에 문제가 발생하는 코너 케이스corner case에 대응하는

---

64 시각적 개체 인식 관련 소프트웨어의 연구와 개발를 위해 대규모 이미지 데이터베이스를 제공하는 사이트다.

것이 핵심적 과제인데, 이 문제와 관련한 테슬라 기술의 성능은 월등한 편이다. 이 역시 다양한 실 도로 주행 데이터 확보로 에러율을 낮춘 덕분이다.

♟ 지구 너머 우주로 뻗어가는 꿈, 스페이스X

① 불붙은 재활용 로켓 경쟁

스페이스X는 일론 머스크가 우주항공 산업의 대중화를 위해 만든 회사다. 머스크는 어린 시절 공상과학 소설을 읽고 늘 화성 개척에 대한 꿈을 간직하고 살았는데, 앞선 사업들을 성공시킨 이후 결국 우주항공 분야에 뛰어들었다.

스페이스X 이전에는 우주 발사용 로켓이 아주 비싼 일회용에 불과했다. 분리된 발사체는 대기권을 통과하며 불에 탔고 보통은 바다에 떨어져 쓰레기가 되는 운명을 맞았다. 하지만 창조적인 사업가답게 머스크는 재활용이라는 방법을 쓰면 값싼 비용으로 로켓을 쏘아 올릴 수 있을 것이라고 생각했다.

스페이스X에서 처음 만든 로켓은 팔콘 1호였는데, 발사 25초 만에 바다로 추락하는 대실패로 마무리되었다. 2번째는 발사에 성공했지만 회전축 제어 장치 이상으로 날아가다 떨어지고 말았다. 몇 개월 뒤 3번째 발사도 성공하지 못했다. 연이어 실패로 끝난 팔콘 1호 발사는 스페이스X의 천문학적인 자금을 태워 없앴다. 하지만 그야말로 회사의 명운이 달려 있던 4번째 발사는 다행히 성공한다.

그런데 로켓 발사체를 회수해 재활용 로켓의 가능성을 가장 먼저 실현해 보인 기업은 아마존의 창업자 제프 베조스가 소유한 블루오리진이다. 하지만 머스크는 블루오리진의 뉴 셰퍼드가 궤도에 들어서지 못하고 탄도비행만 했다는 점에서 진정한 성공을 한 것이 아니라고 폄하했다.

이후 머스크는 뉴 셰퍼드 발사 약 한 달 뒤인 2015년 12월에 팔콘 9호로 궤도비행에 성공하고, 로켓을 지상에 수직착륙시킨 뒤 회수까지 완료한다. 이때 베조스는 '재활용 로켓 클럽' 가입을 환영한다고 가볍게 반격했다. 한때 경쟁하면서도 좋은 관계를 유지했던 두 사람은 현재 재활용 로켓, NASA의 발사대 임대, 위성 사업을 두고 충돌하며 앙숙이 되고 말았다.

머스크 이전에도 민간 기업이 로켓을 만들어서 우주로 쏘아 올리고, 그 로켓을 재활용한다는 발상을 한 사람들은 있었다. 하지만 인류의 화성 이주를 위해 이 두 가지 생각을 동시에 실천에 옮긴 사람은 머스크가 처음일 것이다. 이런 도전 정신과 창의성, 대담함이야말로 그가 아닌 다른 사람에게서는 찾아보기 힘든 '미덕'일 것이다

② 우크라이나의 지원군, 스타링크

스타링크는 저궤도 소형 위성을 수만 개 쏘아 올려 세계 어디에서든 초고속 인터넷을 사용하도록 하겠다는 스페이스X의 프로젝트이자 그 위성망이다. 스페이스X의 팔콘 로켓으로 한 번에 60개까지 위성을 궤도에 올릴 수 있다. 스페이스X는 저궤도 위성을 4만 개까지 올리면 통신 속도가 획기적으로 올라갈 것으로 예상하고 있다.

스타링크는 '러시아-우크라이나' 전쟁에서 진가를 발휘하며 더욱 유명해졌다. 러시아는 우크라이나를 침공한 뒤 가장 먼저 통신망을 마비시켰다. 이때 우크라이나 부총리가 일론 머스크에게 스타링크의 위성망을 사용할 수 있도록 해달라고 부탁했고, 머스크는 흔쾌히 받아들였다. 우크라이나가 러시아로부터 탈환한 지역의 기간시설을 복구하고 국제 사회를 상대로 SNS 여론전에서 앞설 수 있었던 데에도 스타링크가 큰 역할을 했다.

사실 스타링크의 모태는 모토롤라의 '이리듐 프로젝트'다. 모토로라는 77개의 위성을 띄워서 전 지구를 연결하는 통신망을 구축하려 했는데, 이런 이름은 이리듐 원소가 77개의 전자를 가지고 있다는 데서 착안했다.

위성을 지상에서 3만 6000킬로미터 높이의 적도 위 궤도에 올리면 중력의 영향에서 벗어나 지구의 자전 속도와 동일하게 지구 주위를 돌게 된다. 이런 위성은 지구에서 볼 때는 움직이지 않는 듯이 보이므로 '정지 위성'이라고 한다. 모토롤라는 2017년부터 2세대 이리듐 위성을 발사하고 있다. 머스크는 이리듐의 위성을 저비용에 스페이스X의 로켓으로 쏘아 올려주기도 했다.

③ 일론 머스크의 최종 목표, 테라포밍 프로젝트

일론 머스크는 2006년에 사촌인 린던 리브Lyndon Rive, 피터 리브Peter Rive 형제들과 함께 태양광 발전 회사 솔라시티를 창업했다. 사업 아이디어는 머스크의 머리에서 나왔는데, 태양광 에너지가 전기차 대중화를 위해 필요한 인프라라고 판단한 것이다. 2016년에 테슬라는 솔라시티를 약 26억 달러(약 3조 3000억 원)에 인수했다.

머스크의 마지막 꿈은 화성을 온난화시켜 지구와 비슷한 환경을 조성한 후 사람들을 이주시키는 테라포밍Terra-forming(지구화) 프로젝트다. 스페이스X의 로켓 우주선으로 화성에 가고, 테슬라 전기차로 화성에서 이동하고, 화성에 솔라시티 태양광 발전소를 지어 전기를 확보하겠다는 구상이다.

머스크는 2029년에 화성에 선발대를 보내 농작물이 자랄 수 있도록 토양을 조성하는 계획을 발표했다. 이를 위해 최대 100명을 실어 나를 수 있는 초대형 우주선 '스타쉽'도 개발했다. 이 우주선은 2024년에 달에 사람을 보내는 NASA의 아르테미스 프로젝트에도 활용될 예정이다.

♟ 일론 머스크가 추진하는 또 다른 사업들

① 오픈AI

오픈AI는 모든 사람들이 인공지능의 혜택을 받을 수 있도록 하기 위해 2015년 일론 머스크가 다른 투자자들과 공동 설립한 비영리 인공지능 연구 기업이다. 2018년에 머스크는 오픈AI의 이사직에서 사임했는데, 테슬라가 AI를 개발함에 따라 이해관계 상충의 우려가 생겼기 때문이다. 다만, 그는 이사직에서 물러난 후에도 자금 지원과 고문 역할을 계속하고 있다.

② 뉴럴링크

뉴럴링크는 일론 머스크가 2016년에 세운 뇌과학 벤처 기업이다. 주로 인간의 두뇌와 컴퓨터를 연결하기 위한 연구를 하고 있다. 이 연구가 성공하면 몸을 움직이지 않고 생각만으로 컴퓨터 혹은 로봇 등에게 동작 명령을 내릴 수 있다. 뇌의 신경세포가 많은 곳에 칩을 심으면 가능하다는 설명인데, 이미 원숭이로 실험을 진행 중이다. 이를 통해 알츠하이머나 조현병 같은 중증 뇌질환, 정신 질환뿐 아니라 척추 손상이나 시각 장애 같은 감각 마비의 치료도 목표로 하고 있다. 한편, 실험에 동원된 원숭이 중 절반 이상에 폐사하면서 동물 학대 논란에 휩싸이기도 했다.

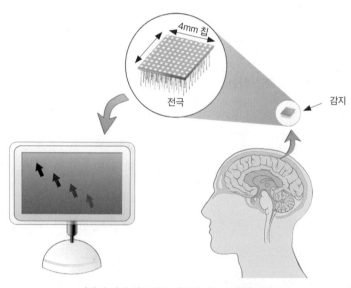

인간의 뇌와 컴퓨터를 연결하려는 뉴럴링크의 시도

© Balougador

③ 더보링컴퍼니

더보링컴퍼니는 일론 머스크가 2017년에 스페이스X의 자회사로 설립했다. 도시 교통 시스템 개선을 위한 토목 회사로, 도시 인프라와 터널 건설 등에 주력한다. 도시 곳곳에 작은 터널을 뚫고 차량을 캡슐 형태의 이동 수단 위에 올려 수송한다는 구상이다.

이 이동 수단은 '하이퍼루프'라는 이름으로 2013년에 머스크가 고안한 것인데, 열차와 유사하게 생겼지만 진공 튜브 안을 이동한다는 점에서 차이를 보인다. 이런 구상이 실현된다면 시속 약 1200킬로미터, 즉 거의 음속 수준으로 달릴 수 있다. 이를테면, 서울에서 부산까지 20분이면 도착한다는 이야기다.

낙관론자 VS 비관론자, 누가 돈을 벌까?

주식 시장에서 투자자 사이에서든 분석가 사이에서든 의견 대립이 없는 날은 없을 것이다. 낙관론자와 비관론자 사이의 대립 역시 비일비재하다. 대체적으로 보면, 이런 대결은 단기적 관점에서 비관론자의 승리로 끝나는 경우가 많다. 특히 요즘처럼 시장의 지수가 줄줄 흘러내리는 때는 더 그렇다.

비관론자들의 논리는 매우 탄탄하고 현실을 잘 반영하고 있다. 늘 그렇지는 않더라도 적어도 보통의 경우에 그렇게 보인다. 반면에 낙관론자들의 논리는 뭔가 허술하고 뜬구름 잡는 이야기처럼 들리는 경우가 많다. 그렇기에 바늘처럼 예리한 비관론자들의 공격을 방어해내기 쉽지 않다.

일반적으로 승리와 함께 명성도 비관론자가 얻는다. 하지만 여기서 중요한 사실은, 결국 돈을 버는 사람 중에는 낙관론자가 많다는 것이다. 이것이 바로 투자의 세계가 가진 아이러니다. 불과 몇 년 전까지 일론 머스크에게 꼬리표처럼 따라붙는 상반된 평가는 '천재'와 '사기꾼'이었다. 스티브 잡스가 애플을 창업했을 때 잡스에게도 마찬가지의 일이 일어났다.

내가 기자 생활을 시작했을 때는 피처폰에서 스마트폰으로 바뀌는 시기였다. 당시 상당수의 전문가와 주요 언론은 현장 소비자들의 반응과는 대조적으로 애플의 스마트폰을 평가절하했다. 당시 휴대폰이란 통화가 우선적으로 잘되어야 하는데, 애플은 사용자가 특정 부분을 손으로 쥐면 통화가 끊기는 등 수신률이 현저히 떨어지는 '데스 그립death grip' 논란을 일으켰다. 그러나 이에 대한 불만이 없는 것은 아니었지만 애플이 제공하는 간결하고 세련된 디자인과 혁신적인 기능에 열광하는 사람이 더 많았다. 결국 아이폰이 열어젖힌 스마트폰 시대는 막을 수 없는 큰 흐름이었다.

지금 자율주행차를 바라보는 비관론자들을 보면 묘한 기시감이 든다. 그 논리가 약 15년 전의 스마트폰 사이클 초입 때와 비슷하기 때문이다. 지금의 관점으로 보면 자동차의 최우선 편익은 물론 이동성이다. 하지만 이동이라는 서비스가 휴대폰의 통화 품질처럼 평준화에 가까워진다면, 결국 차별화 포인트가 엔터테인먼트가 될 수 있다.

물론 나와 같은 낙관론자들의 예측이 틀릴지도 모른다. 다만 투자자라면 과거와 현재의 고정관념에 얽매여 미래를 예단하는 우를 범하지는 말아야 한다. 제2의 애플, 제2의 테슬라를 발굴하려면 남들과 다르게 보는 습관과 훈련이 필요하다. 나는 과거에 저지른 바보 같은 투자 실패를 되풀이하지 않기 위해 오늘도 생각의 물구나무를 선다.

자체칩 설계에 나선 IT의 거인들

빅테크들의 영역 파괴가 가속화하다

앞서 살펴본 대로, 반도체의 세계는 지금 거대한 지각 변동을 겪고 있는 중이다. 애플, 테슬라, 구글 등 반도체 업체의 고객이었던 빅테크들이 너도나도 독자칩 개발에 나섰고, 이제 설계기술은 인텔, 엔비디아, AMD를 위협하는 상당한 수준에 이르렀다.

현재까지는 엔비디아가 GPU 분야에서 여전히 승승장구하고 있고 AMD가 CPU로 나름 선전하는 모습을 보이고 있다. 그러나 많은 투자자들이 반도체 산업에서 일어나고 있는 영역 파괴로 이들 기업의 경쟁력이 얼마나 더 유지될 수 있을까 우려한다. 실제로 이런 위기감 때문인지 엔비디아가 CPU 시장에 진출하고 AMD뿐 아니라 인텔도 GPU를 만들고 있다.

이런 상황에서 설계자산을 공급하는 ARM, 설계 툴을 제공하는 시놉시스, 케이던스 등 칩리스 생태계도 급성장할 것으로 보인다. 아무리 빅테크들이라도 모든 설계자산과 시스템을 커버할 수는 없기 때문이다. 여기서는 이런 자체칩 설계라는 움직임을 주도하는 대표적 빅테크 구글의 움직임에 대해 알아보고, 이런 환경적인 변화를 겪고 있는 반도체 기업들의 동향에 대해서 살펴보도록 한다.

자체 스마트폰 '픽셀'을 들고나온 구글

2022년 10월, 구글이 자체 개발한 SoC(시스템 온 칩)가 장착된 스마트폰 픽셀7과 픽셀7 프로를 소개했다. 그들의 첫 번째 스마트워치인 픽셀워치도 선보였다. 구글은 전에도 삼성, HTC, LG, 모토로라 등과 협업하여 넥서스 시리즈라는 스마트폰을 만든 적이 있었다. 하지만 안드로이드 운영체제를 제공하고 디자인이나 마케팅, 사용 지원 등을 맡았을 뿐 제조나 개발 일부는 협력사에게 맡겼었다.

구글만의 스마트폰이 출시된 것은 2016년에 픽셀 시리즈가 처음 세상에 나왔을 때부터인데, 당시 상당한 호평을 받아 구글의 주가가 뛰어오르기도 했다. 픽셀1은 4기가바이트 램, 안드로이드 운영체제 7.1, 1200만 화소 카메라를 탑재하고 있었는데, 현재 픽셀7은 구글 텐서 G2 프로세서, 인공지능 머신러닝, 음성 인식 기능을 갖추고 5000만 화소 카메라를 탑재하고 있다. 또 픽셀워치는 한 번 충전으로 최장 24시간까지 사용할 수 있어 애플워치 시리즈 8보다 무려 6시간이나 더 긴 사용 시간을 제공한다.

구글은 2021년에 퀄컴과 수년간 이어진 협력 관계를 깨며 퀄컴의 제품을 더 이상 사용하지 않을 것이며, 이제 독자 개발한 SoC를 사용하겠다고 밝혔다. 그리고 같은 해에 자체 개발한 텐서 프로세서를 탑재한 스마트폰을 선보였다. 구글이 자체칩 개발에 나선 지 4여 년 만의 일이다.

1998년 래리 페이지와 세르게이 브린Sergey Brin의 공동 창업으로 설립된 구글은 검색엔진 서비스로 사업을 시작했다. 여기서 자본을 축적하고 새로운 기술에 투자해 스트리미아, 이메일, 클라우드 등 서비스 공급 업체로 자리매김했다. 모바일 혁명이 시작될 때는 안드로이드 운영체제를 공급해 마이크로소프트의 독점 구조를 깨뜨렸다. 폐쇄적이던 애플 앱스토어를 넘어서는 앱 마켓 시장도 만들어냈다. 안드로이드 운영체제를 장악한 구글은 크롬 운영체제도 보유하고 있다.

이런 활약에도 여전히 일부 사람들은 구글이라고 하면 텅 빈 인터페이스의 포털 사이트라고만 생각할지 모른다. 하지만 구글은 다양한 영역에서 사업을 전개하고 있다. 그 범위는 유튜브, 쇼핑, OTT, 클라우드부터 의료, AR 디바이스, 스마트홈, 인공지능에 이를 뿐 아니라 이제 자동차 영역으로까지 확대되고 있다.

빅테크들은 칩 설계를 할 때 인공지능 연산을 고도화하는 데 특히 중점을 두고 있다. 애플이 촉발시킨 자체칩 설계라는 IT 산업의 동향은 인공지능 시장 확대로 더욱 가속화하는 형국이지만, 현재 이런 인공지능, 뉴로모픽 반도체 분야에서 가장 앞서 있다고 평가받는 것은 구글이다.

양자컴퓨터[65] 프로세서 '시카모어'도 구글이 선보인 성과 중 하나다. 2019년에 구글이 발표한 바에 따르면, 슈퍼컴퓨터로 1만 년이 소요될 연산을 시카모어는 단 200초 만에 해냈다.

구글은 자체 설계한 반도체 TPU를 공개해 ASIC(주문형 반도체) 기술력도 입증했다. 데이터센터용 TPU뿐 아니라 에지컴퓨팅까지 손을 뻗고 있으며, 인공지능 머시닝 프로세서 개발에 삼성 시스템LSI와 긴밀한 협력을 진행 중이다. 구글 실리콘은 삼성전자 파운드리에서 만든다.

한편, 구글과 자주 같이 이야기되는 아마존은 2015년에 반도체 업체 안나푸르나랩스를 인수해 ARM 기반의 칩 설계 기술을 확보했다. 2018년에는 서버용 칩 그래비톤을 출시하고 아마존웹서비스(AWS) 행사에서 X86에 기반한 칩보다 40% 이상 뛰어난 성능을 공개했다. 그 후 아마존은 인공지능 비서 '알렉사'를 위해 공급받던 엔비디아 칩의 사용을 중단하고 자체칩 인퍼런시아를 사용할 것이라고 밝혔다.

빅테크들이 자체칩을 설계하는 이유는 크게 두 가지다. 우선 제품

---

65 기존 컴퓨터가 데이터를 0 또는 1의 2진법으로 처리하는 데 비해, 양자컴퓨터의 양자는 0인 동시에 1이 되는 중첩 상태를 띤다. 이런 특징으로 인해 슈퍼컴퓨터보다 월등한 연산이 가능하다. 단위는 '큐비트(qubit, quantum bit)'라고 한다.

빅테크들의 반도체 개발 현황

기업명	현황
애플	M1 맥스, M1 울트라 개발 완료 후 M2 시리즈 출시 준비 중
구글	모바일 AP 텐서 개발 완료 및 클라우드 AI칩 개발 중
마이크로소프트	클라우드 서비스 애저 구동 서버용 칩 개발 중
아마존	클라우드 서비스 AWA 네트워크 스위칭용 칩 개발 중
테슬라	자체 슈퍼컴퓨터 도조에 사용되는 독자칩 D1 개발 완료

*출처: 언론보도, 한국투자증권

및 서비스 개선을 목적으로 반도체 성능을 강화하기 위해서고, 다음으로 자체칩을 만들면 각 기업과 제품의 특징에 맞는 최적화 설계가 가능해서다. 이런 효과는 결국 소비자 유인과 비용 절감 그리고 제품 개발공정 효율화라는 결과로 돌아온다.

설계자산을 제공하는 ARM

빅테크들이 자체칩을 설계하는 데 반드시 필요한 설계자산이 ARM 코어다. 애플, 퀄컴, 삼성전자, 미디어텍 등 AP 업체들도 대부분 ARM이 제공한 설계자산을 받아서 제품을 만든다. ARM은 CPU, GPU 등 필요한 설계자산만 제공하는 칩리스 업체여서 고객사마다 유연한 대응이 가능하다.

ARM은 회사 이름이자 아키텍처의 이름이다. 원래 ARM은 1983년에 '아콘컴퓨터'라는 이름으로 탄생했지만, 1990년부터 ARM Advanced RISC Machine으로 사명이 바뀌었다. 이때 ARM은 애플, 아콘컴퓨터, VLSI 테크놀로지 등 세 회사의 조인트 벤처로 영국에서 설립되었다. 영국의 컴퓨터 문맹 퇴치 프로그램 '뉴턴 프로젝트'를 진행하기 위해서였다.

ARM은 저전력 위주 SoC 타입 CPU 설계에 집중했는데, 모바일 시대가 열리면서 아키텍처를 독점하는 기업이 되었다. 현재 ARM 코어 기반 스마트폰 AP는 전체 시장의 95%를 넘어서는 비중을 차지한다. ARM은 '라이선스 비용 × 판매한 칩 수'로 로열티를 받는다.

ARM 코어 생태계는 점점 복잡해지고 있다. 초기에는 단순 웹서핑 등의 기능만 제공하면 되었지만, 스마트폰 고도화로 AP에 요구되는 기능이 점점 다양해지고 있기 때문이다. 이에 ARM은 스마트폰 업체뿐 아니라 소프트웨어 업체와 밀접하게 협력하면서 최적의 방법을 찾아가고 있다. 이런 오랜 기술적 노하우와 고객사들과의 협력적인 방식은 경쟁 업체의 시장 진입을 막는 높은 벽이 되었다.

ARM은 태생부터 애플과 떼려야 뗄 수 없는 관계다. 애플은 휴대용 기기의 저전력 구현을 위해 과감하게 ARM 아키텍처 중심의 생태계를 새로 만들어버렸다. 기존 AMD의 X86계열 칩으로는 배터리 사용이 2시간을 넘기기 어려웠기 때문이다. 애플의 도전은 대성공을 거두었고, 이는 스마트폰 생태계 조성으로 이어졌다. 이런 변화에 따라 대다수 모바일 AP 업체들이 ARM 아키텍처 설계를 택하는 것은 당연한 수순이 되었다.

🎙 ARM 인수전, SK하이닉스와 인텔 손잡을까?

2022년 3월, 박정호 SK하이닉스 부회장은 ARM의 인수를 위해 다른 기업과 공동투자를 검토하고 있다고 밝혔다. 최근 팻 겔싱어 인텔 CEO도 ARM 공동 인수에 참여하겠다고 이야기하면서 두 회사 간의 협력이 추측되고 있다. 미국은 한미일과 대만의 '칩4 동맹'을 구성해 중국을 압박하려고 한다. 이런 시기에는 ARM 인수가 중요한 변곡점이 될 가능성이 높다. 현재 글로벌 반도체 공급망에서 ASML의 EUV 장비와 ARM의 아키텍처는 매우 중요한 변수이기 때문이다. 다만 인텔이 CPU 시장에서 독점적인 업체인 만큼 반독점 심사 과정에서 중국의 승인을 받을 가능성은 낮아 보인다.

🎙 저성능 저전력을 탈피한 ARM 코어

초기 ARM 코어의 가장 큰 장점은 저전력이었지만, 여기에는 함께 딸려 오는 저성능이라는 치명적 단점이 있었다. 2016년만 해도 ARM의 CPU와 인텔 i5 CPU는 성능면에서 2배 이상 차이가 났다. 하지만 2020년 한 해가 지나며 ARM 코어의 CPU 성능이 2.5배 개선되는 동안, 인텔 i5 CPU는 완만한 성능 개선에 그쳤다. 2021년을 기준으로 보면 성능 면에서 비슷해졌다는 평가다. 애플 ARM 코어 칩셋 제조 비용 단가는 50달러 수준으로 추정된다. 반면에 동급 인텔 CPU의 단가는 250달러 이상이다. 이에 인텔 제품을 사용하는 레노버, 델, 휴렛팩커드 등 노트북 PC 업체들의 고민이 커지고 있다. 애플 등 ARM 코어 진영과의 경쟁에서 밀릴 것이 자명하기 때문이다.

파운드리 시장의 최강자, TSMC

모바일 시대를 논하며 ARM과 더불어 빼놓을 수 없는 또 다른 기업이 바로 대만의 TSMC다. TSMC는 파운드리 부문 전 세계 1위 기업이자 아시아 시총 1위의 자리를 차지하고 있다. TSMC는 호국신산(나라를 지키는 신령스러운 산)이라는 별명으로 유명한데, TSMC가 대만의 경제 안보를 떠받치는 대들보 역할을 한다는 의미로 이렇게 부른다.

TSMC는 1987년에 텍사스인스트루먼트 반도체 부문 부사장 출신 모리스 창이 56세의 나이로 창업했다. 모리스 창은 1931년생으로 중국에서 태어났지만 1941년에 미국으로 가족들과 함께 이민을 가 미국에서 학교에 다니고 직장생활을 했다. 이후 대만으로 돌아와 정부 산하 공업기술연구원의 원장을 지낼 때 정부에 파운드리 사업을 제안한 것이 계기가 되어 TSMC를 설립하고 이끌게 되었다. 당시 대만은 고부가 반도체 산업을 미래 성장 동력으로 낙점하고 국가적 역량을 집중하고 있었다.

모리스 창은 글로벌 반도체 밸류체인에서 대만의 역할을 고민하다 파운드리 사업을 떠올렸다. 당시 실리콘 밸리에서는 실력 있는 팹리스 회사가 잇따라 출연하고 있었다. 이들은 인텔 같은 종합반도체 회사에서 남는 팹을 빌려서 칩을 생산했지만 항상 공급이 원활하지 못했다.

냉전이 종식되면서 IT 산업이 민간 주도로 성장하던 당시 분위기도 파운드리 사업에 기회가 되었다. 파운드리라는 개념은 1980년대 논문에서 여러 차례 언급되었다. 사실 '파운드리'라는 명칭을 처음 만든 것은 인텔의 창업자 고든 무어였다. 그러나 무어는 파운드리 전문 업체라는 비즈니스 모델을 시장에 안착시킬 수 있다고 생각하지 못했다.

모리스 창은 대만에 숙련된 반도체 인력이 풍부하다는 데서 TSMC가 파운드리 전문 업체로 충분히 뿌리내릴 수 있다고 판단했다. 이렇게 해서 대만 정부가 상당 부분의 자금을 대고 모리스 창이 주도하여 세계 최초의 파운드리 기업 TSMC가 만들어졌다.

TSMC는 기술 유출을 걱정하는 고객사 팹리스에 '고객과 경쟁하지 않는다'는 슬로건을 내세우고 철저하게 지켰다. TSMC는 산업 생태계를 굉장히 잘 관리하는 회사다. 고객의 의심과 불안을 지우기 위한 노력에 뛰어난 기술력이 더해져, 이 회사는 2021년 기준 전 세계 530여 개 팹리스 업체를 대상으로 무려 1만 2000여 종류의 칩을 생산해주고 있다.

2008년, 글로벌 금융위기가 발생하면서 TSMC도 위기에 봉착했다. 이에 이미 은퇴한 뒤였던 78세의 모리스 창이 4년 만에 부랴부랴 복귀했다. TSMC의 매출이 급락한 상태였지만, 그는 역발상으로 투자를 매출의 절반 수준까지 높이는 승부수를 던져 팹을 확충하고 제품을 다각화했다. 구형 팹을 활성화하기 위해 차량용 반도체 생산에도 적극 나섰다.

스마트폰 시대가 열리면서 TSMC의 공격적인 전략이 주효했다. 2014년에는 삼성전자로부터 애플 AP 수주 물량을 전부 뺏어오는 기염을 토하기도 했다. 이렇게 TSMC를 다시 성장 궤도에 올려놓고 모리스 창은 2018년에 정말로 은퇴를 했다.

세계 파운드리 산업의 평균 영업이익률은 20% 수준이다. 그런데 TSMC는 40%를 넘어선다. 삼성전자의 파운드리 사업 영업이익률이 한 자릿수에 불과한 것과 대조적이다. 5나노미터와 7나노미터 첨단공정에서 TSMC의 생산 수율은 독보적이다. 과거에 투자한 8인치 팹은 이미 감가상각이 끝난 데다 공급이 부족해 계속 가격이 오르고 있기도 하다.

모바일 AP 분야를 장악한 퀄컴

모바일 혁명을 주도한 IT 기업은 애플이다. 그러나 정작 전 세계 모바일 운영체제 시장 점유율의 약 70%를 차지하고 있는 것은 구글의 안드로이드이며, 모바일 AP 시장의 최강자는 40% 이상의 점유율을 자랑하는 퀄컴이다. 퀄컴의 스냅드래곤은 모바일 AP가 등장한 이후 가장 성공한 브랜드가 되었다.

1985년, MIT 출신 전기 공학자이자 컴퓨터 공학자 어윈 제이콥스 Irwin Jacobs가 대학 동창생들과 함께 만든 퀄컴은 당초 통신기술 컨설팅 회사였다. 퀄컴이라는 이름도 '퀄리티 커뮤니케이션'에서 따온 말이다. 퀄컴의 창업은 2세대 이동통신 기술 도입이 중요한 분수령이 되었다. 그 전까지 모바일은 1세대 통신기술 FDMA Frequency Division Multiple Access(주파수 분할 다중접속)를 주로 사용했다. FDMA는 주파수를 단위 영역으로 나누어 여러 사용자가 동시에 주파수를 공유해 사용할 수 있게 해준다. 마치 라디오 방송국이 각각의 주파수를 사용하는 것과 비슷하다고 볼 수 있는데, 문제는 사용자가 증가하면 주파수가 모자란다는 것이었다.

이에 비해 2세대 통신기술 TDMA Time Division Multiple Access(시간 분할 다중 접속)는 동일 주파수 안에서 시간 축을 할당해 사용자에게 배분하는 방식이다. 1세대 통신기술보다 많은 이용자가 사용할 수 있었던 이 기술은 미국에서 표준으로 채택되었다.

TDMA를 보완하는 기술로 CDMA Code Division Multiple Access(코드 분할 다중접속)도 등장했다. 이것은 동일한 주파수를 사용하지만 사용자마다 각기 다른 코드를 할당하여 코드가 맞는 사람끼리만 통신할 수 있도록 한하는 기술이다.

FDMA 대비 TDMA는 3배, CDMA는 20배 높은 효율성을 보인다. 처음에 CDMA는 이론은 좋지만 상용화가 어려운 기술로 인식되었다. 하지만 퀄컴은 CDMA 기술 개발에 착수하여 1989년에 최초로 시험통화에 성공한다. TDMA를 통신 표준으로 인정하고 있던 미국산업협회는 1993년 CDMA를 추가로 채택하여, 2세대 이동통신 기술은 두가지 병행 체제가 되었다.

하지만 TDMA는 이미 통신망이 갖추어져 미국과 유럽에서 널리 쓰이고 있었고, 이 때문에 CDMA는 10여 년간 이동통신 기술 규격의 승자 자리를 놓고 싸워야 했다. 퀄컴은 CDMA의 사용을 늘리기 위해 휴대폰까지 직접 제조해가며 뛰었고, 이로써 결국 CDMA의 승리를 이끌어내며 세계적인 기업으로 거듭나게 되었다. 여기에는 한국 기업들의 역할이 적지 않았는데, 이들의 적극적인 태도 덕분에 CDMA가 아시아 표준으로 자리잡을 수 있었던 것이다.

이후 퀄컴은 스마트폰 시대에 대비해 SoC 통신 반도체를 개발했다. 이런 노력으로 내놓은 모바일 칩셋 '스냅드래곤'이 곧 명품이라는 인식도 만들어냈다. 현재 퀄컴은 스마트폰 관련 통신기술 표준을 장악하고 있으며, 휴대폰 업체들은 그들에게 원천기술에 대한 로열티를 내고 있다. 퀄컴은 크게 두 부문에서 매출을 올리고 있는데, 첫 번째는 스냅드래곤과 같은 하드웨어 반도체 사업이고 두 번째는 라이선스 사업이다.

퀄컴은 매출의 약 3분의 1을 비휴대폰 사업에서 거두어들이고 있을 정도로 사업 다각화에도 적극적이다. 2022년 상반기부터 시작된 스마트폰 시장의 침체기가 심화될 것으로 보이는 가운데, 퀄컴은 모바일 AP 시장 외에도 다양한 곳으로 눈을 돌리고 있다. 이미 사물인터넷 분야에 안착했고 차량용 반도체와 PC용 반도체로 제품군을 확장할 것을 밝혔다. 메타버스 분야로도 진출하고 있는데, 메타의 VR 헤드셋 오큘러스 퀘스트에 퀄컴의 칩셋이 적용되었다. 퀄컴은 르노가 설립을 추진 중인 전기차 자회사에 투자하며 시스템 개발에도 참여할 것으로 보인다.

필립스가 몰라본 ASML과 NXP

필립스는 1891년에 설립된 네덜란드 기업으로 유럽뿐 아니라 전 세계에서도 유명한 전자기기 기업이다. 한때 토머스 에디슨Thomas Edison이 세운 GE(제너럴일렉트릭)와 세계 백열등 시장을 양분하기도 했다. 1984년, 당시 반도체 노광기술을 확보하고 있던 필립스는 ASM인터내셔널이라는 회사와 합작 기업 ASML을 세우게 된다. ASM인터내셔널은 반도체 장비와 장치를 다루는 회사였지만 노광기술을 가지고 있지는 않았다.

필립스는 반도체 시장에서 생각만큼 이익을 거두지 못하자 1995년에 ASML의 지분을 매각했고, 이렇게 해서 ASML은 독립적인 회사가되었다. 몇 년 후 ASML은 기술 개발을 통해 반도체 장비 시장에서 독보적인 위치를 점하는 기업으로 탈바꿈한다. 현재 잘 알려져 있다시피 ASML은 반도체 미세공정에 꼭 필요한 EUV 노광 장비를 제조하는 세계 유일의 업체다.

현재 여러 IT 기업들이 인공지능, 자율주행차, 빅데이터, 데이터센터 서비스 등의 영역에서 경쟁하며 자체칩을 개발하고 있다. 게다가 EUV 노광 장비의 활용이 시스템 반도체를 넘어 D램과 같은 메모리로 확장되고 있는 만큼, 앞으로 ASML의 EUV 장비를 구입하고자 하는 수요는 더 많아질 것으로 보인다.

대당 최대 2000억 원을 넘어서는 고가라는 점에도 불구하고 각국 유수의 기업들이 ASML의 EUV 장비 구매를 위해 줄을 서고 있다. 하지만 최근 ASML의 CEO가 앞으로 2년 동안 수급이 어려울지 모른다고 밝혀 글로벌 IT 기업들이 발을 구르고 있는 실정이다.

2021년 기준 ASML의 총 매출액은 186억 유로(약 25조 1000억 원)로,

이 중 EUV 장비 매출액은 63억 유로(약 8조 5000억 원)다. 같은 해 기준으로 ASML은 전 세계 노광 장비 시장에서 80% 이상의 점유율을 차지하고 있다. EUV 장비 점유율은 100%이며 DUV 장비 점유율 또한 85% 이상이다. EUV 장비의 최대 고객은 대만이었으며, 한창 반도체 굴기에 열을 올리고 있는 중국은 미국의 제재로 구매에 제한을 받고 있다.

한편, 필립스는 2006년에 반도체 사업 부문을 분리하여 NXP로 독립시켰다. NXP는 현재 자동차용 반도체 시장을 주도하고 있는 업체로 BMW, 포드, 혼다, 도요타, 현대 등 세계적인 완성차 제조사들을 고객으로 한다. 2021년 기준 매출은 전년 대비 27%가 증가한 37억 9500만 달러(약 4조 9000억 원)로 MCU 시장 1위를 기록했다.

전체 매출의 절반가량의 금액을 차량용 반도체에서 거두어들이는 NXP는 코로나19로 심화된 차량용 반도체 부족 현상으로 인해 기업 가치가 더욱 치솟았다. 차량용 반도체 품귀 현상이 또 언제 되풀이될지 모르는 데다, 앞으로 MCU 수요가 확대될 것으로 보여 차량용 반도체 시장에서 위치를 공고히 하려는 기업들이 NXP를 매력적인 인수 대상으로 검토하고 있다. 앞서도 말했듯이 퀄컴도 NXP 합병을 시도한 적이 있으며, 삼성전자도 몇몇 후보 기업들 중에 NXP를 가장 유력한 상대로 여기고 있는 듯이 보인다.

빅테크들의 자체칩 설계 시대, 한국과 대만의 엇갈린 희비

불과 10년 전만 해도 반도체 산업은 단순한 부품을 만드는 제조업일 뿐이라고 생각하는 사람들이 있었지만, 현재 반도체 산업은 기술 고도화로 점점 더 자본 집중적이고 기술 집약적인 모습으로 변화하고 있다. 기술 발전 속도는 우리 상상을 뛰어넘어 어느새 반도체 사업은 아무나 할 수 없는 구조로 바뀌었다.

중국은 스마트폰, 통신 장비, LCD 영역에서는 국가 주도 지원 사업으로 효과를 톡톡히 본 데 반해, 반도체에서는 별다른 성과를 나타내지 못하고 있다. 애플 실리콘이 불지핀 빅테크들의 자체칩 설계 트렌드는 TSMC의 압도적인 힘을 실감케 했다.

경제학적 측면에서 보면 수요가 많아지면 공급 업체들의 투자가 이어져 생산시설이 확충되고 수급이 균형을 이룬다. 그러나 첨단 파운드리 산업에서는 이런 시장 원리가 전혀 작동하지 않았다.

파운드리 산업이 급부상하면서 국제 무대에서 대만의 발언권이 커진 것은 물론 대만 국민의 GDP까지 한국을 넘어서게 되었다.

최근의 파운드리 공급 부족 영향으로 가장 크게 직격탄을 맞은 부문은 자동차와 스마트폰 산업이었다. 특히 유럽은 반도체가 없어 완성차를 못 만드는 난감한 상황에 당황했다. 파운드리 수급 불균형에 따른 시스템 반도체 공급 부족은 국내 메모리나 완제품 산업에도 부정적 영향을 미쳤다.

중국과 대만의 갈등은 미국, EU 등 주요국을 긴장시키고 있다. 중국이 TSMC 공장 한두 곳만 타격해도 세계 첨단 산업이 마비되기 때문이다. 현재 미국, EU, 일본 등의 국가들이 자국 내 파운드리 라인 구축에 안간힘을 쓰는 또 하나의 이유다.

아쉬운 점은 5나노미터 이하 미세 경쟁에서 삼성전자가 TSMC를 따라잡기는커녕 기술 격차가 더욱 벌어지고 있다는 점이다. 3나노미터 GAA 공정으로 퀀텀 점프를 노리는 삼성전자의 도전이 성공으로 이어지길 기원한다.

세계 경제 질서를 바꿀 반도체 산업

파운드리 투자 경쟁이 본격화되다

세계 시장에서 웨이퍼 가격이 상승하고 수요가 늘어남에 따라 파운드리 시장이 무섭게 성장하고 있다. 시장조사 업체 옴디아에 따르면, 글로벌 파운드리 시장은 2022년의 194억 5200만 달러 규모에서 2025년에는 538억 4700만 달러로 성장할 것으로 보인다. 이런 전망대로라면 연평균 증가율은 13.4%에 이른다.

이런 추세는 2022년에 파운드리 장비 구매액이 증가한 것을 봐도 알 수 있다. 전 세계적으로 파운드리 장비 구매액은 전년 대비 17% 늘어났다. 이는 전체 반도체 장비 구매액의 50%를 차지한다. 우리나라

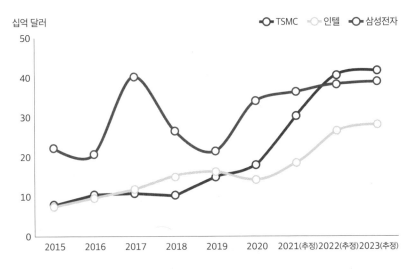

십억 달러

○— TSMC　○ 인텔　○— 삼성전자

TSMC, 삼성전자, 인텔의 설비투자 추이 및 전망

*출처: Bloomberg, 신한금융투자 (TSMC는 2021년 확정치)

와 대만의 파운드리 투자액은 전년 대비 각각 14% 증가할 전망이다. 2021년에 장비 반입이 시작된 팹은 27개인데, 대부분 중국과 일본에 위치하고 있다. 2022년에는 한국, 대만, 중국을 중심으로 25개 팹에 장비 반입이 시작되었다.

TSMC는 2022년에 400억~440억 달러의 투자를 실시할 것이라고 밝힌 바 있는데, 이는 전년 대비 33~47% 증가한 수치다. 투자 금액의 70% 이상이 3나노미터 등 미세공정에 투입되었다. 대만 남부 가오슝 지역에 첨단 패키징 공장도 증설하고 있는 것으로 알려졌다.

한편, 2022년 4분기를 합산한 삼성전자의 연간 시설투자액은 한 해 전보다 12% 늘어난 54조 원에 이르는 것으로 추정된다. 이 중 파운드리 투자에 들어간 돈이 약 16조 원으로, 첨단공정 투자가 더욱 가속화될 것으로 전망된다.

인텔은 미국 내 애리조나주, 뉴멕시코주, 오리건주와 동남아시아의 말레이시아 등지에 신규 팹을 증설 중이다. 200억 달러에 달하는 자금이 투입되는 오하이오주 소재 팹 건설까지 발표하며 사상 최대 규모의 투자를 예고했다. 또 2019년에 착공한 아일랜드 팹34의 확장 계획도 공개했다. 이 팹은 ASML의 EUV 노광 장비 등 일부 장비의 반입을 시작했고, 2023년에 본격 가동될 것으로 보인다.

🦶 삼성전자 파운드리의 운명이 걸린 3나노미터 GAA

주문형 반도체를 생산하는 파운드리의 본질은 서비스업에 가깝다. 자체칩을 설계하는 기업인 삼성전자가 파운드리 사업을 확장하기 쉽지 않다고 보는 이유다. 구조적으로 주문자인 고객과 경쟁하는 일을 피할 수 없기 때문이다. 이에 따라 사업 분할의 가능성이 앞으로 삼성전자 파운드리의 향방을 가를 하나의 변곡점이 될 것으로 보인다.

인텔은 파운드리 부문 진출을 선언한 지 5년 만인 지난 2018년에 생산 문제로 사업을 철수한 바 있는데, 최근 재진출을 선언했다. 하지만 상황은 여전히 그리 우호적이지 않다. 이 시장에서 자웅을 겨루는 TSMC와 삼성전자의 점유율은 둘을 합쳐 70%에 이를 만큼 압도적이기 때문이다. 인텔 역시 칩을 설계하는 기업이라는 점에서 지금 삼성전자와 똑같은 딜레마에 빠져 있다.

다행히 주요 수요 고객으로 새롭게 부상하는 구글은 삼성전자와 교집합적인 영역이 크지 않아 협력 가능성이 있다. 삼성전자 파운드리가 구글의 칩을 얼마나 잘 만들어내는가가 중요하다. 어떤 팹리스 입장에서도 반도체 공급을 TSMC에 100% 의존하는 일은 좋을 것이 전혀 없다. 이 점이 삼성전자가 고객과 경쟁하지 않는다는 TSMC에 반격을 가할 포인트가 될 것이다.

삼성전자의 파운드리 사업 가치는 80조 원 이상이 되는 것으로 알려져 있다. 2022년 3분기 파운드리 영업이익은 최대 실적을 올리며 역대 최고치를 갱신했다. 매출은 7조 7900억 원으로 전년 대비 31.8% 증가했다. 삼성전자의 파운드리 사업은 2023년까지 성장률은 연평균 26% 가량 증가하고, 영업이익은 연평균 80% 가량 증가할 전망이다. 2023년에는 매출 30조 원, 영업이익 5조 6000억 원을 기대하고 있다.

삼성전자 파운드리 사업에서는 3나노미터 GAA 양산이 매우 중요한 변수가 될 것이다. 반도체 사업에서 공정기술 못지않게 중요한 게 설계자산이다. 파운드리 업체가 보유한 설계자산과 셀 라이브러리는 사업 경쟁력을 판가름한다.

삼성전자는 파운드리 생태계를 활성화하기 위해 코아시아, 에이디테크놀러지, 알파홀딩스, 칩스앤미디어 등 다수의 기업과 협력하고 있다. 설계자산 보유 수를 살펴보면 삼성전자와 TSMC 간에는 아직 상당한 격차가 있다. TSMC는 3만 개 이상의 설계자산을 보유하고 있는데, 삼성전자는 6000개 수준에 불과하다.

EUV 노광공정은 경쟁력과 주도권을 좌우하는 요소로, 파운드리 시장은 EUV 공정이 가능한 업체와 그렇지 않은 업체로 명확하게 나뉜다. 현재 EUV 공정을 제공하는 업체는 TSMC와 삼성전자 둘 뿐이다. EUV 공정은 D램을 양산할 경우에는 원가 경쟁력 측면에서 고려하는 사항이지만, 파운드리 사업의 경우에는 선택이 아닌 필수다.

현재 TSMC와 삼성전자는 파운드리 시장에서 양강 구도를 형성하고 있는데, 이는 EUV가 촉발하는 과점화 구도라고 볼 수 있다. 10나노미터 이하 선단공정에서 TSMC와 삼성전자의 점유율은 60 대 40 정도로 재편되고 있다. 이재용 삼성전자 회장이 EUV 장비를 한 대라도 더 확보하기 위해 ASML로 달려간 것은 EUV가 얼마나 중요한지 보여주는 상징적인 사건이다. EUV 관련 소재와 부품 생태계가 아직 형성 과정 중에 있다는 점을 생각하면, 지금은 아주 중요한 시기다.

♟ 삼성전자, 시스템 반도체를 향한 도전은 계속된다

일각에서는 삼성전자가 메모리에만 집중하는 바람에 기업 가치를 제대로 평가받지 못하고 있다는 비판을 하기도 한다. 하지만 사실 삼성전자가 오로지 메모리 시장만 쳐다보고 있었던 것은 아니다. 삼성전자도 예전부터 시스템 반도체의 중요성을 인지하고 있었고, 당연히 관련 사업을 키우기 위해 나름의 승부수를 던진 적이 있다. 문제는 기회가 찾아올 만하면 곧이어 좌절이 따라왔다는 것이다.

1990년대 후반, IBM 출신 진대제 사장을 영입하고 시스템 반도체 시장 진출을 노리던 삼성전자는 실리콘 밸리의 신성 디지털이큅먼트의 파운드리 계약을 따내는 기회를 잡는다. 일명 '알파칩 프로젝트'였다. 알파칩은 RISC Reduced Instruction Set Computer(축소 명령 집합 컴퓨터) 기반 칩으로 인텔 CPU를 위협할 정도로 기대를 모았고, 당시 세계 최고의 속도를 자랑했다.

삼성전자는 이 프로젝트를 통해 시스템 반도체의 기술 진화를 노렸다. 하지만 알파칩은 마이크로소프트의 윈도우즈 운영체제를 지원하지 않았고, 그런 이유로 소비자들의 선택을 받지 못했다. 결국 디지털 이큅먼트는 컴팩에 인수되었고, 이후 알파칩 기술은 인텔에 매각되었다. 이에 따라 야심 차게 진행되던 삼성전자의 시스템 반도체 사업도 좌초될 수밖에 없었다.

스마트폰 모바일 혁명이 시작되던 2010년대 초반에 삼성전자는 또 한 번 기회 뒤에 찾아온 쓴맛을 보게 된다. 삼성전자는 아이폰 3세대까지 애플에 AP를 제공했지만 애플이 2010년부터 자체적으로 개발한 AP를 사용하겠다고 밝혔다. 대신 삼성전자는 파운드리를 맡게 되었는데, 일부 설계도 지원하기로 했다. 이를 위해 삼성전자는 텍사스주 오스틴에 28나노미터 팹을 설립했다.

하지만 애플은 곧 반도체 설계 분야의 슈퍼스타 짐 켈러를 영입해 아이폰 AP(A 시리즈)를 독자적으로 만들겠다고 나섰다. TSMC의 부상도 삼성전자의 파운드리 사업 불씨에 찬물을 끼얹었다. TSMC는 기술력 자체도 뛰어났지만 삼성전자와 애플의 약한 고리를 공략했다.

애플은 삼성전자가 AP 엑시노스를 만드는 경쟁사라는 점에 내심 불편함을 느낄 수밖에 없었는데, TSMC는 이 틈을 파고들어 자신들은 파운드리 사업만 한다는 점을 내세웠다. 삼성전자와 애플 두 회사 모두 말하지 않았지만 느끼고 있었을 불편한 감정을 제대로 건드린 셈이다. TSMC의 전략은 주효했다. 애플은 삼성전자 파운드리와 TSMC에 A시리즈 물량을 나누어 맡겼다.

삼성전자는 14나노미터에서, TSMC는 16나노미터에서 애플 A 시리즈 전공정을 처리했다. 그런데 승부는 예상 외로 후공정에서 결정되었다. 후공정 기술 FO-WLP(팬아웃 웨이퍼 레벨 패키지) 덕분에 16나노미터의 TSMC 칩이 14나노미터의 삼성전자 칩의 성능을 훌쩍 뛰어넘어버린 것이다. 이후 애플은 TSMC에만 생산을 맡기고 있다.

삼성전자로서는 회사를 한 단계 끌어올릴 기회를 다시 놓친 뼈아픈 경험이었다. TSMC는 우량 고객 애플을 독점한 덕분에 지난 10년간 두 자릿수의 매출 성장을 꾸준하게 달성했다. 지금도 TSMC의 최대 고객은 애플이다.

이제 삼성전자에게 어떤 기회가 기다리고 있을까? 새로운 기회는

삼성전자 시스템 반도체 부문 추이

	1990년~1995년	1995년~2005년	2005년~2012년
시스템 반도체 매출액	1조 원 미만	(조 원) 1995년: 1 2004년: 2.3	(조 원) 2005년: 2 2012년: 14
주력 제품	MCU	MCU PMIC RF DDI	모바일 AP DDI RF CIS

*출처: 유안타증권 리서치센터

아마도 3나노미터 GAA 공정에서 나올 것으로 관측된다. 2021년 10월, 삼성전자는 2022년 상반기 중에 3나노미터 GAA 공정 1세대 양산에 돌입하겠다며 기술 로드맵을 공개했다. 2023년에는 2세대 3나노미터 양산에 들어가고, 2025년에는 2나노미터 GAA 양산기술을 확보한다는 내용이다.

한편 TSMC는 2023년, 인텔은 2024년에 3나노미터 양산을 시작할 계획이다. 14나노미터에서 TSMC에 기술이 밀린 후 삼성전자 파운드리는 아직 판을 뒤집지 못하고 있다. 7나노미터, 5나노미터 공정 경쟁은 TSMC의 압도적인 승리로 끝났고 두 회사 간 점유율 격차는 더욱 벌어졌다.

같은 단계의 미세공정에서도 TSMC의 트랜지스터 밀도는 삼성전자보다 10~15% 높은 편이다. 트랜지스터 공정 밀도는 파운드리의 기술력을 방증하는 지표다. 중장기 수주를 기반으로 한 EUV 생산능력도 TSMC가 삼성전자보다 3배 이상 많다. 삼성전자로서는 이런 판세를 역전시킬 수 있는 유일한 방법이 GAA 로드맵을 조기에 성공시키는 것이다. 삼성전자는 반도체 시장의 판을 뒤집을 때마다 신기술을 조기에 도입해왔다.

사례는 쉽게 찾아볼 수 있다. 1990년대 초에 일본을 제치고 세계 D램 시장의 1등을 달성할 때는 기존 트렌치 방식 대신 스택 방식을 먼저 적용했다. 2000년대 초, 도시바를 제치고 낸드플래시 1등의 자리에 오를 때도 기존 플로팅게이트 방식 대신 CTF(차지 트랩 플래시) 기술을 선제적으로 도입했다. 이 기술을 기반으로 2010년대 초 데이터 셀을 아파트처럼 수직으로 쌓는 3D 낸드플래시로 진화를 이루었다. 이번에는 GAA로 파운드리 시장을 뒤집을 차례다.

🔍 더 알아보기

반도체 업계의 마이더스, 짐 켈러

현대 반도체 업계에서 서로 모셔 가려고 안달을 하는 인재를 꼽자면, 세계적 반도체 공학자 짐 켈러가 단연 일순위일 것이다. 그는 디지털이큅먼트에서 알파칩 개발에 참여했고, 이후 AMD로 이직하여 프로세서 설계 수석 담당을 맡았다.

켈러는 AMD의 전성기를 주도했다. 그의 손에서 AMD의 애슬론 64 프로세서, x86-64(AMD64) 명령어, 라이젠 프로세서가 만들어졌다. 1999년에 설계한 애슬론 프로세서는 인텔보다 1기가헤르츠의 벽을 먼저 돌파했다. 당시 AMD는 CPU 시장 점유율 40%를 달성하며 인텔을 궁지로 몰았다.

켈러의 업적은 화려함 그 자체다. 이전까지 32비트에서만 작동하던 CPU를 64비트로 끌어올렸고, 듀얼 코어의 시초기술인 하이퍼 트랜스포트도 개발했다. 켈러는 애슬론 개발 직후 AMD를 떠나 시바이트(이후 브로드컴에 인수), PA세미 등에서 잠시 근무했다.

2008년에 애플이 PA세미를 인수하면서 켈러는 애플과 일하게 되었는데, 애플은 켈러와 그의 팀을 위해 별도 부서를 만들어주는 등 성의를 다했다. 켈러는 애플에서 A4와 A5 AP를 개발해 아이폰 성능을 크게 끌어올리며 기대에 부응했다.

이전까지 애플은 삼성전자에서 엑시노스 AP를 가져와 아이폰을

380   PART 3 한발 앞서 읽는 반도체 시장의 미래

제작하고 있었는데, 켈러가 애플 A 시리즈의 CPU 성능을 빠른 속도로 크게 향상시켰다. 애플에 A 시리즈 AP를 선물한 후 켈러는 2012년 당시 위기에 봉착해 있던 AMD에 부사장의 직책을 맡으며 복귀한다.

켈러는 인텔에 밀려 미국 CPU 시장 점유율 1%로 고전하고 있던 AMD에 젠 마이크로 아키텍처를 안겨주고 3년 만에 다시 퇴사한다. 삼성전자는 그때 켈러를 영입하기 위해 엄청난 노력을 기울였지만 결국 실패했다.

켈러의 선택은 자율주행차 시장을 선도하는 테슬라였다. 켈러는 테슬라에서 자율주행 하드웨어 전문 공학부 부사장으로 일했고, 테슬라 FSD 설계의 완성도를 크게 높였다.

2018년, 인텔은 삼고초려 끝에 켈러를 영입하는 데 성공했다. 켈러는 인텔에서 실리콘 엔지니어링 그룹의 수석 부사장을 맡으며 차세대 프로세서 '오션 코브' 개발 등에 참여하고 2년 만에 인텔을 떠났다. 그는 현재 캐나다의 인공지능 칩 스타트업 텐스토렌트에서 기술 부문 최고책임자인 CTO의 자리를 맡고 있다.

🎙 삼성전자 파운드리, 수율 허들을 넘어라

삼성전자의 3나노미터 GAA 기술 개발 성공 소식은 관련 업계 종사자들뿐 아니라 일반인들에게까지 큰 관심을 끌었다. 이에 한층 기대감을 높이는 투자자들이 있지만 상황은 그리 녹록하지만은 않다. 삼성전자가 2022년에 업계 최초로 3나노미터 GAA 공정으로 반도체를 양산한다고 밝혔지만, 막상 애플, 인텔, 퀄컴, 엔비디아와 같은 대형 고객사들은 TSMC를 선택했다.

삼성전자는 4나노미터 핀펫공정에서 수율 확보의 어려움을 겪고 있는데, 현재 공정 수율은 30~35% 수준으로 알려져 있다. 그마나 퀄컴 스냅드래곤의 수율이 35% 정도고, 엑시노스 2200의 수율은 더 낮은 것으로 추측된다. 이 때문에 퀄컴이 스냅드래곤 8 1세대 플러스의 생산을 TSMC에 맡겼다는 보도도 나왔다. 퀄컴은 삼성전자가 4나노미터 공정에서 맡고 있던 스냅드래곤 8 1세대 물량 일부도 TSMC에 맡겨 공급라인을 이원화했다. 설상가상으로 앞으로 개발할 차세대 3나노미터 스냅드래곤의 파운드리 물량은 전부 TSMC에 맡길 것으로 예상된다.

삼성전자 파운드리 사업부가 정기 감사로 4나노미터 공정 수율 보고와 자금 집행 과정을 들여다본 것도 수율 문제에 대한 의구심을 증폭시켰다. 그러나 4나노미터 공정 수율은 삼성전자와 TSMC 모두 사실상 성적이 그리 좋은 편이 아니라는 주장도 있다. 또한 3나노미터 수율 확보는 TSMC가 더 어려운 상황이라는 이야기도 나온다. 최근 대만 현지 보도에 따르면, TSMC의 3나노미터 양산은 장비 수급 문제로 2023년에나 가능한 것으로 보인다.

삼성전자는 2022년 6월의 마지막 날에 3나노미터 GAA 양산에 돌입했다고 밝혔다. 2021년에 발표한 대로 진행한 셈이다. 현재 생산 수율은 10% 초반 수준인 것으로 알려졌다. 고객사는 중국 팹리스인데, 대형 팹리스가 아닌 것은 다소 실망스럽지만 양산에 돌입했고 향후 공정 수율만 확보한다면 TSMC를 따라잡을 수도 있을 것이다. 또한

2023년부터 구글의 스마트폰 픽셀8용 AP 텐서3의 설계와 제조를 모두 맡게 될 것이라는 얘기도 있다.

수율뿐 아니라 설계자산 확보도 삼성전자가 넘어야 할 산이다. 설계자산이 부족하면 칩 개발의 효율성과 신뢰성을 높이기 쉽지 않다. 기존 구조에서 새로운 구조로 전환하는 데는 많은 역량이 필요하므로, 팹리스 업체들은 파운드리가 개발해놓은 설계를 활용하는 경우가 많다. 이런 상황에 삼성전자는 3나노미터 설계자산 확보에 어려움을 겪고 있다. GAA 개선을 위해 적용할 MBCFET(다중가교 채널펫) 구조 관련 자산은 삼성전자가 더 많지만, GAA 자산 수는 TSMC가 월등하다. 삼성전자가 보유한 설계자산은 7000개 정도로 TSMC의 2만 개에 비해 약 3분의 1 수준이다.

2022년 3분기 기준 삼성전자의 파운드리 매출이 최초로 낸드플래시를 넘어섰다는 소식이 들려오기도 했다. 하지만 이는 파운드리 사업의 성장을 의미한다기보다는 낸드플래시의 수요 위축으로 해석해야 할 것이다.

앞서 언급했듯, 삼성전자는 2023년에 GAA 2세대 적용을 시작하고 2025년에는 2나노미터 GAA 공정 양산에 돌입할 것이라는 계획을 내놓았다. 이대로 실현한다면 기술 진보에서는 또 한번 TSMC에 앞설 수 있겠지만, TSMC가 고객사를 싹쓸이하는 상황을 반전시키기 위해서는 수율 확보와 설계자산 확보라는 두 가지 선결 과제 해결에 힘을 쏟아야 할 것이다.

삼성전자 파운드리의 미래를 좌우할 기술, VTFET과 BSPDN

'수직전송 전계 효과 트랜지스터'라고 할 수 있는 VTFET Vertical-Transport Nanosheet Field Effect Transistor은 삼성전자와 IBM이 손잡고 공동 개발한 기술이다. GAAFET과 MBCFET 이후 새로운 트랜지스터 구조로 자리잡을 가능성도 엿보인다.

VTFET은 웨이퍼 위에 수직으로 트랜지스터를 쌓아 상하로 전류가 흐르게 하는 방식으로, 트랜지스터 크기를 유지하면서 CGP Contact Gate Pitch, 즉 세로로 늘어선 게이트 사이의 거리를 확장하고 트랜지스터에 흐를 수 있는 전류의 양을 증가시킨다.

이 기술로 핀펫 기반 공정 기술의 한계인 절연막, 게이트, 접합면을 위한 공간 부족 등을 해결할 수 있다. 또한 핀펫 구조 대비 최대 85%까지 전력 소모를 줄일 수 있다. 기존 나노미터 공정의 한계를 극복하고 반도체 성능을 한 단계 끌어올릴 수 있는 것이다.

삼성전자 파운드리를 견인할 또 다른 비장의 무기는 2나노미터 공정에 적용될 BSPDN Back Side Power Delivery Network(백사이드 파워딜리버리 네트워크) 기술이다. 웨이퍼 전면에 로직 등의 주요 기능을 넣고 후면에 전력 전달이나 신호 라우팅 등의 회로를 새기는 원리다. BSPDN은 칩렛을 개선한 기술로 칩의 통합을 넘어 웨이퍼 후면까지 적극 활용하기 위해 고안되었다.

BSPDN 기술 적용을 위해서는 CMP(화학적·기계적 연마) 공정 혁신이 필요하고, EDA(자동화설계)도 한 단계 발전되어야 한다. 따라서 이 기술이 상용화되면 EDA 툴을 제공하는 시놉시스, 케이던스 등 업체들이 수혜를 볼 것으로 예상된다. 국내 유일 CMP 장비 업체인 케이씨텍의 약진 가능성도 기대할 만하다. 하이브리드 본딩 등 패키징 기술 고도화도 필요하므로 어드밴스드 패키지 관련 기업인 한미반도체, 이오테크닉스도 주목할 필요가 있다.

반도체 업계 전체를 뒤흔드는 소부장 산업

🧍 국내 소부장 산업의 현황을 알아보자

반도체를 생산하는 시설이 건설되는 초반만 보면 일반적인 건물을 짓는 일과 비슷하다. 우선 착공을 하고 자리를 잡은 뒤 터를 파야 한다. 여기까지는 일반 건축물과 별로 다를 것이 없다. 하지만 이후부터는 굉장히 달라진다. 반도체 팹에서 사용하는 특수한 장비들이 투입되기 때문이다.

사실 반도체 팹은 건물 자체도 일반 건축물과 상당히 큰 차이를 보인다. 시공 자체가 특수한 영역이기 때문이다. 삼성전자의 경우 삼성엔지니어링 등 삼성그룹 핵심 계열사가 총괄한다. 반도체 팹 건물이 지어지면, 먼저 클린룸 설비 업체가 투입된다. 국내 클린룸 관련 업체는 신성이엔지, 한양이엔지 등이 있다.

클린룸이 세팅된 후에는 CCSS(중앙 화학약품 공급 장치), 진공 펌프, 스크러버·칠러 등 인프라 장비가 들어간다. 그래서 반도체 설비투자 사이클에서 제일 먼저 실적이 발생하는 쪽이 인프라 장비 섹터다.

반도체 팹에는 다수의 가스와 케미컬이 필요한데 CCSS에서 이를 처리한다. 국내 업체들 중에서는 에스티아이, 한양이엔지, 오션브릿지, 씨앤지하이테크 등이 주로 CCSS를 담당하고 있다. 특히 에스티아이와 한양이엔지는 국내 CCSS 시장을 양분하는 선두 업체다.

진공 펌프 장비 분야는 하이엔드 쪽은 해외 업체가 맡고 있고, 중간 수준급부터 엘오티베큠이라는 국내 업체가 맡고 있다. 엘오티베큠은

반도체 장비 전공정 밸류체인

인프라 부대장비		• CCSS: 에스티아이, 한양이엔지, 오션브릿지, 씨앤지하이테크 • 클린룸: 신성이엔지, 한양이엔지 • 스크러버 / 칠러: 유니셈, GST, 에프에스티, 지앤비에스엔지니어링 • 진공 펌프: 엘오티베큠 • 웨이퍼 이송 장비: 싸이맥스, 라온테크
주공정 장비	증착	• LP-CVD: 유진테크 • PE-CVD: 원익IPS, 주성엔지니어링, 테스 • ALD: 원익IPS, 유진테크, 주성엔지니어링
	노광	• 감광제 코터: 세메스 • 오버레이 장비: 오로스테크놀로지 • 마스크 검사 장비 : 파크시스템스
	식각	• 감광제 스트립: 피에스케이 • 건식: 에이피티씨 • 습식: 세메스 • 베벨 에치: 피에스케이
	세정	• 건식: 케이씨텍, 테스, 피에스케이 • 습식: 케이씨텍, 제우스, 세메스
	연마	• CMP 장비: 케이씨텍
	이온주입 열처리	• 이온주입: - • 열처리: 원익IPS, 이오테크닉스, AP시스템
검사 장비		• 패턴 결함 검사 장비: 넥스틴 • 원자 현미경: 파크시스템스

*출처: 신한금융투자

향후 하이엔드 진공 펌프 시장 진입을 기대하고 있다. 웨이퍼 이송 장비는 싸이맥스, 라온테크 등의 국내 업체들이 담당한다. 진공 챔버 내에 투입되는 로봇은 그동안 해외 브룩스오토메이션에서 공급해왔지만, 최근 라온테크가 국산화 속도를 높이고 있다.

인프라 장비가 구축되면 그다음은 반도체 8대 공정용 장비가 투입될 차례다. 중요도로 치면 ASML의 노광 장비를 가장 먼저 확보해야 한다. 신규 팹에 ASML 노광 장비가 없다면 시작조차 할 수 없다. 노광 공정, 식각공정에 비해 중요도는 조금 낮은 편이지만 국산화 흐름이 가장 좋은 분야는 증착공정이다. LP-CVD(저압 화학 기상증착) 장비를 공급하는 유진테크, PE-CVD(플라즈마 화학증착) 장비를 공급하는 원익IPS, 주성엔지니어링, 테스 총 4개 업체를 눈여겨볼 만하다.

테스 외 원익IPS, 주성엔지니어링, 유진테크는 ALD(원자층 증착) 장비 국산화에 집중하고 있다. 유진테크와 주성엔지니어링은 ALD 장비 매출이 궤도에 올랐지만, 원익IPS는 속도가 떨어지는 모습이다.

노광공정 관련 업체로는 감광제 코터(도포 장치)를 공급하는 세메스, 오버레이 장비를 공급하는 오로스테크놀로지, 포토마스크 검사 장비를 공급하는 파크시스템스 등이 있다. 식각공정 장비 업체로는 감광제 스트립을 공급하는 피에스케이, 건식 식각 장비를 공급하는 에이피티씨, 습식 식각 장비를 공급하는 세메스, 베벨 식각 장비(경사면 식각 장비)를 공급하는 피에스케이 등이 있다.

세정공정 장비 국산화도 비교적 순조롭게 이루어지고 있다. 관련 업체로는 건식 분야의 케이씨텍, 테스, 피에스케이 등이 있다. 습식 분야 장비 업체로는 케이씨텍, 제우스, 세메스 등을 꼽을 수 있다.

앞서 말했듯이 CMP 분야에서는 케이씨텍이 유일한 국내 업체다. 열처리 장비 분야에서는 원익IPS(테라세미콘 합병), 이오테크닉스, AP시스템 등을 꼽을 수 있다. 패턴 결함 검사 장비를 공급하는 넥스틴, 원자 현미경 장비를 공급하는 파크시스템스도 빼놓을 수 없는 기업이다.

🎙 반도체 장비 국산화는 이제 시작이다

국내의 반도체 장비 국산화 수준은 이제 걸음마를 시작한 단계라고 해도 과언이 아니다. 실제로 전공정 장비 국산화율이 7%, 후공정 장비 국산화율이 45%에 불과한 것으로 추정된다. 제품별로 보면 낸드플래시 장비 국산화율이 30%에 근접했고, D램과 파운드리는 10% 미만으로 보인다.

2006년 이후 세계 반도체 시가총액에서 장비 비중은 20%에서 44%로 증가했다. 반면에 소재의 비중은 25%에서 17%로 줄었다. 장비 성장 속도가 반도체 산업 성장 속도의 2배 이상에 가깝다. 이는 ASML과 같은 장비 업체의 독점력이 강화된 영향으로 분석된다. 한편 소재 분야로는 점점 새로운 업체들이 진입하고 있다.

국내에서 장비, 소재를 담당하는 업체들의 성장세는 삼성전자, SK 하이닉스보다 3배 더 빨랐다. 소부장의 국산화 효과를 크게 본 덕분으로 풀이되는데, 이런 배경으로 당분간 반도체 장비 시장은 나쁘지 않은 흐름이 예상된다. 반도체 장비 시장 규모는 세계적으로나 국내에서나 확대되는 추세를 보이고 있다.

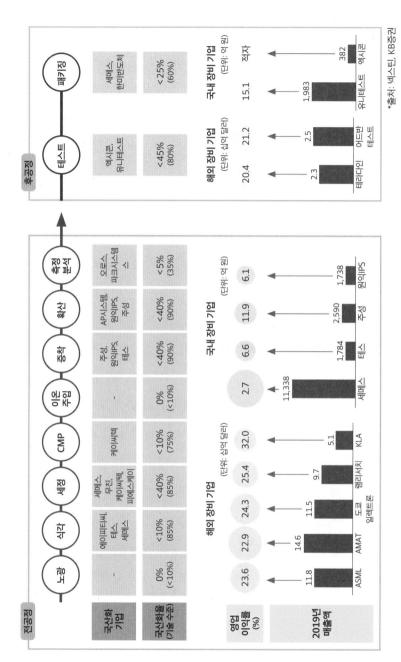

반도체 장비 국산화 현황

*출처: 넥스트, KB증권

2021년 글로벌 반도체 장비 매출액 추이

공정별	증가액(달러)	전년 대비
전공정	880억	+ 43.8%
테스트	78억	+ 29.6%
패키징	70억	+ 81.7%

현재 장비 시장에서 각 공정별 장비가 차지하는 비중을 보면 노광이 40%, 식각이 30%, 증착이 25% 순인데, 노광의 비중은 매년 확대되고 있다. 국내 반도체 산업 측면에서는 증착공정 장비의 국산화 속도가 빠른 것도 관전 포인트다.

🎙 반도체 팹 건설 비용과 뉴욕의 펜트하우스

일반적으로 반도체에 관심을 갖는 사람들은 기술 개발을 빼면 생산라인에 들어가는 소재, 부품, 장비에 대부분의 비용이 투입될 것이라고 생각한다. 반도체가 장치 산업인 만큼 투자액의 상당 부분이 소부장에 집중되기 때문이다. 그런데 반도체를 만들어내는 팹의 건설에도 만만치 않은 자금이 들어간다. 더구나 이런 건설 비용은 지금 생각지 못한 속도로 빠르게 올라가고 있다.

삼성전자 평택캠퍼스를 짓는 데는 평당 3억 5000만 원이라는 건설비가 소요되었다. 이것은 세계 최고가 펜트하우스의 평당 가격에 근접한 수준으로, 실제로 전 세계적으로 고가로 유명한 아파트 중 하나로 꼽히는 뉴욕의 원 57 윈터가든의 평당가가 이와 같다. 반도체 팹 건설비가 이렇게 치솟은 이유는 과거에 비해 자동화 설비 수준이 높아졌고 환경 기준도 훨씬 빡빡해졌기 때문이다.

앞으로도 이런 경향은 더욱 심화될 것이고, 이에 따라 반도체 팹 건설비도 계속 상승할 것으로 관측된다. 클린룸, CCSS, 진공 펌프, 스크러버 등과 관련한 인프라 장비 공급 업체를 눈여겨봐야 하는 이유다. 그동안 반도체 인프라 관련 업체들은 상대적으로 낮은 멀티플을 받았지만 이제는 달라질 것으로 보인다.

🏅 새로운 장비에 적응하지 못하면 도태된다

인텔은 7년이라는 시간 동안 공정 전환을 하지 못했다. 우스갯소리로 14나노미터 장인이 되었다는 말을 들을 정도로 긴 시간이다. 가장 큰 원인은 인텔이 ASML의 EUV 노광 장비에 적응하지 못한 것이다. 10나노미터 이하 미세공정을 하려면 반드시 필요한 것이 EUV 장비다. 그런데 이를 생산공정에 사용하지 못해 인텔은 한때 미세공정 기술에서 한참 뒤떨어져 있던 TSMC와 삼성전자가 자신을 추월하는 것을 눈 뜨고 지켜봐야 했다.

낸드플래시 원조 업체 도시바가 삼성전자에 밀린 것도 램리서치의 식각공정 장비에 적응하지 못했기 때문이다. 삼성전자는 램리서치와 손잡고 첨단 식각공정 개발에 온 힘을 다했다. 이런 점만 봐도 반도체 소자 업체가 기술력에서 밀리지 않으려면 어떻게 해야 하는지 알 수 있을 것이다.

반도체 기업이 기술 경쟁에서 우위를 점하기 위해서는 우선 새로운 장비를 적극적으로 도입하려는 노력이 필요하다. 물론 새 장비만 사온 다고 해서 모든 일이 해결되지는 않는다. 생태계도 마련해야 하고 통찰력 있는 미래 전략도 필요하며 사업 구조와 조직의 관리 역시 소홀히 해서는 안 된다. 하지만 첨단을 달리는 반도체 산업에서 기술이야말로 가장 확실한 창이자 방패가 될 것이며, 그 기본이 바로 장비다.

지금 EUV 장비 가격은 수천 억 원대이고 앞으로 더욱 치솟을 전망이다. 이런 부담스러운 비용의 압박으로 미세공정 경쟁에서 물러서는 기업들도 나올 것이다. 결국 첨단 장비를 일찍 도입하고 사용에 노하우를 쌓는 회사가 조금이라도 더 큰 성공의 가능성을 갖게 된다. 사이클은 두 번 놓치면 망한다는 것이 반도체 업계의 정설이다.

삼성전자 시스템LSI 사업부는 한 분기에 5000억 원 정도의 영업이익을 낸다. 조만간 그 수준은 1조 원 정도로 높아질 것으로 기대된다. 첨단 웨이퍼는 장당 1만 7000달러에 팔리는데, 그 아래 공정의 웨이퍼는 장당 7000달러 정도밖에 못 받는다. 부가가치 차이가 이만큼이나 크다. 삼성전자의 경우를 보면, 결국 3나노미터 GAA 같은 첨단공정에 성공해야 고객군이 바뀌고 판가가 올라간다는 이야기다.

🎙 반도체 소부장 사태가 알려주는 교훈

최근 2~3년 동안 소부장 산업이 반도체 시장 전체를 뒤흔드는 이례적인 상황이 벌어지고 있다. 생산에 필요한 소재, 부품, 장비(특히 EUV)가 없으면 첨단 반도체를 만들어내는 기술을 알고 있다 한들 만들어낼 수가 없으니, 어쩌면 이례적인 것이 아니라 당연한 현상인지도 모른다.

　소부장 부족 사태의 가장 대표적인 사례를 보여주는 EUV 노광 장비는 공급망도 꽤 복잡하다. 독일 칼짜이스가 생산하는 초정밀 렌즈가 없으면 ASML은 EUV 노광기를 단 한 대도 만들 수 없다. 일본 호야가 EUV용 마스크를 제공하지 않아도 마찬가지로 공정을 돌릴 수 없다. 또 미국 사이머가 EUV용 레이저 소스를 공급해야만 공정을 가동할 수 있다. 사이머는 2021년 말에 ASML에 인수되기는 했지만, 여전히 미국 정부는 사이머를 지렛대 삼아 네덜란드 정부와 ASML에 영향력을 행사할 수 있다.

　일본 아지노모토의 빌드업 필름 ABF는 서버용 FC-BGA 기판 제조에 반드시 필요한 절연체인데, ABF 필름이 부족해 FC-BGA 기판을 못 만드는 상황이 벌어진 적도 있다. 하지만 국내 소부장 산업은 일본 아베 전 총리의 '3대 반도체 소재 수출 금지' 사태로 오히려 백신 효과를 보고 전화위복을 맞게 되었다. 그럼에도 이 일과 현재 미중 반도체 패권 전쟁 등은 반도체 소부장 산업의 중요성, 국산화의 필요성을 한층 더 절실하게 느끼게 한다.

🎙 공급망 붕괴 사태 속에서 눈여겨볼 기업은?

　글로벌 선두 반도체 장비 업체들도 공급망 붕괴로 타격을 입었다. AMAT의 CEO 게리 디커슨Gary Dickerson은 컨퍼런스 콜에서 공급망이 장비 수요를 받쳐주지 못하는 상황이라고 하며, 일부 부품의 공급 부족이 당분간 이어질 것이라고 말했다. AMAT는 식각, 증착, 패턴 분석

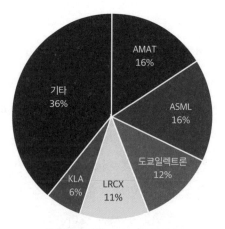

글로벌 반도체 장비 시장 점유율

*출처: 스태티스타, 신한금융투자 (2020년 기준)

등 반도체 전공정 전반에 사용되는 장비를 생산하는 1위 기업이다. 이런 사태에 가장 큰 영향을 준 부품은 PLC**Programmable Logic Controller**(프로그래머블 로직 반도체)다. 이 부품은 반도체 장비를 움직이고 모니터링하는 데 사용되는 일종의 제어 설비다.

일명 '수퍼 을'이라고 불리는 ASML도 난색을 표하고 있다. 최근 실적 발표에서 글로벌 공급망 차질로 일부 공정과 소모품이 부족한 상태라고 밝혔다. ASML은 납기를 지연하고 있을 뿐 아니라 고객사가 요청한 부품 또는 일부 옵션을 제외한 채 공급을 감행하기도 했다.

현재 EUV 장비의 리드 타임은 24개월이지만, 상황이 이렇다 보니 당연히 더 길어질 가능성이 높아졌다. 국내 반도체 장비 업체들도 같은 문제에 봉착해 있다. 중국이 코로나19로 대규모 락다운을 시행하면서 한동안 배가 뜨지 못하거나 항구로 들어가지 못했다. 이 여파로

출하된 장비가 고객사로 전달될 수 없었고, 이런 문제는 결국 반도체 공급난 장기화로 연결되었다.

웨이퍼 수급도 불안정하다. 일본의 섬코는 약 2조 4000억 원을 투자해 12인치 웨이퍼의 생산 증설을 발표했는데, 증설 분량은 이미 5년치 공급 계약을 마쳤다고 한다.

반도체 업체들이 수급 안정화를 위해 분주하게 움직이는 모습이다. 여기서 우리는 어디에 주목해야 할까? 투자 포인트는 상황이 어수선할 때 가격을 올릴 수 있는 업체를 찾는 데 있다. 특정 분야에서 독보적 경쟁력을 갖춘 소부장 업체를 주목해야 한다. 이를 고를 수 있는 안목을 키우려면 소부장 산업을 열심히 공부하는 수밖에 없다. 기회는 준비된 자에게만 주어진다.

반도체 투자 전략 체크포인트

반도체 시장, 반등의 사인을 읽어라

모든 주식 투자자들이 마찬가지겠지만, 특히 반도체 소부장 투자로 계좌에 손실이 나 있는 사람들이 가장 궁금해하는 점은 바로 주가의 바닥이 어디냐는 것이다. 투자자들의 마음은 애가 타는데, 마이크론, SK하이닉스, 키옥시아 같은 주요 업체들이 증설 계획을 축소하고 감산에 돌입해 이들의 위기감을 더욱 높이고 있다.

이번 하락 사이클의 특징 중 하나는 삼성전자와 SK하이닉스의 서플라이 체인 사이에 차이가 있다는 점이다. 이는 두 회사의 재무적 상황이 매우 다르기 때문이다. 현재 삼성전자의 순 현금자산은 130조 원에 육박한다. 반면에 SK하이닉스는 인텔 솔리다임을 70억 달러에 인수한 만큼 순차입금이 14조 원 수준이다.

두 기업의 공정 상황도 다르다. 삼성전자는 D램에 EUV 노광공정을 공격적으로 적용했다. 또 파운드리 시장 점유율을 확대해야 하는 만큼 테크 마이그레이션에 많은 자금을 투입해야 한다. 이에 비해 SK하이닉스는 그동안 지분 투자와 인수합병 등에 공격적으로 투자한 역효과를 감당해야 한다. 2023년부터 이런 경향은 더욱 강해질 전망이다.

사실 특정 주가의 바닥이 얼마인지, 또 언제 올 것인지 정확하게 장담할 수 있는 사람은 세상 어디에도 없을 것이다. 하지만 과거 사이클을 통해 예측을 해볼 수는 있다. 통상적으로 메모리 반도체의 하락 사이클은 쌍바닥을 잡고 올라가는 경우가 많다. 첫 번째 바닥은 공급단에서 읽을 수 있다. 즉, 주요 업체들이 공급 축소 계획을 발표하는 것이 시작이다. 두 번째 바닥은 수요 확대로 알아볼 수 있다. 경기침체가 어느 정도 마무리되고 완제품 업체들이 반도체 주문량을 늘리는 것이 그때다. 이 시점에서 주가는 빠른 속도로 반응한다.

이와 같은 사이클은 생각보다 빨리 일어난다. 최근 흐름을 살펴보면 사이클이 점점 더 짧은 주기로 발생하는 경우가 빈번하다. 따라서 개인 투자자들은 사이클을 예측하고 타이밍을 재기보다는 경쟁력이 있는 소부장 업체 중심으로 종목을 압축하고 분산 매수하는 편이 더 나을 수 있다. '고高 PER에 사서 저低 PER에 판다'는 반도체 소부장 전략은 이번 사이클에서도 유효할 것으로 보인다.

반등을 살피는
모든 반도체 투자자를 위해

한 지상파 다큐멘터리에 1960년대 강남에서 배추 농사를 짓던 토박이 노인이 나온 적이 있다. 노인은 예전에 강남은 홍수가 나면 물에 잠기기 일쑤였고, 잠실은 모두 뽕밭이었다고 이야기했다. PD가 반 농담조로 "어르신, 그때 왜 땅 좀 사두지 그러셨어요?"라고 말하자 노인이 대답했다.

"그땐 우리나라에 공업화 시대가 올지 몰랐지."

아마 당시 사람들 대다수가 그런 생각으로 살았을 것이다. 지금은 어떨까?

2022년을 정의할 키워드로 '혼돈'보다 더 적확한 것은 없을 듯 하다. 연초부터 시끌시끌했던 러시아의 우크라이나 침공설은 실현 가능성이 낮다고 여겨졌다. 그러나 푸틴 대통령은 대다수 전문가들의 생각보다 훨씬 무모하고 무지한 사람이었다. '러시아-우크라이나' 전쟁은 공급망 문제를 일으켰고 인플레이션을 걷잡을 수 없는 수준으로 가속화했다. 상황을 낙관하던 미국 연방준비위원회의 파월 의장은 인플레이션을 잡기 위해 역사상 유례없이 빠른 속도로 기준 금리를 올렸다.

자이언트 스텝 몇 번에 자산 시장은 순식간에 싸늘하게 식어버렸다. 코인, 주식, 채권, 부동산 등 모든 자산 시장이 폭락하고 있다. 지금 안전지대는 없다. 통상 주식이 빠지면 채권 가격은 오르지만, 이번 시장은 이조차도 예외였다. 세계 안전 자산의 기준이 되는 미국 국채도 폭락하면서 위험을 가중시켰다. 이변이었다.

영국, 일본, EU 등 여러 선진국 시장에서 위기의 파열음이 잇따라 터져 나오는 것도 매우 이례적인 일이었다. 묻지도 따지지도 않고 선진국의 국채를 담았던 연기금들은 담보 가치 하락으로 마진콜의 위험에 직면하기도 했다. 웬만큼 경험을 가진 투자자들도 이런 시장은 처음이라고 이야기한다. 시장을 20년 이상 경험한 대선배들은 지금 시장의 분위기가 닷컴 버블이 꺼진 후와 비슷하다고 말하기도 한다. 그때 오랜 조정 기간을 견디지 못하고 많은 투자자들이 시장을 떠났다. 그러나 그 뒤 주식 시장은 거짓말처럼 6~7년의 긴 골디락스 호황을 이어갔다.

골이 깊으면 산도 높은 법이다. 당장 2023년에 불어닥칠 경기침체를 걱정하기보다는 그 너머에 있을 호황을 준비하는 것이 투자자로서 현명한 행동이다. 세계 질서가 바뀌고, 미중 패권 전쟁이 이어지고, 인플레이션이 간헐적으로 위기감을 일으킬 것이다. 그럼에도 반도체 기술의 진화와 수요 시장 성장은 필연이다. 인공지능 기술은 점점 더 진화할 것이고, 이에 따라 반도체가 더욱 중요해지는 '실리콘 문명'의 전개는 앞으로 더욱 가속화할 것이다.

"그땐 반도체 시대가 이렇게 빨리 올지 몰랐지."

나중에 이런 말을 하는 투자자가 생기지 않았으면 하는 마음이다. 이것이 이 엄혹한 시절에 내가 한 글자, 한 글자 이 책을 써내려간 이유다.

사랑하는 가족에게 감사하며,

2022년 12월 이형수